V&R

Hans-Jürgen Abromeit/Peter Böhlemann
Michael Herbst/Klaus-Martin Strunk (Hg.)

Spirituelles Gemeindemanagement

Chancen – Strategien – Beispiele

In Zusammenarbeit mit
Kristin Butzer-Strothmann, Hans-Jürgen Dusza,
Christhard Ebert, Martina Espelöer, Hartmut Görler
und Karl-Erich Lutterbeck

Mit 15 Grafiken und 2 Tabellen

Vandenhoeck & Ruprecht
in Göttingen

Die Deutsche Bibliothek – CIP-Einheitsaufnahme

Spirituelles Gemeindemanagement : Chancen – Strategien – Beispiele /
Hans-Jürgen Abromeit ... (Hg.).
In Zusammenarbeit mit Kristin Butzer-Strothmann ... –
Göttingen: Vandenhoeck und Ruprecht, 2001
ISBN 3-525-62369-0

© 2001, Vandenhoeck & Ruprecht in Göttingen.
http://www.vandenhoeck-ruprecht.de
Printed in Germany. – Das Werk einschließlich seiner Teile ist
urheberrechtlich geschützt. Jede Verwertung außerhalb der engen
Grenzen des Urheberrechtsgesetzes ist ohne Zustimmung
des Verlages unzulässig und strafbar.
Das gilt insbesondere für Vervielfältigungen, Übersetzungen,
Mikroverfilmungen und die Einspeicherung und Verarbeitung
in elektronischen Systemen.
Satz: Weckner Fotosatz GmbH, Göttingen
Druck und Bindung: Hubert & Co., Göttingen

Vorwort

Die Gesamtlage für die evangelische und katholische Kirche in Deutschland hat sich in den letzten dreißig Jahren entscheidend geändert. Hatten die großen Kirchen bis etwa 1970 noch das Privileg, die religiöse Grundversorgung garantieren zu können, so müssen sie sich heute durch überzeugende Angebote auf dem Markt der Sinnanbieter durchsetzen. Wer heute als Pfarrerin oder Pfarrer in einer Gemeinde arbeitet, merkt bald, dass sie bzw. er für diesen Wettbewerb nicht ausgebildet ist. Grundanliegen des *Spirituellen Gemeindemanagements* ist, Pfarrerinnen und Pfarrer, aber auch andere Mitarbeitende, die Leitungsverantwortung tragen, für die Arbeit unter Marktbedingungen zu qualifizieren. Es geht von der Notwendigkeit aus, aufgrund von geistlich begründeten Leitbildern zur Prioritätensetzung in der Amtsführung zu kommen. Verwaltung, Personalführung, Finanzmanagement, Konfliktbearbeitung fordern viel Kraft. Bleibt noch Raum und Zeit, gut vorbereitet Gottesdienste zu feiern, Seelsorge zu üben, das Wort Gottes zu predigen und zu lehren, oder schlagen Arbeitsbelastung und Routine alles tot? Im Gespräch mit der Betriebswirtschaftslehre haben wir gelernt: Es gibt Wege und Methoden, die Visionen ermöglichen und helfen, Freiräume zu gewinnen.

Dieses Gespräch haben die Initiatoren des Projekts, der Dipl.-Kfm. Klaus-Martin Strunk und die beiden Theologen Michael Herbst und Hans-Jürgen Abromeit in den achtziger Jahren des letzten Jahrhunderts zuerst in Münster aufgenommen und es schließlich zwischen Westfalen und Pommern weitergeführt. Im INSTITUT FÜR AUS-, FORT- UND WEITERBILDUNG DER EVANGELISCHEN KIRCHE VON WESTFALEN (Schwerte-Villigst) ergab sich die Chance, aus einer Idee ein Fortbildungsprojekt werden zu lassen. Hier stieß der Theologe Peter Böhlemann dazu. Die uns geschenkte Zusammenarbeit gehörte zu dem Beglückendsten, was wir in unserem Dienst bisher erfahren haben. Am *Qualifikationskurs „Spirituelles Gemeindemanagement"* haben außerdem mitgewirkt: Dipl.-Kauffrau Dr. Kristin Butzer-Strothmann, der begeisternde Gemeindepfarrer Hans-Jürgen Dusza, unsere Kollegin aus dem Institut, Supervisorin Burgunde Materla und Dirk Waskönig, Trainer an der Führungsakademie der Deutschen Telekom. Beraten haben uns Prof. Dr. Michael Schibilsky (München) und Geschäftsführer Dipl.-Ing. Bernd Wagner (Bergkamen). Nur in einem solchen Team konnten wir uns auf das Neuland begeben, das wir nun betreten haben. Wir danken allen, die ihre Zeit, Kraft und Ideen für die Entwicklung des Projekts Spirituelles Gemeindemanagement gegeben haben.

Im Spirituellen Gemeindemanagement beziehen wir Theologie, Glaube und Betriebswirtschaftslehre wechselseitig aufeinander. Wir schöpfen aus den Quellen christlicher Spiritualität Kraft, um Wesentliches von Unwesentlichem zu unterscheiden. Gleichzeitig wird die Betriebswirtschaftslehre als neue Kooperationsdisziplin der Praktischen Theologie genutzt, um mit ihrer Hilfe zu lernen, wie man Gemeinden leitet. Wir haben uns bewusst für die *persönliche* Vermittlung der aus dem Gespräch mit der Betriebswirtschaftslehre gewonnenen Erkenntnisse entschieden. Die vorliegende Schrift ist lediglich ein Nebenprodukt. Seit drei Jahren führen wir im Rahmen der Fortbildung für Pfarrerinnen und Pfarrer Langzeitkurse (über einen Zeitraum von zwei Jahren, mit begleitender Supervision) zur Ausbildung im Spirituellen Gemeindemanagement durch. Knapp 50 Pfarrerinnen und Pfarrer haben bisher diese Ausbildung durchlaufen. Vier von ihnen steuern zu dieser Schrift die Beschreibung eines Projektes in ihrer Gemeindearbeit bei. Es geht in diesen Kursen nicht in erster Linie darum, Wissen zu vermitteln, sondern in einen zielorientierten Arbeitsstil einzuüben. Immer wieder sind wir nach den verschiedenen thematischen Beiträgen der Kurse gefragt worden. Einige wenige von ihnen legen wir hiermit einem weiteren Kreis vor. Sie erlauben einen Überblick über das gesamte Projekt. Stoßen sie auf Interesse, können einzelne Themen in weiteren Veröffentlichungen vertieft werden.

Wir haben uns innerhalb der Wirtschaftswissenschaften für einen Marketing-Ansatz entschieden. Die Orientierung am Marketing hilft, alles Um-sich-selbst-Kreisen der Kirche zu durchbrechen und für eine prinzipielle Orientierung an den Menschen zu sorgen, damit das Evangelium bei ihnen ankommt. Das halten wir für entscheidend.

Schwerte im Mai 2001

Für den Herausgeberkreis
Hans-Jürgen Abromeit

Inhalt

Vorwort 5

1. Was ist Spirituelles Gemeindemanagement?
   Notwendige Standards für die Ausbildung
   von Pfarrerinnen und Pfarrern 9
      1.1 Die Not: Gemeindemanagement als
         uneigentliche Tätigkeit 10
      1.2 Spiritualität – Gemeinde – Management 15
      1.3 Die Standards des Spirituellen Gemeindemanagements 28

2. Muss das Marketing vor der Kirchentür Halt machen?
   Spirituelles Gemeindemanagement aus betriebswirtschaftlicher Sicht .. 31
      2.1 Einleitung 31
      2.2 Argumente gegen ein kirchliches Marketing 32
      2.3 Kirchliches Marketing für Gemeinden 35
      2.4 Fazit 41

3. Marketing-Orientierung in der Gemeindearbeit
      Zur Einführung 42
      3.1 Wie kommen wir zu einer Gemeinde-Vision? 45
      3.2 Marketing-orientierte Gemeinde-Analyse 48
      3.3 Ziel-Systeme in Spirituellen Gemeindemanagement ... 50
      3.4 Strategien für das Spirituelle Gemeindemanagement ... 55
      3.5 Segmentierung der Gemeinde im
         Spirituellen Gemeindemanagement 60
      3.6 Das Marketing-Mix 60
      3.7 Die Planung 68
      3.8 Organisationsformen und -modelle 75
      3.9 Begleitung und Controlling 80

4. Kirche wie eine Behörde verwalten
   oder wie ein Unternehmen führen?
   Zur Theologie des Spirituellen Gemeindemanagements 82
      4.1 Eine neue Aufgabenstellung für den Gemeindeaufbau ... 82
      4.2 Theologische Kritik des Marketing im Gemeindeaufbau ... 86
      4.3 Spirituelles Gemeindemanagement exemplarisch:
         Wie kommen wir zu unserer Vision? 102
      4.4 Zusammenfassung 110

5. Die Kultur des Evangeliums 111
    5.1 Ziele und Strategien Johannes des Täufers und
        die Kultur seiner Anhänger 111
    5.2 Die Ziele und Strategien Jesu und die Kultur
        seiner Gemeinde 117
    5.3 Fazit: Die Kultur des Evangeliums 127

6. *Veränderungsprozesse gestalten*
    Das Gottesdienstprojekt „Guten-Abend-Kirche" in Billmerich 128
    6.1 Sich Zeit nehmen für eine klare Zielsetzung 129
    6.2 Das Projekt in die Gemeinden einbetten 131
    6.3 Das Projektteam bilden 131
    6.4 Sich um eine Feedback-Kultur bemühen 133
    6.5 Das Projekt starten 133
    6.6 Fehler positiv nutzen und Wegmarkierungen setzen 133
    6.7 Über Anschlussprojekte nachdenken 135

7. *Spirituelles Gemeindemanagement in der Praxis* 137
    7.1 Auf der Suche nach dem Pack-Ende –
        Umstrukturierungen in einer Gemeinde 137
    7.2 Mann oh' Mann – Männertreff beim Brunch 142
    7.3 Be-suchet – so werdet ihr finden, klopfet an –
        so wird euch aufgetan… Evangelische Besuchswochen 149
    7.4 „Und sie bewegen sich doch!" – Kirchenwahl 2000 154

8. *Der himmlische Schatzsucher und das göttliche Marketing*
    Predigt über Mt 13,44–46 159

9. *Sprachschule des Spirituellen Gemeindemanagements*
    Ein Glossar 163

Bibliografie 169

Die Autorinnen und Autoren 174

1. *Was ist Spirituelles Gemeindemanagement?*

Notwendige Standards für die Ausbildung von Pfarrerinnen und Pfarrern

HANS-JÜRGEN ABROMEIT

Kaum ein Gemeindepfarrer fühlt sich für seine jetzige Tätigkeit richtig ausgebildet. Sieben Jahre war ich in der Fortbildung von Pfarrerinnen und Pfarrern tätig. Überschlägig gerechnet haben in dieser Zeit – mehrfach Teilnehmende nicht berücksichtigt – weit über 1000 Pfarrerinnen und Pfarrer an Maßnahmen teilgenommen, die ich geleitet habe. In sehr vielen Gesprächen brachten Pfarrerinnen und Pfarrer zum Ausdruck, dass sie sich schlecht oder unzureichend auf ihr jetziges Gemeindepfarramt vorbereitet fühlen[1].

Die Folgerungen, die sie daraus ziehen, sind freilich unterschiedlich. Die einen möchten das Berufsbild der Pfarrerin bzw. des Pfarrers ändern und das tun, wozu sie ausgebildet sind. Die anderen verlangen eine auf das heutige konkrete Tätigkeitsfeld im Pfarramt ausgerichtete Ausbildung. Traditionell steht in den reformatorischen Kirchen die Predigt im Zentrum aller pfarramtlichen Tätigkeiten. Daraufhin werden Pfarrerinnen und Pfarrer auch heute noch ausgebildet – allerdings mit einer seit dem 19. Jahrhundert festzustellenden historistisch-hermeneutischen Schwerpunktbildung.

Praktisch freilich besteht der Alltag im Pfarramt überwiegend aus Managementtätigkeiten, auf die Theologen nicht vorbereitet sind. Die Folgen dieses Auseinanderklaffens von Ausbildung und praktischen Tätigkeiten sind früh verschlissene Persönlichkeiten, frustrierte Gemeinden und eine Gesellschaft, in der das Profil der Kirche, zumal der evangelischen, kaum noch wahrnehmbar ist. Es ist nicht hinnehmbar, dass junge Pfarrerinnen und Pfarrer schon nach wenigen Dienstjahren an einem Burnout-Syndrom leiden, die Ideale, für die sie einmal angetreten sind, in ihrem

1 Die hier subjektiv vorgetragenen Beobachtungen lassen sich auch objektivieren. Am 12. Januar 1999 hat die Landessynode der Evangelischen Kirche im Rheinland die Qualifikationen festgestellt, die nach ihrer Ansicht zum Berufsbild der Gemeindepfarrerin und Gemeindepfarrer gehören. Von den dreizehn „fachlichen

Leben nicht mehr wiederentdecken und ihren Berufsalltag als einen „Dienst nach Vorschrift" gestalten. Viele empfinden ihre Aufgaben als so erdrückend, dass Kreativität und Spiritualität auf der Strecke bleiben.

Die Not ist groß. Im Zuge der Differenzierung und Pluralisierung unserer Gesellschaft haben sich die Aufgaben von Pfarrerinnen und Pfarrern ebenfalls differenziert und vermehrt. Ihnen sind aber keine neuen Kräfte zugewachsen. Das traditionelle Bild des Pfarrberufes ist in Auflösung begriffen. Eine neue Rollenvorstellung für Pfarrerinnen und Pfarrer hat sich noch nicht durchgesetzt. Aus den verschiedensten Gründen wird noch nicht einmal die Diskussion darüber breit geführt, ob Managementtätigkeiten zum Kernbereich des pfarramtlichen Dienstes gehören oder nicht. Natürlich gibt es unter den Pfarrerinnen und Pfarrern auch eine ganze Anzahl von „Genies" oder Naturtalenten, die es schaffen, irgendwie mit den Anforderungen zurecht zu kommen. Trotzdem bleibt die Not eines diffusen Pfarrbildes und die Gemeinheit, jungen Theologinnen und Theologen nicht die optimale Ausbildung zukommen zu lassen, die eigentlich möglich wäre.

Im Folgenden möchte ich kurz die Not eines unklaren Pfarrbildes in der Gegenwart darstellen und anschließend die fünf Standards des Spirituellen Gemeindemanagements erläutern, die nach Ansicht der Arbeitsgruppe zum Spirituellen Gemeindemanagement einen wesentlichen Beitrag zur Behebung dieser Not leisten könnten. In diesem Sinne handelt es sich beim Spirituellen Gemeindemanagement um ein not-wendiges Unternehmen. Könnten sich diese fünf Standards in der Ausbildung von Pfarrerinnen und Pfarrern durchsetzen, wäre das nach unserer Auffassung ein großer Schritt nach vorn.

1.1 Die Not: Gemeindemanagement als uneigentliche Tätigkeit

Karl-Fritz Daiber hat in einem Vortrag vor der Bischofskonferenz der VELKD am 9. März 1997 darauf hingewiesen, dass nach reformatorischem Verständnis das Predigen im Mittelpunkt der pastoralen Praxis stehe. Im Blick auf die Gegenwart habe aber das Predigen nicht mehr die Zentralfunktion. „Am deutlichsten rollenbestimmend", so Daiber, sei „die Funk-

berufsbezogenen Qualifikationen" sind mindestens fünf im engeren Sinne Management-Qualifikationen, nämlich „Teamfähigkeit, Kompetenz in Leitung und Personalführung, Fähigkeit und Bereitschaft zur Arbeitsteilung und Delegation sowie zur Gremienarbeit, Fähigkeit zur Selbstorganisation und Zeiteinteilung sowie zur Kontrolle von Arbeitsergebnissen, grundlegende Kenntnisse über Recht, Verwaltung und Finanzen". Es ist interessant, m.E. aber systematisch nicht klar, dass die Rheinische Landessynode darüber hinaus parallel als unterschiedliche Qualifikationen einmal „missionarische Kompetenz" und dann die „Fähigkeit zu einladendem und werbendem Handeln" fordert (Evangelische Kirche im Rheinland, 4f).

tion des Gemeindemanagers", die seines Erachtens „theologisch gesehen am schwächsten legitimiert und in der Ausbildung besonders dürftig vorbereitet"[2] sei. Daiber fordert eine Pastoraltheologie, „die trainingsorientiert arbeitet und Fähigkeiten wie Management, Mitarbeiterführung, kundenorientierte Arbeit mit vermittelt – in den unterschiedlichen Phasen der Ausbildung verschieden akzentuiert. Eine derartige Außenorientierung macht die reflektorische Zuwendung zur eigenen pastoralen Identität umso dringlicher. Um zuzuspitzen, was ich damit meine, formuliere ich es so: Wer als Pfarrer oder Pfarrerin predigen will, muss auf der Suche danach bleiben, wie er oder sie als Christenmenschen leben und sterben kann."[3]

Eigentlich hat Daiber damit das Programm des Spirituellen Gemeindemanagements kurz umrissen. In der Gemeinde besteht ein Großteil der Tätigkeiten von Pfarrerinnen und Pfarrern offensichtlich aus Management. Wenn sie das schon machen müssen, sollten sie dafür auch ausgebildet sein. Damit sie sich dann aber nicht im Vielerlei verlieren, bedarf es der Mühe um eine geistliche Identität. Geschieht hier nicht eine Verortung des Engagements, werden Pfarrerinnen und Pfarrer den großen Spielraum ihrer Tätigkeit zufällig und beliebig füllen.

Die Prioritätensetzung im Dienst darf aber nicht von Vorlieben oder Außensteuerungen abhängig gemacht werden, sondern muss aus dem Zentrum des christlichen Auftrags heraus getroffen werden. Spirituelles Gemeindemanagement versteht sich deswegen als ein Beitrag zur theologischen Begründung und praktischen Gestaltung einer in der Gegenwart angemessen wahrgenommenen Pfarrerinnen- und Pfarrerrolle.

Erstaunlicherweise gibt es eine solche handhabbare, Betriebswirtschaftslehre und Theologie miteinander verschränkende Praxistheorie bisher nicht, obwohl es eine ganze Flut von Rezeptionsversuchen der Betriebswirtschaftslehre für die Arbeit in der Kirche gibt[4]. Trotz theologischer und praktischer Differenzen kommt dem hier verfolgten Anliegen die kybernetische Theorie, wie sie von dem früheren und dem jetzigen Leiter der Rummelsberger Gemeindeakademie entwickelt worden ist, am nächsten. Herbert Lindner[5] und Günter Breitenbach[6] haben Verfahren entwickelt, die mit dem hier Gemeinten vergleichbar sind. Auch im Rummelsberger Konzept verbinden sich organisationstheoretische, betriebswirtschaftliche und theo-

---

2 Daiber, 625.
3 Daiber, 626.
4 Siehe unten 4.2.1.
5 Vgl. Lindner, Kirche am Ort. Vgl. auch die Beiträge Lindners in „Unternehmen Kirche" zur Führung von haupt- und ehrenamtlichen Mitarbeitern sowie Kirchenvorständen.
6 Breitenbach, Gemeinde leiten.

logische Überlegungen. Allerdings rezipieren sie nur einseitig die mit ihrem kybernetischen Leitbild der Konziliarität verträglichen theologischen Traditionen. Besonders Breitenbach, der ausführlich über Gemeindemanagement nachdenkt[7], rekurriert in seinen Überlegungen zum konziliaren Gemeindemanagement einseitig auf antihierarchische Formen der Leitung und kann deswegen schon auf biblische oder reformatorische Bestimmungen von Leitung keinen Bezug nehmen. Man hat den Eindruck, dass er stärker von der 68er-Bewegung als von theologischer Argumentation bewegt wird. Dementsprechend benutzt er einseitig Formen eines so genannten konsensorientierten Managements, worauf Jan Hermelink hingewiesen hat[8].

Am umfassendsten und ausgewogensten hat bisher Jan Hermelink darüber reflektiert, ob Pfarrer als Manager zu bezeichnen sind. Er hat u.a. Ergebnisse der sog. „work activity"-Forschung mit dem Tätigkeitsfeld von Pfarrerinnen und Pfarrern in Beziehung gebracht. Die Ergebnisse, „was Manager wirklich tun" „klingen über weite Strecken wie eine Beschreibung dessen, was auch Pfarrer und Pfarrerinnen wirklich tun und erleben"[9].

Für die Arbeit des Managers wie für die der Pfarrerinnen und Pfarrer gilt, dass sie unter den Bedingungen der *Fragmentierung* geschieht. Sie „vollzieht sich nicht in einem geordneten, nach Phasen gegliederten Ablauf, sondern ist gekennzeichnet durch eine Vielzahl von Einzelaktivitäten, Ad-hoc-Gesprächen, ungeplanten Besuchen und einem ständigen Hin- und Herspringen zwischen Themen"[10]. Wie Manager sitzen auch Pfarrer nicht am Schreibtisch, um ihre Arbeit zu planen und durchzuführen, sondern ihr Arbeitsplatz kann sowohl das Amtszimmer als auch das Gemeindehaus oder die Kirche, die Häuser, Straßen und Plätze der Gemeinde sein. „Auch im pastoralen Alltag ist vieles nicht vorhersehbar: Die wenigsten Gespräche sind eingeplant oder terminiert; unerwartete Besuche, Telefonanrufe zu jeder Zeit und mit allen möglichen Anliegen sind die Regel. Und selbst ohne solche Störungen ist die Pfarrerin den ganzen Tag genötigt, sich inhaltlich und im Gesprächsstil dauernd umzustellen, vom Geburtstagsbesuch zur Dienstbesprechung, von den Konfirmanden zum Seelsorgegespräch, vom Elternabend zur Jahresabrechnung für den Kindergarten."[11]

Für den Pfarrer wie für den Manager sind die *dialogischen Netze* entscheidend. Ihre Arbeit vollzieht sich vor allem gesprächsweise, entweder am Telefon oder in vielen persönlichen Kontakten. Pfarrer wie Manager

---

7 Vgl. Breitenbach, 198–211.
8 Vgl. Hermelink, 542f. Diese betriebswirtschaftliche Richtung ist als so genanntes „St. Galler-Management-Modell" bekannt geworden.
9 Hermelink, 547.
10 Hermelink, 547, zitiert hier Steinmann/Schreyögg, 13.
11 Hermelink, 547.

müssen sowohl innerhalb der eigenen Organisation als auch außerhalb intensive Kontaktnetze unterhalten. Hierbei sind institutionalisierte Kontakte genauso wichtig wie Begegnungen und Gespräche am Rande.

Schließlich leiden Pfarrer wie Manager unter der Zumutung der *Allzuständigkeit*. Beide sind letztlich für alle Belange des Unternehmens zuständig, sind Krisenmanager, Repräsentanten nach außen, verantwortlich für die Betriebsorganisation und das Betriebsklima und müssen auch zahlreiche repräsentative Verpflichtungen wahrnehmen.

Pfarrer und Manager haben also beide ein diffuses Berufsprofil. Beide Berufsbilder sind durchaus vergleichbar. Selbstverständlich gibt es darüber hinaus einen breiten Strom unvergleichlicher Tätigkeiten. Wenn wir von der Pfarrerin oder dem Pfarrer als Spiritueller *Gemeindemanagerin oder Spirituellem Gemeindemanager* sprechen, dann meinen wir damit nur den Bereich ihrer bzw. seiner Tätigkeit, der durch die traditionellen Tätigkeiten des Predigens, Gottesdiensthaltens, Unterrichtens und Beistehens in seelsorglich herausfordernden Situationen nicht erfasst wird. Wir meinen damit den Ausschnitt pastoraler Tätigkeit, der zum Alltag des Pfarrers gehört, auf den er aber in seiner Ausbildung bisher kaum vorbereitet wird. Um Klarheit über die für diesen Bereich notwendigen Qualifikationen zu schaffen, hilft ein Blick auf das ähnlich diffuse Berufsbild des Managers und die ihm zur Verfügung stehenden Methoden[12]. Die Pfarrerin ist eine Gemeindemanagerin, der Pfarrer ein Gemeindemanager – das ist eine notwendige, wenn auch keine hinreichende Beschreibung des Berufsbildes heutiger Pfarrerinnen und Pfarrer. Dann sollte man sich allerdings auch klar machen, dass der Bereich des Managements üblicherweise dem ökonomischen Feld zugerechnet wird.

Diese Fragen rühren an den Streit darüber, ob die Kirche als ein Unternehmen zu bezeichnen ist.

> Selbstverständlich ist die Kirche kein Unternehmen wie ein Betrieb, eine Firma oder auch eine Kooperative, die Gewinne abzuwerfen hätten und damit in erster Linie finanzwirtschaftlichen Gesichtspunkten unterworfen wären. Aber die Kirche kann auch unter betriebswirtschaftlichen Gesichtspunkten als ein Nonprofit-Unternehmen bezeichnet werden. In ihrer Existenzweise in Raum und Zeit ist sie den Bedingungen der jeweiligen Gesellschaft ausgesetzt. Neben einer theologischen und einer sozialen ist sie auch unter einer ökonomischen Perspektive zu betrachten. In dieser Hinsicht ist die Kirche sehr wohl ein Unternehmen.

---

12 Das empfiehlt neuerdings auch Grethlein, 23f.

Auch in einem metaphorischen Sinne können wir von der Kirche als Unternehmen sprechen. Die Kirche ist dasjenige Unternehmen, mit dem Gott seine Menschen wieder zu sich zurückliebt. In diesem Unternehmen sind Pfarrerinnen und Pfarrer – bildlich gesprochen – aber keine Unternehmer, sondern eher leitenden Angestellten vergleichbar.[13] Allerdings haben sie als Mitwirkende an diesem Unternehmen Gottes alle Hände voll zu tun. In diesem Sinn sind sie eher Unternehmerinnen und Unternehmer als Unterlasser.

In einer Gesellschaft, in der sich die Lebenswelten, in denen Menschen heute leben, unwiederbringlich individualisiert und pluralisiert haben, ist die strukturelle Gliederung einer Landeskirche in flächendeckende Parochien ein Relikt aus einer vergangenen Zeit, in der jeder Mensch als Untertan auch seinen Ort in einer christlichen Gemeinde finden musste.

> Eine solche parochiale Gliederung der Kirche in geografisch umschreibbare Gemeinden gehört zur konstantinischen Epoche der Kirchengeschichte. Wir erleben gegenwärtig gerade deren Ausgang.

Auch die Verwaltung der Kirche durch Landeskirchenämter, Kreiskirchenämter und Gemeindeämter verleiht der Kirche einen quasi obrigkeitlichen Charakter. Diese staatsanaloge, behördenförmige Organisationsform der Kirche ist überholt. Sie entspricht weder biblischen Leitvorstellungen, reformatorischer Theologie noch den gegenwärtigen Erfordernissen. Die Behördenstruktur der Kirche ist darauf ausgerichtet, dass die Menschen als Gemeindeglieder verwaltet werden. Sie wollen aber zuerst einmal gewonnen werden. Insofern entspricht die Perspektive der Kirche als Unternehmen den Herausforderungen der modernen entfalteten, differenzierten Gesellschaft eher, als die überkommene Behördenstruktur.

Ich möchte nicht falsch verstanden werden. Es darf nicht geschehen, dass wir ein staatsnahes Paradigma für Kirche durch ein wirtschaftsnahes ersetzen. In beiden Fällen wird die Kirche einer Fremdbestimmung ausgeliefert. Wer die konstantinische Gefangenschaft der Kirche durch eine kapitalistische ersetzt, hat nichts gewonnen. In einer pluralen, polyzentrischen Gesellschaft wird die Kirche nur gehört werden, wenn sie starke Gemeinden und mündige Mitglieder hat, die auf vielfältige Weise für die Kirche eintreten. Zwar gilt es für eine Gemeinde auf jeden Fall, ihre Selbsterhaltungskraft zu wecken oder zu stärken. Dies darf aber nicht als ein sich Verlieren an den Kapitalismus diffamiert werden. Die Selbsterhaltungskraft einer Gemeinde

---

13 Merkwürdigerweise – darauf hat auch Daiber, 624, hingewiesen – vergleichen sich Pfarrer „gerne mit abhängig Beschäftigten". Im Hinblick auf die Freiheit der Selbstgestaltung ihrer Tätigkeit sind sie allerdings eher mit Selbständigen oder Angehörigen anderer Professionsberufe wie Medizinern, Juristen und Lehrern zu vergleichen. Vgl. Karle, 31ff.

zu stärken hat nichts mit Gewinnmaximierung zu tun, sondern entspricht einem bescheidenen Lebensstil. Es ist unbescheiden, aus Mitteln zu leben, die man sich nicht selber erworben hat oder die einem bewusst zugeeignet worden sind. Es ist eine große Verführung, Gemeinde mit Geldern bauen zu wollen, die nicht reflektiert gegeben werden. Hierin liegt das eigentliche Problem der Kirchensteuern in Deutschland. Es liegt nicht darin, dass die Kirche angesichts der gegenwärtigen Diskussionslage Angst haben muss, dass der Staat ihr diese Möglichkeit des Unterhalts nimmt, sondern darin, dass ein nicht unerheblicher Teil ihrer Mitglieder ihr diese Mittel noch unreflektiert zukommen lässt und u.U. nach dem Bewusstwerden dieses Vorgangs auch wieder nehmen kann.

Nach dem Zeugnis des Neuen Testaments ist die Gemeinde nichts anderes als der heute lebendige Christus. Dieser lebt aus sich. Der lebendige Christus hängt nicht am Tropf der Kirchensteuer und der staatlichen Finanzierung. Die Gemeinde als lebendiger Christus hat nicht nur Kraft zur Selbsterhaltung, sondern setzt noch Mittel für andere frei.

Recht verstanden bedeutet Kirchenmarketing dann nicht den Ausverkauf des Evangeliums, sondern die prinzipielle Orientierung an den Menschen und daran, dass das Evangelium bei ihnen ankommt. Die Orientierung am Marketing hilft, alles um sich selbst Kreisen der Kirche zu durchbrechen und stellt den Menschen mit seinen Bedürfnissen ins Zentrum der kirchlichen Arbeit. Eine Kirche, die bei den Menschen nicht ankommt, steht auch dem Evangelium im Weg. Es ist ein Grundproblem unserer theologischen Ausbildung, dass dieses Ankommen des Evangeliums bei den Menschen nicht in den Blick kommt. Eine Grundvoraussetzung dazu wäre die Einübung in zielorientiertes Arbeiten. Damit dies für die Gemeinde in einer förderlichen Weise und mit den eigentlichen Aufgaben des Pfarramtes verträglich geschieht, erscheint uns die Setzung bestimmter Standards für die Theologenausbildung notwendig. Um sie zu begründen, sollen hier vorläufig die benutzten Begriffe erläutert werden. Die weiteren Beiträge dieses Bandes werden ihren Gebrauch präzisieren und vertiefen.

1.2 Spiritualität – Gemeinde – Management

Theologische Ausbildung darf sich nicht mehr allein an der Wissenschaftssystematik der Theologie orientieren[14], sondern muss sich auch ausrichten an den Erfordernissen des Berufsalltags späterer Pfarrerinnen und Pfarrer. Obwohl häufig beklagt, werden Universitätsabsolventen als Nachwuchs-

---

14 Dies geschieht im Theologiestudium noch fast völlig, im Vikariat aber leider auch noch teilweise.

wissenschaftler ausgebildet. Sie können dann später die wissenschaftlichen Probleme benennen, die sich in den Unterdisziplinen der Theologie stellen. Sie werden in ein Denken eingeübt, das problemgeschichtlich ausgerichtet ist. Um den Herausforderungen des Berufsalltags standhalten zu können, ist aber ein handlungs- und zielorientiertes Denken notwendig. Es reicht nicht, über ein Problem wenigstens einmal geredet zu haben. Probleme müssen gelöst werden.

> Die Unfähigkeit von vielen akademisch ausgebildeten Theologen, ergebnisorientiert Sitzungen durchzuführen, ihre Gemeindearbeit effektiv zu planen und ihrer Planung entsprechend umzusetzen, hat etwas mit der Art und Weise zu tun, wie sie ausgebildet worden sind.

Um Missverständnisse zu vermeiden, sei betont, dass unsere Überlegungen das Ziel haben, die Ausbildung zum Pfarramt zu reformieren, indem sie umgestaltet wird. Es darf aber auf keinen Fall dazu kommen, den universitären Horizont zu verengen oder das Niveau der akademischen Ausbildung zu senken. Die Qualität der Theologie in Deutschland ist ein hohes Gut und soll nicht zur Disposition gestellt werden. Gleichwohl wird das Theologiestudium von einer großen Zahl von jungen Theologinnen und Theologen als dysfunktional für die spätere kirchliche Tätigkeit empfunden. Es sollen hier einige Vorschläge gemacht werden, wie auf dem Niveau akademischer Arbeit den Erfordernissen der späteren Berufspraxis ein größeres Recht eingeräumt werden kann. Das Programm des Spirituellen Gemeindemanagements konzentriert sich dabei auf die drei Stichworte *Spiritualität*, *Gemeinde* und *Management*.

Wir haben uns vorgenommen, Betriebswirtschaftslehre und Praktische Theologie nicht einfach zu addieren, sondern wechselseitig aufeinander zu beziehen und so etwas Neues hervorzubringen. Es geht nicht um bloße Wiederholung betriebswirtschaftlicher Erkenntnisse im kirchlichen Kontext. Auch der wissenschaftliche Dialog zweier Fakultäten ist nicht das Ziel, sondern die eminent praktische Frage aktueller kirchlicher Gestaltung. Darum bringen wir die Gestaltungsform konkret gelebten Glaubens und marketingorientiertes Managementwissen miteinander ins Gespräch.

1.2.1 Spiritualität

Nach einer Definition von Paul M. Zulehner[15] verstehen wir unter *Spiritualität* „die Verwirklichung des Glaubens unter den konkreten Lebensbedingungen".

---

15 Vgl. Ruhbach, 1881.

Die Rede von der Spiritualität gehört in den dritten Artikel und setzt das Wirken des Heiligen Geistes voraus. Spiritualität meint ein Leben aus dem Geist und im Geist[16]. Während der Begriff Spiritualität heute unter seinem inflationären Gebrauch leidet[17], verstehen wir ihn betont als lebensweltlichen Bezug des Glaubens. Der christliche Glaube öffnet unter den Zwängen dieser Welt ein Fenster ins Jenseits, lässt so das Licht der Ewigkeit auf unsere Situation fallen und ermöglicht dem frischen Wind des Geistes Gottes, in die abgestandene Luft unserer Kirchenräume zu wehen. Es wäre schade, wenn wir diese Orientierung und diese Belebung, die Christen ansonsten für ihr Leben erhoffen, gerade aus der Gestaltung der Gemeindearbeit heraushalten würden. Die Mühe machende Gemeindearbeit ist die nicht spirituelle Gemeindearbeit. Spirituelles Gemeindemanagement möchte helfen, die Kräfte des Geistes Gottes für den Arbeitsalltag in der Gemeinde fruchtbar zu machen. Spiritualität meint keine Techniken, die in besonderen Zeiten und Räumen zur Anwendung kämen. Vielmehr gilt es, das ganze Leben von Gott her zu leben. Eine spirituelle Lebensführung rechnet mit der Wirklichkeit Gottes im Alltag der Welt. Ein spiritueller Mensch wird auch seine *Arbeit* von Gott her tun und seine Beziehungen zu anderen Menschen von Gott her erleben.

Bei einem spirituellen Menschen ist die Beziehung zu Gott das tragende Element. Sie stellt sich im Gebet oder in der Arbeit nur je verschieden dar. Spiritualität trennt Gott und Welt nicht voneinander, sondern stößt in allen weltlichen Bereichen auf Gott als deren tiefsten Grund.

Der spirituelle Mensch könnte mit Bonhoeffer sprechen: „Ich möchte von Gott nicht an den Grenzen, sondern in der Mitte, nicht in den Schwächen, sondern in der Kraft, nicht also bei Tod und Schuld, sondern im Leben und im Guten des Menschen sprechen."[18] Die Feuerprobe auf unseren Glauben ist nicht, ob wir klug und rührend von ihm reden können oder ob wir angesichts der Grenzen des Lebens zu trösten vermögen. Ob wir spirituelle Menschen sind oder nicht, entscheidet sich daran, ob wir unseren Alltag – also als Pfarrerin und Pfarrer auch und an erster Stelle unsere Gemeindearbeit – aus den Ressourcen des Glaubens heraus gestalten oder nicht.

Die Ausgrenzung des Glaubens aus dem Lebensalltag und seine Reservierung für den Sonntag und den Kirchenraum ist eine neuzeitliche Entwicklung. Die Bibel redet noch ganz anders vom Glauben. Abraham, der ja im Neuen Testament als Vater des Glaubens (Röm 4) bezeichnet wird, hat eine Begegnung mit Gott. Darin stellt sich Gott Abraham vor und offenbart

---

16 Vgl. Fahlbusch, 402–405, sowie die EKD-Studie „Evangelische Spiritualität".
17 „Der postmoderne Begriff ‚Spiritualität' gibt oft noch dem flachsten Bestreben den ‚Heiligen'-Schein des Bedeutsamen," so Wiggermann, 709.
18 Bonhoeffer 1998, 407f.

ihm zugleich, welche Lebenshaltung einem Leben im Wissen um Gott entspricht: „Ich bin der mächtige Gott (el schaddaj); wandle vor mir und sei ganz!" (Gen 17,1)[19] Gott gebietet „ein Leben im Gegenüber zu Gott, in dem ein jeder Schritt im Aufblick zu Gott getan wird und jeder Tag von ihm begleitet ist. Dies ist nicht etwa als eine hohe Forderung gemeint, sondern als das ganz Natürliche."[20] Die Bibel legt uns eine Lebenshaltung in der Partnerschaft zu Gott nahe. „Die Bibel kennt unsere Unterscheidung von Äußerem und Innerem nicht. ... Es geht ihr immer um ... den ganzen Menschen."[21] Ist akzeptiert, dass Spiritualität eine solche ganzheitliche Grundhaltung des Menschen vor Gott meint, dann kann auch nach den besonderen Formen gefragt werden. Wer versucht, spirituell zu leben, weiß um die heilsamen Kräfte einer Tagesordnung und von Riten, einem überlegten und gesunden Lebensstil und den darin reservierten Raum für Gebet und Meditation.

Selbstverständlich kennt das Spirituelle Gemeindemanagement die besonderen Orte und Formen spirituellen Lebens. Hier gibt es eine Fülle von Möglichkeiten[22].

> Christliche Spiritualität kulminiert immer wieder in der Kommunikation Gottes mit uns und unserer Kommunikation mit Gott. Das Hören auf Worte der Heiligen Schrift und das Gebet helfen, das Leben angesichts immer neuer Herausforderungen zu bewältigen.

So steht das Spirituelle Gemeindemanagement in der Tradition evangelischer Aszetik, wie sie wiederum Dietrich Bonhoeffer für evangelische Pfarrer formuliert hat:

„Die tägliche stille Besinnung auf das mir geltende Wort Gottes – und seien es nur wenige Minuten – will für mich zum Kristallisationspunkt alles dessen werden, was innere und äußere Ordnung in mein Leben bringt. Bei der Unterbrechung und Auflösung unseres bisherigen geordneten Lebens, wie diese Zeit sie mit sich bringt, bei der Gefahr, die innere Ordnung über der Fülle des Geschehens, über der restlosen Inanspruchnahme durch Arbeit und Dienst, über Zweifel und Anfechtung, Kampf und Unruhe aller Art, zu verlieren, gibt die Meditation unserem Leben so etwas wie Stetigkeit, sie hält die Verbindung mit unserem bisherigen Leben, von der Taufe zur Konfirmation, zur Ordination, sie bewahrt uns in der heilsamen Gemeinschaft der Gemeinde, ... sie ist eine Quelle des Friedens, der Geduld

---

19 So in der Übersetzung von Westermann, 303. Luther übersetzte noch: „Wandle vor mir und sei fromm." Im heutigen Deutsch meint „fromm" einen besonderen, religiös abgesonderten Bereich des Lebens. Genau dies drückt das hebräische Wort „tamim" gerade nicht aus.
20 Westermann, 311.
21 Bonhoeffer 1998, 511, vgl. 303f.
22 Vgl. beispielhaft Hoffmann/Schibilsky (Hgg.), Spiritualität in der Diakonie.

und der Freude, sie ist wie ein Magnet, der alle vorhandenen Ordnungsmächte unseres Lebens auf ihren Pol richtet, sie ist wie ein reines, tiefes Wasser, in dem sich der Himmel mit seinen Wolken und mit seiner Sonne in Klarheit spiegelt ..."[23]

In Gebet, Schriftlesung und Gottesdienst gewinnt das Spirituelle Gemeindemanagement seine Ressourcen, um sich mit gestaltender Kraft dem Gemeindealltag zuzuwenden. In unseren Kursen kam dies vor allen Dingen bei den folgenden regelmäßig wiederkehrenden sechs Gelegenheiten zum Ausdruck:

- *Tagzeitengebete:* Sie strukturieren den Tagesablauf, indem sie ihn an den Übergängen zwischen Nacht und Tag markieren. Dank für Gelungenes und Geschenktes, Klage über Versäumtes und gelegentlich Bekenntnis von schuldhaftem Versagen finden hier ihren Ort. Sie stellen Einzelne in eine Gemeinschaft, erinnern das Wort Gottes und geben eine Gelegenheit, um – in der Regel – mit den Worten der Tradition zu beten.

- *Bibelteilen:* Wir verstehen das Beten als einen Dialog. So wie wir mit Gott reden, so redet Gott mit uns. Als besonders fruchtbar für geistliche Ressourcengewinnung hat sich in unseren Kursen das so genannte *Bibelteilen* gezeigt. Es ist keine neue Methode der Bibelarbeit, sondern ein eher gottesdienstlicher Umgang mit dem biblischen Wort. Entwickelt wurde das Bibelteilen von dem katholischen Bischof von Umtata (Südafrika), Oswald Hirmer, der damit dem Priestermangel in vielen katholischen Gemeinden zu begegnen suchte. Es ist eine Art gemeinsamen, meditativen Bibellesens, bei dem sich die lesende Gemeinschaft darüber austauscht, was Einzelne besonders berührt hat, in die weitere Arbeit mitgenommen wird o.Ä. Wir können Georg Steins zustimmen: „Das Bibelteilen hilft, aus Gruppen ‚Kirche' zu formen, Gemeinschaften, die aus der Begegnung mit dem Auferstandenen leben, denen Jesus Christus als ihre Mitte aufgeht."[24] Paul M. Zulehner hat uns aufgefordert, die große Heilige Schrift der Bibel zusammen mit den vielen kleinen Heiligen Schriften der Freiheitsgeschichte eines jeden Menschen, in der Gott immer auch schon gehandelt hat, zusammen zu lesen. Wir dürfen Gott glauben, dass er längst schon am Werk ist und in unserem Leben und dem unserer Geschwister schon längst gehandelt hat[25].

- *Predigt:* Ohne immer wieder neu Glauben zu zeugen, ist das Gemeindemanagement ein toter Betrieb. Der Glaube aber kommt aus dem Hören (Röm 10,17). Das Hören ist zwar nicht nur Predigt, sondern kann auch in solch kommunikativen Formen wie dem Bibelteilen geschehen, aber

---

23 Bonhoeffer 1996, 241f.
24 Steins, 72. Vgl. auch Hirmer u.a., Bibel-Teilen.
25 Vgl. Zulehner, Evangelisierung im Kontext der Postmoderne.

trotzdem liegt auch auf der herkömmlichen Kanzelrede eine große Verheißung. Das Spirituelle Gemeindemanagement stimmt nicht ein in die unter uns zunehmende Geringschätzung der Predigt. Aufgabe der Predigt ist es nicht nur, das Evangelium immer wieder neu zu sagen, sondern auch die Lebenswelt vom Wort Gottes her zu deuten. Die Predigt stellt immer wieder neu die Bonhoeffer-Frage: „Wer ist Jesus Christus für uns heute?"[26] Eine Bemühung um die spirituelle Komponente im Gemeindemanagement geht deswegen Hand in Hand mit der Wiedergewinnung der Christuspredigt. Christus findet den Schatz im Acker des Gemeindemanagements[27].

- *Anbetung:* Gemeinde lebt und wächst aus dem Lob Gottes. Darum spielt die Anbetung in gesprochenen und gesungenen Worten eine wichtige Rolle in der Ausbildung zum Spirituellen Gemeindemanagement.

- *Fürbitte:* Der Austausch von Gebetsanliegen und die gegenseitige Anteilnahme schaffen eine tiefe Verbindung zwischen den Kursteilnehmern und -teilnehmerinnen. Es tut gut, wenn einer oder eine für mich betet. Wer Fürbitte erbittet, öffnet sich. Er oder sie gibt sich damit vor dem Bruder oder der Schwester eine Blöße. Ohne dieses ehrliche aufeinander Zugehen und diese Offenheit werden unsere Gemeinden nicht wachsen. So lange in Pfarrkonventen sich die Gespräche mit dem Austausch von Erfolgen oder dem Lamentieren begnügen, fehlt die Ehrlichkeit. Authentizität ist aber eine Grundvoraussetzung für jeden Neubeginn. Wer sich diese Ehrlichkeit und Offenheit nicht zumutet, nimmt dadurch auch anderen die Möglichkeit zur Anschlussfähigkeit an die eigene Gemeinde.

- *Segnung:* Jedes Pastoralkolleg unserer Ausbildungsreihe schloss mit einem Abendmahlsgottesdienst und dem Angebot zur persönlichen Segnung. Davon haben die Teilnehmenden an unseren Kursen reichlich Gebrauch gemacht. Mit dem Nennen eines persönlichen Anliegens und einer persönlichen Segnung unter Handauflegung ist dieses Element so etwas wie eine körperlich spürbare Fortsetzung der Fürbitte. Wer eine Segensbitte äußert, bekommt den Segen daraufhin körperlich spürbar zugesagt. Wer immer diesen auch spricht, er spricht nicht in seinem Namen, sondern im Namen Gottes. Das hebt die persönliche Segnung noch über die Fürbitte hinaus.

In all diesem nimmt das Spirituelle Gemeindemanagement die Grundstruktur benediktinischer Frömmigkeit wieder auf und versucht, das Beten und Arbeiten miteinander zu verbinden und das Eine vom Anderen durch-

---

26 Bonhoeffer 1998, 402. Vgl. zur Zentralstellung der Christologie für Bonhoeffers Denken: Abromeit, Das Geheimnis Christi.
27 Vgl. unten Teil 8 und die ebenfalls in einem Kurs gehaltene Predigt von Michael Herbst in: Herbst/Schneider, 217–222.

dringen zu lassen. Was häufig als Gegensatz gesehen wird, nämlich der Verheißung Gottes zu trauen oder unter Einsatz aller zur Verfügung stehenden Fertigkeiten und Techniken selber Gemeinde zu bauen, erweist sich auf dem Hintergrund solcher Spiritualität als zwei Seiten der gleichen Münze. Der Heilige Geist wirkt in der Regel nicht unter Ausschaltung, sondern unter gezielter Benutzung menschlicher Fähigkeiten und Gaben.

1.2.2 Gemeinde

Wir beschränken uns bewusst auf die *Gemeinde* als Praxisfeld für das hier gemeinte Management. Es geht uns nicht um Kirchenmanagement im Allgemeinen und auch nicht um ein spezielles Management zur Vorbereitung und Durchführung von Projekten oder Kampagnen. Diese Konzentration hat mehrere Gründe. Sie sind unterschiedlicher Natur, sowohl pragmatischer als auch theologisch grundsätzlicher Art. Zunächst einmal soll das hier vorgelegte Programm möglichst große Wirkungen entfalten. Dazu muss es einfach sein. Eine zu komplizierte Form des Managements, die dann für alle möglichen Bereiche gesonderter Ausprägung bedarf, kann nicht den verändernden und innovativen Schritt für die Gemeinde hervorbringen, wie wir ihn uns wünschen. Die Gemeinde als lebendiges Sozialsystem, konstituiert durch das Glaubensthema, ist heute in unserem kirchlichen System allerdings eher schwach und bedarf der Förderung. Deswegen zielt das Spirituelle Gemeindemanagement auf Orientierung von Gemeinden, Konzentration von Kräften und gezielte Stärkung ihrer vitalen Kräfte.

Dazu bedarf es an dieser Stelle einiger grundlegender Worte über unser Verständnis von Gemeinde. *Was ist überhaupt eine Gemeinde?* Im Anschluss an die reformatorischen Bekenntnisschriften scheint die Antwort auf diese Frage leicht. „Es wird auch gelehrt, dass alle Zeit eine heilige, christliche Kirche sein und bleiben muss, die die Versammlung aller Gläubigen ist, bei denen das Evangelium rein gepredigt und die heiligen Sakramente laut dem Evangelium gereicht werden" (Confessio Augustana Artikel 7). Jahrhunderte lang ist dieser Satz als eine definitionsartige Bestimmung der Kirche missverstanden worden. Hier handelt es sich nur scheinbar um eine notwendige und hinreichende Beschreibung dessen, was Kirche ist. In Wirklichkeit stellt dieser Satz nur einen notwendigen Minimalkonsens für die Einheit der einen christlichen Kirche dar. Es fehlt eine gültige Beschreibung dessen, was Kirche ist, die nähere Bestimmung zwischen dem Terminus „Versammlung aller Gläubigen" und der in Wort und Sakrament mitgeteilten Glaubenswahrheit. „Der funktionale Kirchenbegriff von CA VII steht in der Gefahr, solche Konkretionen derart zu relativieren, dass das kirchliche Leben ohne Konturen bleibt"[28].

28 Schröer, 339.

> Im Anschluss an Henning Schröer und andere ist darum das Erfahrungsmoment und die Sozialität ausdrücklich in das Verständnis von Kirche und Gemeinde aufzunehmen[29].

Christian Möller hat an die grundsätzliche Komplementarität von Kirche und Gemeinde erinnert. In der doppelten Begrifflichkeit werden verschiedene Akzente gesetzt. „Im Begriff ‚Kirche' kommt die rechtliche, institutionelle, geschichtliche und räumliche Gestalt … der christlichen Gemeinde zur Sprache; im Begriff ‚Gemeinde' kommt die personale, als Versammlung und Gemeinschaft im Evangelium sich ereignende, lokal begrenzte Gestalt von ‚Kirche' zur Sprache."[30] Im Anschluss daran fragen wir: Wie spitzt sich Kirche in der Gemeinde zu?[31]

Das Neue Testament legt die Emphase bei der Rede von der Gemeinde nicht so sehr auf die äußere Gestalt, sondern vielmehr auf den inneren Vorgang. Das, was wir nach geläufiger Redeweise unter Gemeinde verstehen, ist keine Zustandsbeschreibung, sondern ein Geschehen, ein Prozess. Man kann diesen Vorgang vordergründig soziologisch verstehen. Dann sind allerdings die gleichen Phänomene sehr unterschiedlich zu deuten. So findet etwa Friedrich Nietzsche in 1 Kor 1,26–31 die Beschreibung einer Sklavenmoral und des Ghettos: „Was schwach ist vor der Welt, was töricht ist vor der Welt, das Unedle und Verachtete vor der Welt hat Gott erwählt: das war die Formel, in hoc signo siegte die décadence."[32] Was Nietzsche aus seinem Blickwinkel als die Erwählung der gescheiterten Existenzen ansieht, versteht ein anderer Leser als das „Ensemble der Opfer". „Einsame, berufliche Versager, Ehegeschädigte, Deklassierte, die Geltung und Anerkennung Suchenden, Nestwärme, Zugehörigkeit Erstrebende"[33].

Was meinte Paulus, als er sagte: „Seht doch eure Berufung an, Brüder: da sind nicht viele nach dem Fleisch Weise, nicht viele Mächtige, nicht viele Hochgeborene. Sondern das Törichte der Welt erwählte Gott, um die Weisen zu beschämen, und das Schwache der Welt erwählte Gott, um das Starke zu beschämen, und das Niedriggeborene der Welt und das Verachtete erwählte Gott, das was nichts ist, um das, was etwas ist, zu vernichten, damit sich kein Fleisch vor Gott rühme. Aus ihm seid ihr in Christus Jesus, der uns zur Weisheit von Gott wurde, zur Gerechtigkeit, Heiligung und Erlösung…"[34]

---

29 Vgl. dazu Herbst 1996, 57-64.
30 Möller, Gemeinde, 317.
31 Das Folgende im Anschluss an eine Passage meines Beitrags „Schule als Ort von Gemeinde", 8-13.
32 Zitiert nach Eichholz, 62.
33 So Lange, 299.
34 1 Kor 1,26–31 in der Übersetzung von Conzelmann, 65.

Der entscheidende Zielpunkt dieser Textpassage liegt nicht in der Beschreibung der vor der Welt Verachteten und Geringen, sondern in dem, was Gott durch Jesus Christus an diesen Verlorenen gewendet hat. Entscheidend ist: Gott hat diesem Ensemble der Opfer Anteil an Christus geschenkt. Gemeinde ist Teilhabe an der Person und der Wirklichkeit des lebendigen Christus. Die dem eigenen Selbstverständnis der Gemeinde entsprechende Deutung bleibt der rein soziologischen Betrachtungsweise verborgen. Sie öffnet sich nur dem, der das Geschehen auf dem Hintergrund des Handeln Gottes begreift.

Der Kern des Vorgangs Gemeinde ist die personale Partizipation am Christusgeschehen.

Gemeinde ist eine eschatologische Wirklichkeit, das heißt, sie ist in dieser Welt immer im Werden. Ihre volle Verwirklichung ist zwar verheißen, steht aber noch aus. Auch wenn sie in ihrer Fülle noch nicht in Erscheinung getreten ist, ist sie Realität. Sie setzt sich als Wirklichkeit in unserer Welt prozesshaft um.

Das Kerngeschehen, personale Partizipation an der lebendigen Christusperson, ist prinzipiell unanschaulich. Es ist aber verbunden mit einem Randgeschehen, der sozialen Partizipation in einer konkreten, sichtbaren Gemeinschaft. Der wahrnehmbare Rand des Kerns des Geschehens, das wir insgesamt Gemeinde nennen, macht Geschmack auf die Erfüllung der Verheißung.

Gemeinde ist die Gemeinschaft der Befreiten. Mit der Vergebung der Sünde ist auch Befreiung aus den durch die Sünde hervorgerufenen Bindungen möglich. Gott wirkt durch seinen Geist und in Christus Sündenvergebung und Befreiung. Die zwischen den Gemeindegliedern bestehenden Unterschiede werden nicht nivelliert, sondern relativiert[35]. Das Neue Testament redet von Gemeinde als einem inneren Vorgang, der Menschen aus ihren Einsamkeiten, inneren Trennungen und Blockaden herausreißt und sie auf eine verborgene Weise durch die personale Partizipation an Christus befreit.

Weil allerdings die Bibel nicht Inneres und Äußeres auseinander reißt, führt dieser innere Vorgang notwendig zu einer äußeren Gestaltwerdung von Gemeinde. Allerdings kann die konkrete Gestalt dieser Sozialform sehr unterschiedlich ausgestaltet sein. Gemeinde finden wir im Neuen Testament „als Hausgemeinde ..., als Gemeinde am Ort, als Einheit der Christen unter allen Völkern, Sprachen und Kulturen (im neutestamentlichen Sinne Gemeinschaft) und schließlich als elementarer Kern christ-

---

35 Vgl. zu diesen Aussagen den Galaterbrief, besonders Gal 3,26-29 und 5,1-13.

licher Gemeinschaft im Sinne des Wortes Jesu: ‚Wo zwei oder drei in meinem Namen zusammen sind, da bin ich mitten unter ihnen' (Mt 18,20) bzw. ‚Das Reich Gottes ist mitten unter euch' (Lk 17,21)."[36]

Gemeinde ist also neutestamentlich nicht nur Parochie. Wenn dieser Begriff heute z.B. bei der Diskussion um die „Kirche bei Gelegenheit"[37] von Befürwortern und Gegnern ins Gespräch gebracht wird, verkürzt er den neutestamentlichen Horizont. Es wird alles falsch, wenn der neutestamentlich vierfach differenzierte Gemeindebegriff auf die Parochie reduziert wird. Oft übersehen und doch von besonderer Wichtigkeit scheint mir die von H.-B. Kaufmann gekennzeichnete vierte Weise von Gemeinde „als elementarer Kern christlicher Gemeinschaft" zu sein. Auch das unorganisierte, gelegentliche Zusammensein von zwei oder drei Menschen „im Namen" Jesu kann Ereignis von Gemeinde sein, und damit Ausdruck der Teilhabe an der Person des lebendigen Christus, einer eschatologischen Wirklichkeit, die Menschen als ein Befreiungserlebnis erfahren.

Da aber auch dieser innere Vorgang Gemeinde nicht ohne seinen sozialen Rand zu haben ist, drängt auch dieses Erlebnis im kleinen Kreis auf den Aufbau von Strukturen, die Kontinuität und Wiederholbarkeit ermöglichen[38]. Auch hier entwickelt sich eine Grundstruktur bestimmter Wertorientierungen, Einstellungen und Verhaltensmuster, die für den Vorgang Gemeinde charakteristisch sind. In diesem Zusammenhang wird der Begriff der *Kultur*, verstanden als Kultur einer Gemeinde, wichtig. Unter Kultur verstehe ich „ein bis ins Alltägliche hinein reichendes Zusammenspiel von Formen und Normen"[39]. Ohne eine solche Kultur fehlt der Gemeinde die soziale Plausibilitätsstruktur, die Lernvorgänge in Richtung

---

36 So Kaufmann, 103.
37 Diese Formel wurde geprägt von Michael Nüchtern, Kirche bei Gelegenheit. Er verstand seine Formel damals als ausdrücklichen Gegenentwurf zu der seines Erachtens „dominierenden Rede vom ‚Gemeindeaufbau'" (ders. 1991, 10). Es geht Nüchtern nicht um stetige, sondern um punktuelle Erlebnisse, um Schnittpunkte, an denen sich das Handeln der Kirche mit thematischen oder biografischen Anlässen trifft. Die Kirche sei bereits in eine ekklesiologische Falle getappt, wenn sie selbstbezogen und eigennützig handelt und Eingemeindung oder Verkirchlichung als missionarisches Wirken versteht. Nüchtern polemisiert gegen die Parochie als verabsolutierten Darstellungs- und Organisationsraum von Kirche. Die Kirche sollte sich deswegen als „Service in gesellschaftlichen Institutionen" verstehen (vgl. ders. 1994, 33). In der Zwischenzeit hat Nüchtern seinen Ansatz weiterentwickelt und die Polemik gegen die Parochie entschärft, vgl. ders., Kirche in Konkurrenz. Vgl. zum Ganzen Abromeit 1997, 99–117, bes. 114f.
38 Die Diskussion um die rechte Zuordnung von funktionalen Diensten und Ortsgemeinde leidet unter der Unklarheit solcher Unterscheidungen. Sowohl eine Parochie als auch ein übergemeindlicher Dienst steht vor der Aufgabe, dass sich in ihnen Gemeinde ereignen soll.
39 Ich verwende hier die Definition der pädagogischen Kultur von Hermann Bausinger und Peter Fauser nach Nipkow, 514.

auf Glauben erst auslösen kann. Darum ist der soziale Rand des inneren Vorgangs Gemeinde so wichtig. Wir werden später auch sehen, dass die Betriebswirtschaftslehre ebenfalls heute großen Wert auf eine die Strategie begleitende Kultur legt, um Ziele zu erreichen.

In dieser Kultur der Gemeinden ist eine Grundaufgabe, Gottesdienst und die Ausbreitung der Gotteserkenntnis, die Verwirklichung von Recht und Gerechtigkeit sowie die Fähigkeit zum Erbarmen miteinander zu verbinden. Wer sich seine Leidenschaft nicht woanders her borgt, wird einsehen, dass die Ausbreitung von Gotteserkenntnis, der Einsatz für das Recht und Barmherzigkeit zusammen gehören.

> Es ist eine notwendige Voraussetzung für das Ausstrahlen des christlichen Glaubens, dass die Einladung zum Leben mit Jesus Christus sich mit der bedingungslosen Bereitschaft zum Helfen und Handeln paart. Aus dieser Ehe werden neue Christen hervorgehen.

Das Miteinander von Beten und Tun des Gerechten unter den Menschen ist die notwendige Voraussetzung für das „Wachsen gegen den Trend"[40]. Die Kirche sollte nicht aus einem Selbsterhaltungsdrang heraus wachsen wollen, sondern weil die Menschen das Evangelium brauchen. Die Welt wird kalt, wenn das Evangelium stirbt.

Der liebende Gott aber lässt sich von der Ignoranz der Menschen, seiner Menschen, nicht abhalten, sich uns immer wieder zuzuwenden. So bekennt schon der Psalmbeter: „Gott führte mich hinaus ins Weite, er riss mich heraus; denn er hatte Lust zu mir" (Ps 18,20). Es ist eine Grunderfahrung auch des christlichen Glaubens, dass Gott uns nicht in unseren engen Grenzen belässt, weil er von der Lust zu uns, seinen Geschöpfen, durchdrungen ist. Die Kirche ist nichts anderes als das Werkzeug Gottes, um Glaube, Liebe und Hoffnung unter den Menschen zu verbreiten. Es scheint so, dass sich mindestens in den kirchenleitenden Gremien unserer Kirche eine Mehrheit für ein solches wachstumsorientiertes, zukunftsträchtiges Denken herausbildet. So hat die Synode der EKD 1999 in ihrer Kundgebung festgestellt: „Es hat eine Zeit gegeben, in der es den Anschein haben konnte, als sei die missionarische Orientierung das Markenzeichen nur einer einzelnen Strömung in unserer Kirche. Heute sagen wir gemeinsam: Weitergabe des Glaubens und Wachstum der Gemeinden sind unsere vordringliche Aufgabe, an dieser Stelle müssen die Kräfte konzentriert werden."[41] Wenn die Kirche wirklich Gemeindewachstum möchte, dann ist das Spirituelle Gemeindemanagement ein nützliches Hilfsmittel.

40 Vgl. EKD 1998.
41 EKD 2000, 42.

1.2.3 Management

Darf sich aber die Kirche überhaupt *Management*wissens bedienen? Wenn die Kirche – wie oben unter 1.1 ausgeführt – auch als Unternehmen betrachtet werden kann und das Berufsfeld der Pfarrerinnen und Pfarrer dem von Managerin und Manager gleicht, dann darf sie sich dem nicht verschließen[42]. Nach den hier kurz skizzierten und unten weiter ausgeführten theologischen Überlegungen[43] braucht die Kirche keine Angst vor betriebswirtschaftlicher Überfremdung zu haben. Ziel- und Wertformulierungen überlässt eine sich ihrer Grenzen bewusste Kirchenmarketinglehre der Theologie. Allerdings werden evangelische Theologen, die Marketingwissen für die Reform der Kirche einsetzen wollen, immer wieder den verschiedensten Verdächtigungen ausgesetzt. So behauptet etwa Hans-Martin Gutmann, Ausgangspunkt für die Idee, Marketingkonzeptionen für die Kirche zu übernehmen, seien allein die „drückenden finanziellen Engpässe in der kirchlichen Arbeit gewesen"[44]. Eigentlicher Ausgangspunkt ist aber das Ende der konstantinischen Epoche und des damit verbundenen Paradigmas von Kirchenleitung. Das obrigkeitliche Paradigma von Leitung in Analogie zur staatlichen Verwaltung trägt nicht mehr. Selbst der öffentliche Dienst versucht sich zu modernisieren, indem er von Unternehmensführungsstrategien lernt. Kirchenleitung durch Verwaltung steht der Ausbreitung des Evangeliums eher im Weg als Kirchenleitung in Analogie zu modernen Unternehmensführungskonzepten. Trotzdem ist die Frage, ob das Marketing vor der Kirchentür Halt machen muss, berechtigt und soll im Folgenden noch ausführlich thematisiert werden[45].

Eher ist die pauschale Diskriminierung der Rezeption von betriebswirtschaftlichem Denken als Ausdruck des gebrochenen Verhältnisses des Protestantismus zur Wirtschaft zu verstehen. Manch einer kann zwar Anleihen aus allen möglichen anderen Wissenschaften aufnehmen, nur nicht aus den ökonomischen Wissenschaften. Ökonomie gilt für viele Protestanten von vorn herein als böse. Für den hinter dem Spirituellen Gemeindemanagement stehenden Autorenkreis ist dagegen entscheidend, wie man Anleihen bei der Betriebswirtschaftslehre macht. Es ist blauäugig, das wirtschaftliche System als solches kritisieren, aber andererseits von seinen Möglichkeiten zu profitieren.

---

42 Vgl. den folgenden Beitrag von Kristin Butzer-Strothmann.
43 Vgl. Teil 4.
44 Gutmann, 99. Er verweist zur Begründung auf die Probono-Beratung von McKinsey für die evangelische Kirche in München. Für das „Evangelische München-Programm" ist diese Behauptung aber falsch.
45 Vgl. unten Kapitel 2 und als Probe aufs Exempel das betriebswirtschaftliche Grundsatzkapitel 3 und das theologische Grundsatzkapitel 4.

Wie wir in den 60er- und 70er-Jahren haben lernen müssen, dass wir nicht unpolitisch sein können, so gilt es für die evangelische Kirche heute wahrzunehmen, dass sie nicht unwirtschaftlich sein kann. Jede Aktivität der Kirche sollte geistlich und theologisch begründet sein. Sie hat aber auch immer einen ökonomischen Aspekt. Diesen auszublenden hat eher etwas mit blinden Flecken als mit theologischer Redlichkeit zu tun.

Entscheidend ist allerdings ein anderer Gesichtspunkt. Mit dem Marketing stoßen wir innerhalb der Betriebswirtschaftslehre auf ein am Endverbraucher orientiertes Denken. Eine Einübung in marketingorientiertes Denken kann darum einer Kirche, die in der Gefahr steht, um sich selbst zu kreisen, helfen, auf die Menschen, für die sie eigentlich da ist, zuzugehen. Kirchliches Leben wird heute von vielen als eine Veranstaltung von Kirchenleuten für Kirchenleute empfunden.

Marketing ist nun – betriebswirtschaftlich gesehen – nicht lediglich Public Relation zur Absatzförderung der Wirtschaft. Vielmehr ist das Marketing eine Führungskonzeption für das Management überhaupt. Heribert Meffert formuliert: „Marketing ist die bewusst marktorientierte Führung des gesamten Unternehmens oder marktorientiertes Entscheidungsverhalten in der Unternehmung."[46] Die am Marketing ausgerichtete Führung eines Unternehmens geht von einer eigenen Philosophie aus. Meffert sieht diese in der „bewusste(n) Absatz- und Kundenorientierung aller Unternehmensbereiche"[47].

Aus theologischer Perspektive ist ebenfalls zu betonen: Das Evangelium ist nur Evangelium, wenn es die Menschen erreicht, als gute Botschaft empfunden wird und befreit. Denn Gott will, „dass allen Menschen geholfen wird und sie zur Erkenntnis der Wahrheit kommen" (1 Tim 1,4).

46 Meffert 1998, 7.
47 Meffert 1998, 7. Während er früher (vgl. Meffert 1983, 217f) noch von einem doppelten Zweck sprach, nämlich „einer dauerhaften Befriedigung der Kundenbedürfnisse einerseits und der Erfüllung der Unternehmensziele andererseits", sieht er heute die Verwirklichung der Unternehmensziele in der dauerhaften Befriedigung der Kundenbedürfnisse. Dadurch verlieren die Unternehmensziele ihr eigenes Recht neben den Kundenbedürfnissen. Bei einer einfachen Übertragung dieses weiterentwickelten Marketingansatzes kommt es für die Praktische Theologie zu Problemen. Die alte Definition lässt Raum dafür, dass der Anbieter nicht völlig bedürfnisgesteuert wird, sondern die Erfüllung der Unternehmensziele ihr eigenes Recht behalten. Kirchliches Marketing kann in Analogie zur neuesten Marketingdefinition Mefferts missverstanden werden als reine Abhängigkeit von den wechselnden Bedürfnissen der Menschen. Hier wird die Theologie betonen, dass die Proklamation des Evangeliums in Wort und Tat das unaufgebbare Unternehmensziel des Unternehmens Kirche ist. Da das Evangelium aber die gute, befreiende Botschaft für alle Menschen ist, kann die Ausrichtung dieser Botschaft nicht mit den objektiven Bedürfnissen der Menschen, wohl aber u.U. mit ihren subjektiv wahrgenommenen Bedürfnissen kollidieren.

> Jesus knüpft mit seinem Heilandsruf bei den Bedürfnissen der Menschen an, wenn er seine Zuhörer auffordert: „Kommt her zu mir alle, die ihr mühselig und beladen seid; ich will euch erquicken." (Mt 11,28)

Theologisch verantwortet bedeutet Kirchenmarketing nicht den Ausverkauf des Evangeliums, sondern die prinzipielle Orientierung an den Menschen und daran, dass das Evangelium bei ihnen ankommt. Die Orientierung am Marketing hilft, alles Um-sich-selbst-Kreisen der Kirche zu durchbrechen und stellt den Menschen mit seinen Bedürfnissen ins Zentrum der kirchlichen Arbeit. Eine Kirche, die bei den Menschen nicht ankommt, steht auch dem Evangelium im Weg. Eine theologisch verantwortete Orientierung der Kybernetik am Kirchenmarketing ist Ausdruck der ecclesia semper reformanda.

1.3 Die Standards des Spirituellen Gemeindemanagements

Auf diesem Hintergrund sind nun die Formulierungen fünf kybernetischer Kompetenzen zu verstehen, die wir mit dem Spirituellen Gemeindemanagement zu erreichen suchen.

Theologen lernen zwar, die Bibel hermeneutisch reflektiert und historisch-kritisch auszulegen, ja, diese auch noch für den Einzelnen anzuwenden, nicht aber, die Bibel für die Gemeindeentwicklung fruchtbar zu machen. Dies ist eine individualistische Beschränkung der Wirkkraft der Heiligen Schrift. Die Bibel ist nicht nur für den Einzelnen oder die Einzelne geschrieben, sondern ihre Intention geht ebenso auf die Gestaltung des Gemeinschaftslebens. Sie will nicht vom frommen Individuum her, sondern von der Praxis der Gemeinde gelesen werden[48]. Die biblischen Texte werden missverstanden, wenn sie nicht auf die Gemeinde bezogen und vom Wachstum der Gemeinde her ausgelegt werden. Auf diese Weise leistet die Bibel einen unverzichtbaren Beitrag zur Entwicklung von zeitgemäßen Visionen von Gemeinde und Kirche.

> Das Spirituelle Gemeindemanagement bildet die Fähigkeit aus, die biblische Überlieferung für den Gemeindeaufbau kritisch und motivierend anwenden zu können.

---

48 Dies gezeigt zu haben, ist das große Verdienst von Paul Hansons Entwurf biblischer Theologie, vgl. Hanson, Das berufene Volk, und dazu Abromeit 1997, 115–117.

Die bisherige Ausbildung zur Pfarrerin oder zum Pfarrer fördert kaum die Entwicklung von Spiritualität. Wer aber in einer Gemeinde arbeitet, muss bereit sein, mit der Wirklichkeit Gottes zu rechnen. Er oder sie sollte so arbeiten, als ob alles von ihm oder ihr abhinge und gleichzeitig so erwartungsvoll beten, als ob alles von Gott abhinge. Die Verknüpfung von Planung und Gebet geschieht dann nicht additiv, sondern beides bezieht sich auf je unterschiedliche Dimensionen der gleichen Wirklichkeit. Gemeindeaufbau setzt nicht das Gebet an die Stelle der Planung, sondern lehrt beten und planen.

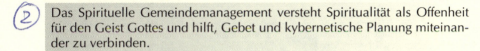

Das Spirituelle Gemeindemanagement versteht Spiritualität als Offenheit für den Geist Gottes und hilft, Gebet und kybernetische Planung miteinander zu verbinden.

In einer Kirche ohne große Visionen geht es darum, das kreative Potenzial zu stärken. Visionen werden allerdings erst einmal Einzelnen geschenkt. Das Gemeindemanagement ist aber ein komplexes und viele Subjekte einschließendes Geschehen. Darum müssen die Visionen ansteckend und ausstrahlend mitgeteilt werden. Es kommt darauf an, aus ihnen die gesamte Gemeinde und ihre Mitarbeiterschaft beflügelnde Leitbilder zu erarbeiten. Dazu können moderne Moderations- und Präsentationstechniken nützlich sein.

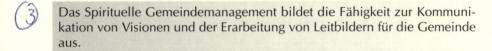

Das Spirituelle Gemeindemanagement bildet die Fähigkeit zur Kommunikation von Visionen und der Erarbeitung von Leitbildern für die Gemeinde aus.

Die spirituelle Gemeindemanagerin darf nie eine einsame Leiterin sein. Obwohl der spirituelle Gemeindemanager an der geforderten Stelle Anordnungen nicht scheut, leitet er in der Regel durch Kommunikation, Überzeugung und Argumente. Er oder sie versteht sich als Teil der Gesamtgemeinde und ihrer Mitarbeiterschaft und versteht Leitung Anteil gebend und involvierend. Darum beteiligt sie oder er Sachverstand und Engagement möglichst vieler, so weit es eben sinnvoll ist.

Ein kommunikativer und partizipatorischer Leitungsstil gehört zu den Grundkompetenzen des Spirituellen Gemeindemanagements.

Über die Ausbildung in diesen vier Grundkompetenzen hinaus gehört zu den Standards des Spirituellen Gemeindemanagements auch das Kennenlernen handwerklicher Marketing- und Managementtechniken, wie sie für die Gemeindeanalyse, das Projektmanagement und das Kirchenmarketing im Allgemeinen gebraucht werden.

Spirituelle Gemeindemanager und -managerinnen können grundlegende Managementtechniken und kybernetische Instrumente anwenden.

Das Ziel der Ausbildung ist die Fähigkeit, geistlich begründete Prioritäten zu setzen, um ein planmäßiges Handeln im Gemeindeaufbau und Gemeindemanagement zu ermöglichen. Wenn die Ausbildung in diesen fünf Kompetenzen zum Standard der praktisch-theologischen Ausbildung unserer Kirche wird, ist dies ein großer Schritt, um die Not unserer Kirche zu wenden. In diesem Sinne handelt es sich um not-wendige Standards für die theologische Ausbildung.

2. Muss das Marketing vor der Kirchentür Halt machen?

Spirituelles Gemeindemanagement aus betriebswirtschaftlicher Sicht

KRISTIN BUTZER-STROTHMANN

2.1 Einleitung

Das Marketing muss vor der Kirchentür Halt machen!

Dieser ultimativen Forderung sehen sich viele gegenüber, die Marketing-Gedanken in die Gemeindearbeit einbringen wollen. Sie spiegelt die Skepsis wider, die Betriebswirtschaftslehre als eine Partnerwissenschaft für die Theologie anzunehmen.[1] Dem ist jedoch zunächst entgegenzuhalten, dass bereits heute in vielen Gemeinden der evangelischen und katholischen Kirche marketingähnliche Bemühungen unternommen werden.

- Die Nordelbische evangelisch-lutherische Kirche verteilte in ihren Gemeinden eine Broschüre mit dem Titel „12 gute Gründe in der Kirche zu sein".
- In Norderstedt fand eine spektakuläre Verhüllungsaktion von acht Kirchtürmen statt, um auf die Existenzbedrohung der Kirche aufmerksam zu machen.
- Der Kölner Stadtkirchenverband finanzierte eine Werbekampagne unter dem Thema „Misch Dich ein".
- 24 Berliner Gemeinden starteten eine Plakataktion unter dem Motto „Willkommen in der Gemeinde".

Weitere Beispiele ließen sich finden. Alle diese Aktionen wiesen allerdings drei zentrale Schwächen auf[2]:

---

1 Die unterschiedlichen Haltungen gegenüber einem kirchlichen Marketing im Überblick zeigt Hillebrecht 1995a, 10ff.
2 Vgl. Raffée 1998, 20.

- Sie waren partikular und nicht in ein Gesamtkonzept integriert.
- Sie zeigten Qualitäts- und Professionalitätsdefizite.
- Es fehlten meist messbare (operationale) Ziele und Kontrollen der Zielerreichung.

Ist also die Skepsis gegenüber einem Marketing für Gemeinden berechtigt? Im Folgenden wird dieser Frage anhand von zwei typischen Argumenten gegen ein kirchliches Marketing nachgegangen. Daran schließen sich einige Überlegungen zur konkreten Ausgestaltung eines kirchlichen Marketing an.

Vorbemerkung: Wenn im Folgenden von Nachfragern kirchlicher Leistungen bzw. von Nachfragerorientierung die Rede ist, dann sollen dadurch die terminologischen Differenzen zwischen Theologie und Betriebswirtschaft nicht noch vergrößert werden. Dennoch wird aus gutem Grund nicht von Gemeindemitgliedern oder von Mitgliederorientierung gesprochen. Diese Terminologie grenzt nämlich Nicht-Kirchenmitglieder aus. Nimmt man aber den Missionsbefehl Jesu ernst, so muss ein kirchliches Marketing immer beide Gruppen, die Gemeindemitglieder und die Nicht-Gemeindemitglieder, im Auge haben. Der Begriff Nachfrager passt deshalb besser. Er umfasst – im Folgenden geschlechtlich neutral gebraucht – die tatsächlichen und die potenziellen Nachfragerinnen und Nachfrager eines Gemeindeangebots und damit Mitglieder ebenso wie Nicht-Mitglieder.

2.2 Argumente gegen ein kirchliches Marketing

Argument 1: Die Erkenntnisse des Profit-Marketing für erwerbswirtschaftliche Unternehmen lassen sich aufgrund unterschiedlicher Marktbedingungen nicht auf die Institution Kirche übertragen.

Die Gemeinsamkeiten der großen Kirchen in Deutschland mit der Situation erwerbswirtschaftlicher Unternehmen sind vielfach größer als die Unterschiede. Man denke nur an die Deutsche Telekom AG, an die Deutsche Post AG bzw. an die Deutsche Bahn AG oder die großen Energieversorgungsunternehmen, die aufgrund der Deregulierung der Märkte ihre Monopolsituation verloren haben. Die Situation der evangelischen und der katholischen Kirche ist nicht viel anders. Auch den Kirchen ist in den letzten Jahrzehnten die frühere Monopolstellung für die Beantwortung religiöser und weltanschaulicher Fragen verloren gegangen und sie sehen sich heute einer starken Konkurrenzsituation durch religiöse und quasi-religiöse Heilsbewegungen ausgesetzt.

Ebenso ist die Situation der Gemeinden in Bezug auf das gesamte Freizeitangebot durch Konkurrenz geprägt.³ Die Menschen leben in vielfältigen Bezügen und Beanspruchungen: in der Familie, im Beruf, in Parteien, in Vereinen, als Staatsbürger, als Kirchenmitglieder. Die verfügbare Freizeit muss unter diesen Beanspruchungen aufgeteilt werden. So stellt sich die Frage, ob man am Sonntagmorgen ins Grüne fährt, Sport treibt, ins Museum geht, einen Gottesdienst besucht ... oder spät frühstückt. Unter welchen Bedingungen wird aber ein potenzieller Nachfrager den Gottesdienst, das Orgelkonzert oder den Bibelkreis anderen möglichen Freizeitaktivitäten vorziehen? Lax ausgedrückt: „Gewinnen" wird die Alternative, die einem am meisten bietet. Betriebswirtschaftlich formuliert: Gewinnen wird die Alternative, die aus der subjektiven Sicht des Einzelnen am meisten Vorteile für diesen Einzelnen hat.

Genau an dieser Stelle setzt der Marketing-Gedanke an. Ziel eines umfassenden Marketing-Konzeptes ist es, Vorteile gegenüber seinen Mitwettbewerbern zu erlangen und zu sichern⁴. Solche Vorteile bestehen, wenn das Leistungsangebot der öffentlichen Kirchen von den Nachfragern gegenüber allen relevanten Wettbewerbsangeboten als überlegen eingestuft wird. „Überlegenheit" wiederum bedeutet in diesem Zusammenhang, dass das betreffende Angebot der Kirche aus der subjektiven Perspektive des Nachfragers besser zur Problemlösung beiträgt als das Konkurrenzangebot. Die entscheidende Voraussetzung für die Schaffung von Wettbewerbsvorteilen stellt folglich – unabhängig davon, ob es sich um ein Unternehmen oder um eine Volkskirche handelt – die Ausrichtung an den Bedürfnissen bzw. Problemen der jeweiligen Nachfrager dar.

Damit ist der entscheidende Aspekt im Zusammenhang mit dem ersten Argument gefunden: Die Übertragung des Marketinggedankens auf den kirchlichen Bereich und damit in die Gemeindearbeit setzt voraus, dass die Kirchen nachfrageorientiert handeln können. Genau das aber ist umstritten.⁵

> Argument 2: In der Gemeindearbeit kommt ein Handeln nach der Devise „Give the market what it wants" – also absolute Nachfrageorientierung – nicht in Betracht, weil dies der Hauptvision der Kirche widerspricht.

Diese abweisende Position vieler Kirchenverantwortlicher hat auf den ersten Blick etwas für sich, wenn man sich die hier beschworene Hauptzielsetzung der evangelischen Kirche näher ansieht: Prägnant ist diese Zielsetzung im Neuen Testament in Mt 28,19f festgeschrieben: „Darum gehet hin

---

3 Vgl. auch Gräb, 43f.
4 Vgl. hierzu ausführlich Plinke, 76ff.
5 Vgl. hierzu auch Bansch, 2-14; Raffée 1997, 125–128; Hillebrecht 1995b, 228–253.

und machet zu Jüngern alle Völker: Taufet sie auf den Namen des Vaters und des Sohnes und des Heiligen Geistes und lehrt sie halten alles, was ich euch befohlen habe." Mit anderen, nicht-biblischen Worten formuliert: Das Hauptziel der Kirche besteht darin, das Evangelium zu verkünden und möglichst viele Menschen davon zu überzeugen, die Aussagen des Evangeliums in ihrer Lebensführung umzusetzen. Die Kirchen sollen also Glauben vermitteln.

Mithin hat sich jedes kirchliche Leistungsangebot an den Zielen und dem Auftrag des Evangeliums auszurichten. Diese Ziel- und Aufgabenstellung der Kirche ist unveränderbar. In diesem Punkt unterscheiden sich Kirche und Wirtschaftsunternehmen also deutlich: Wenn ein erwerbswirtschaftliches Unternehmen registriert, dass bestimmte Leistungsbestandteile keine Akzeptanz bei den Kunden finden, wird es versuchen, diese Produkte zu verändern, um sie an die Kundenerwartungen anzupassen. Den Kirchen ist das zumindest bezüglich der Aussagen des Evangeliums versagt. Selbst in Zeiten hoher Ehescheidungsraten und gelockerter Werte und Moralvorstellungen dürfen sie das siebte Gebot „Du sollst nicht ehebrechen" in der Kommunikation mit den Nachfragern nicht unerwähnt lassen. Und in der Diskussion über Maschinenlaufzeiten und Ladenöffnungen am Sonntag können sie das Gebot der Sonntagsheiligung nicht zur Disposition stellen.

Es gibt aber im Fall der Kirchen sehr wohl auch Leistungsbestandteile, die nicht aus theologischen Gründen unverrückbar sind und folglich nachfragerorientiert ausgestaltet werden können. Ob im Gottesdienst der Kirchenchor zu singen hat oder eine Rockband christliche Lieder spielen darf, ist nicht im Evangelium festgeschrieben. Ob sich die Predigerin bei der Verkündigung des Evangeliums moderner Medien, wie z.B. Dias oder Filme, bedient oder allein auf die Überzeugungskraft ihres Predigtwortes vertraut, steht ihr grundsätzlich offen. Ebenso wenig ist der Lehrer im Religionsunterricht oder die Pfarrerin im Bibelkreis in didaktischer Hinsicht vom Evangelium her reglementiert. Ein kirchlicher Kindergarten kann mit einer besonders günstigen Relation im Verhältnis von Kindern und Erzieherinnen werben. Nicht jede kirchliche Leistung oder Teilleistung ist also unmittelbar mit der Verkündigung des Evangeliums verbunden. Differenzierung scheint geboten.

Den Skeptikern gegenüber einem kirchlichen Marketing kann demzufolge entgegnet werden:

> Das Marketing darf nicht vor der Kirchentür Halt machen!

Nachfragerorientierung in der kirchlichen Arbeit kann zwar nicht völlig mit Kundenorientierung in der Wirtschaft gleichgesetzt werden. Sieht man aber von einem eher kleinen Kernbereich ab, sind die meisten Teilbereiche kirchlicher Aktivitäten grundsätzlich geeignet, nachfragerorientiert gestaltet zu werden.

2.3 Kirchliches Marketing für Gemeinden

Für die konkrete Ausgestaltung eines kirchlichen Marketing für Gemeinden kann die Lösung nicht darin bestehen, dass man das Marketing von Unternehmen, die Güter und Dienstleistungen anbieten, im Maßstab 1:1 auf die Institution Kirche überträgt. Eine stimmige Lösung besteht vielmehr allein in einem Marketing-Konzept, in das die Besonderheiten einer kirchlichen Organisation von Anfang an einfließen und Berücksichtigung finden. Diesem Aspekt gelten die weiteren Ausführungen, wobei sich diese besonders der Frage widmen, welche konkreten Umsetzungsprobleme und -grenzen sich für die Gestaltung eines kirchlichen Marketing für Gemeinden ergeben. Es liegt auf der Hand, dass dabei nur eine Auswahl von Marketing-Instrumenten vorgestellt werden kann, wie Leistungspolitik, internes Marketing, Nachfragersegmentierung, Konditionenpolitik und Kommunikationspolitik.

2.3.1 Leistungspolitik

Die Leistungspolitik ist einer der zentralen Parameter jeder Marketingpolitik. Die Art und Weise, wie sich das Leistungsprogramm zusammensetzt und welche Leistungen konkret angeboten werden, ist von wesentlichem Einfluss auf das Erzielen von Wettbewerbsvorteilen.[6] Betrachtet man speziell das Leistungsangebot von Gemeinden genauer, so ist festzustellen: Während früher das religiöse Gut, die Heilsverkündigung, im Vordergrund stand – ein Gut, das nur Religionsgemeinschaften anbieten können –, hat in den letzten Jahrzehnten eine Expansion kirchlicher Leistungen in Bereiche stattgefunden, in denen die Gemeinden möglicherweise keine komparativen Vorteile besitzen. Die Gemeinden bieten immer häufiger etwas an, was andere genauso gut, zum Teil sogar besser bieten können. Besonders deutlich wird diese Expansionstendenz im Bereich der sozialen Hilfe, wo die Gemeinden als „Humanitätsunternehmen" die staatliche Sozialpolitik ergänzen. Doch kommt dabei die spezifisch christliche Motivation von Diakonie und sozialen Diensten mehr und mehr ins Hintertreffen. Damit verbunden, beginnt das Unternehmensprofil der beiden großen Kirchen und damit auch das der Gemeinden unscharf zu werden. Um aber die Bindung der Menschen an die Kirche zu erhöhen, wäre aus ökonomischer Sicht etwas anzuraten, was andere, stark diversifizierte Konglomerate seit den 1990er-Jahren forciert haben, nämlich die Beschränkung ihrer Produktpalette auf diejenigen Kernbereiche, in denen sie überragende Kernkompetenzen und damit Wettbewerbsvorteile besitzen. Zum kirchlichen Bereich

6 Vgl. Meffert 1998, 317ff.

hingewendet: Da viele Menschen heute in den Kirchen vornehmlich religiöse Dienstleistungsunternehmen sehen, die sie bei wichtigen Lebensereignissen wie Geburt, Eheschließung oder Tod begleiten, und die Gemeinden hier als Anbieter von Antworten auf letzte Fragen und als Sinndeuter nach wie vor über besondere Stärken verfügen, sollten die Gemeinden auf diesen Bedarf ihrer Nachfrager mit spezifischen, so weit wie möglich nachfragerorientierten Leistungsangeboten reagieren.

Die ohnehin schon vom Evangelium gesetzten Grenzen für die Leistungspolitik werden freilich durch eine andere Besonderheit von Gemeinden, nämlich durch ihre starke Basisabhängigkeit, noch verstärkt. Zwar stellt sich auch in erwerbswirtschaftlichen Unternehmen häufig das Problem, dass die praktische Umsetzung von Nachfragerorientierung aufgrund von Willens- und Fähigkeitsbarrieren der Mitarbeiterinnen und Mitarbeiter Schwierigkeiten bereitet. Diese Mitarbeiterinnen und Mitarbeiter besitzen aber nicht ein derart großes Sperrpotenzial, wie es im Falle der ehrenamtlich Mitarbeitenden in den Gemeinden der Fall ist. Dieses Sperrpotenzial lässt sich gut am Beispiel des Gottesdienstes exemplifizieren: Die für einen Gottesdienst festgeschriebene Liturgie zählt nicht zu den durch das Evangelium vorgeschriebenen unveränderbaren Bestandteilen kirchlicher Leistungen. Dennoch stellt sie ein besonderes Konfliktfeld zwischen den Kirchentreuen und den Kirchenfremden dar. Letztere möchten häufig so wenig Liturgie wie möglich – dies zeigt sich etwa in der starken Akzeptanz von Gottesdiensten, die sich an dem Willow Creek-Konzept orientieren. Demgegenüber haben die Kirchentreuen vielfach eine eher konservative Auffassung von Liturgie. Nun ist es aber so, dass die Kirchentreuen über ihre Mitarbeit in Kirchengremien starken Einfluss auf die Ausgestaltung kirchlicher Leistungen besitzen. In erwerbswirtschaftlichen Unternehmen ist dies in der Regel anders: Selten ist man hier so stark von den Mitarbeitenden abhängig, wie es bei den Gemeinden der Fall ist. Des Weiteren steht den erwerbswirtschaftlichen Unternehmen aufgrund der finanziellen Abhängigkeit der Mitarbeitenden ein vielfältigeres Anreiz- aber auch Bedrohungsinstrumentarium zu Verfügung.

2.3.2 Internes Marketing

Ansatzpunkte für nicht-pekuniäre Motivationsstrategien finden sich im so genannten internen Marketing.[7] Dieses hat zum Ziel, mit Hilfe von Marketing-Instrumenten eine konsequente Nachfragerorientierung als interne Denkhaltung bei den Mitarbeiterinnen und Mitarbeitern durchzusetzen.

---

7 Vgl. zum Konzept des „internen Marketing" Stauss, 1045–1056.

Im Falle der Mitarbeitenden von Gemeinden steht ein internes Marketing allerdings vor einer weiteren Besonderheit, die bei erwerbswirtschaftlichen Unternehmen in dieser ausgeprägten Form nicht existiert. Ehrenamtliche Mitarbeiterinnen und Mitarbeiter befinden sich nämlich in einer Doppelrolle: Sie sind an der Erstellung und Gestaltung des kirchlichen Leistungsangebots beteiligt und sie sind zugleich Hauptnachfrager dieser Leistungen. Besonders folgenreich ist diese Doppelrolle in der evangelischen Kirche, weil hier viele ehrenamtliche Mitarbeiterinnen und Mitarbeiter, z.B. durch ihre Tätigkeit in den Presbyterien oder auf den höheren Leitungsebenen im Kirchenkreis und in der Landeskirche, erhebliche Mitspracherechte und Entscheidungsbefugnisse besitzen. Empirische Untersuchungen[8], die die beiden großen Kirchen durchgeführt haben, zeigen, dass die ehrenamtlichen Mitarbeiterinnen und Mitarbeiter zu derjenigen Gruppe der Nachfrager gehören, die als kirchentreu bezeichnet werden können; diese Gruppe macht insgesamt etwa 10% der Nachfrager aus. Sie arbeitet in den Gemeinden mit und ist in der Regel mit dem Angebot ihrer Gemeinde zufrieden. Dagegen können rund 90% der derzeitigen kircheninternen Nachfrager als Kirchenfremde bezeichnet werden. Sie verhalten sich (aus-)wählend zum kirchlichen Gemeinschaftsleben oder nehmen überhaupt nicht teil. Auf beide Gruppen ist die Gemeinde zur Aufrechterhaltung ihres Leistungsangebots angewiesen. Ohne die engagierte Arbeit der „Kirchentreuen" lässt sich das kirchliche Angebot überhaupt nicht bewerkstelligen. Ohne die „treuen Kirchenfernen" lässt es sich nicht finanzieren.

Bei der Ausrichtung an den Bedürfnissen der Nachfrager stehen die Gemeinden daher vor einem Dilemma. Belassen sie die Ausgestaltung des Leistungsspektrums in der traditionellen Form, besteht die Gefahr, dass sich die Gruppe der eher Kirchenfremden weiter von der Kirche entfremdet, im Endeffekt sogar austritt. Versuchen die Gemeinden dagegen, ihr Leistungsspektrum an die Bedürfnisse der Kirchenfremden anzupassen, laufen sie Gefahr, einen Verlust an ehrenamtlichen Mitarbeiterinnen und Mitarbeitern hinnehmen zu müssen. Eine Ausrichtung an den Bedürfnissen der Kirchenfremden ist daher nicht möglich, wenn die 10% Kirchentreuen diese Nachfragerorientierung nicht akzeptieren und nicht bereit sind, erforderliche Änderungen an der Art und Ausgestaltung der bisherigen Leistungsangebote oder auch die Einführung neuer Angebote umzusetzen.

Aufgrund der Willensbarrieren vieler Verantwortlicher, insbesondere der ehrenamtlich Mitarbeitenden, den Marketinggedanken zu akzeptieren, muss ein kirchliches Marketing daher immer einen Schwerpunkt bei den haupt-, neben- und ehrenamtlichen Mitarbeiterinnen und Mitarbeitern, also beim internen Marketing, haben. Konkrete Instrumente des internen Marketing können z.B. sein:

---

8 Etwa Engelhardt/Loewenich/Steinacker (Hgg.), Fremde Heimat Kirche. Einen Überblick über empirische Studien gibt Hillebrecht 1994, 1–20, 3.

- interne Marktforschung, durch die die Bedürfnisse und Wünsche der Mitarbeitenden, aber auch ihre Sorgen und Ängste gegenüber neuen Konzepten ermittelt werden,
- ferner eine interne Kommunikationspolitik, die zum Ziel hat, die Sorgen und Ängste der Mitarbeitenden abzubauen,
- sowie ein internes Training, bei dem die Mitarbeitenden Kenntnisse über ein kirchliches Marketing erhalten.

Ein derartiger Motivations- und Qualifizierungsprozess ist zweifellos keine leichte Aufgabe. Er ist aber unabdingbar, weil sich ehrenamtliche Mitarbeiterinnen und Mitarbeiter, die ihre Freizeit opfern und auf deren Mitwirkung die Gemeinden bei der Erstellung des Leistungsangebots angewiesen sind, nicht für eine Sache engagieren werden, von der sie nicht voll überzeugt sind. Erst wenn es gelingt, die Opponenten eines kirchlichen Marketing zu überzeugen und die bislang immer wieder entstehenden Schnittstellenprobleme abzubauen, wird es möglich sein, auch gegenüber weniger kirchennahen Personen nachfragerorientiert zu handeln und damit Wettbewerbsvorteile zu realisieren.

2.3.3 Nachfragersegmentierung

Zwischen den Zeilen ist nun schon ein anderes Problemfeld der kirchlichen Leistungspolitik angeklungen. Die Gemeinden sehen sich zwei recht unterschiedlichen internen Nachfragergruppen gegenüber: den kirchentreuen und den kirchenfernen Mitgliedern, wobei die kirchenferneren Mitglieder, wie empirische Untersuchungen der Kirchen gezeigt haben, noch einmal höchst differente Bedürfnisse und Erwartungen besitzen. Hinzu kommen davon noch einmal abweichende Erwartungen der bisherigen Nicht-Mitglieder. Stehen erwerbswirtschaftliche Unternehmen derartig unterschiedlichen Nachfragerbedürfnissen gegenüber, bilden sie in der Regel Nachfragergruppen, deren Bedürfnisse im Wesentlichen übereinstimmen, und richten dann ihr Leistungsprogramm auf das Segment oder die Segmente aus, bei denen sie langfristig durch Kundengewinnungs- oder Kundenbindungsmaßnahmen den maximalen wirtschaftlichen Erfolg erzielen können.[9] Wichtige Zielgruppen für Marketingbemühungen sind dabei in der Regel diejenigen Segmente, die sich als besonders offen und empfänglich für die Leistungen des Unternehmens erwiesen haben.

Klärungsbedürftig ist nun, inwieweit auch Gemeinden derartig segmentspezifisch vorgehen können. Auf den ersten Blick erscheint nämlich diese ökonomische Vorgehensweise in ein Spannungsverhältnis, eventuell auch in

---

9 Vgl. zum Konzept der Segmentierung Freter, 1802–1814.

einen Konflikt zur christlichen Vision zu geraten. So müssen Gemeinden im Gegensatz zu den erwerbswirtschaftlichen Unternehmen, um ihrem missionarischen Auftrag gerecht zu werden, (gerade) diejenigen Personen ansprechen, die sich ihr gegenüber eher ablehnend verhalten. Treibt man hier die Nachfragerorientierung auf die Spitze, so müsste eine Gemeinde idealerweise für jeden einzelnen Nachfrager ein seinen Bedürfnissen entsprechendes Leistungsspektrum anbieten.

Das ist aber nicht leistbar. Den Gemeinden stehen nur begrenzte Ressourcen an Finanzmitteln, aber auch an Arbeitskräften, zur Verfügung. Gemeinden wirtschaften zwar nicht des finanziellen Gewinns wegen, müssen aber dennoch, um langfristig ihr Überleben zu sichern, wirtschaftlich handeln. „Wirtschaftlichkeit" wird hier freilich nicht mit Gewinnerzielung gleichgesetzt, sondern bedeutet Optimierung des Mitteleinsatzes mit Blick auf vorhandene Ressourcen. Kann eine Gemeinde aufgrund finanzieller oder personeller Restriktionen nicht allen Nachfragergruppen gleichermaßen gerecht werden, bleibt ihr unter Beachtung des Optimierungsgedankens nichts anderes übrig, als genauso wie erwerbswirtschaftliche Unternehmen von einer undifferenzierten Marktbearbeitung abzulassen und Nachfragersegmente zu bilden.

Zwar bleibt es den Gemeinden aufgrund ihrer Hauptvision verwehrt, nur bestimmte Segmente zu bearbeiten, doch können sie sich sehr wohl dafür entscheiden, einzelne Segmente unterschiedlich intensiv zu bearbeiten. Welche Segmente dies sein können, ist z.B. abhängig von der Zusammensetzung der Gemeindeglieder. Setzt sich eine Gemeinde überwiegend aus älteren Menschen zusammen, sollte das Angebot zunächst auf deren Bedürfnisse ausgerichtet werden. Ergibt eine Befragung, dass eine Vielzahl von Nicht-Gemeindemitgliedern sich gerade in der so genannten Nestbauphase befinden, könnte versucht werden, ein Angebot für junge Familien zu bieten. Nur eine nach Nachfragergruppen differenzierende Vorgehensweise, die Streuverluste möglichst vermeidet, wird den Gemeinden die Möglichkeit erhalten, ihrer Hauptaufgabenstellung, nämlich einer möglichst großen Zahl von Menschen das Evangelium zu vermitteln, optimal gerecht zu werden.

2.3.4 Konditionenpolitik

Vor besondere Umsetzungsprobleme sieht sich ein kirchliches Marketing bei der Konditionenpolitik gestellt. Damit sind alle Vereinbarungen über das Entgelt für das Leistungsangebot gemeint.[10] Aus Marketingsicht muss

---

10 Vgl. Meffert 1998, 467

die Konditionenpolitik so gestaltet sein, dass der Nachfrager das Verhältnis zwischen Preis und Leistung als gerecht empfindet. Im Gegensatz zur Preisfinanzierung im erwerbswirtschaftlichen Bereich sind die Kirchen an Pflichtbeiträgen der Kirchenmitglieder orientiert. Der Wert der in Anspruch genommenen Leistungen entspricht deshalb allenfalls rein zufällig dem vom Nachfrager entrichteten Beitrag. Das eine Gemeindemitglied nimmt eine kirchliche Leistung vielleicht gar nicht in Anspruch, das andere besonders stark. Die vom Leistung-Gegenleistung-Prinzip gelöste Finanzierungsweise der Kirchen birgt deshalb das Risiko, dass einzelne Mitglieder die Schere zwischen dem von ihnen entrichteten Beitrag zur Deckung der kirchlichen Gesamtkosten und dem Wert der in Anspruch genommenen Leistung als zu weit geöffnet empfinden. Überdies hängt die Höhe des Finanzierungsbeitrags, den jedes Gemeindemitglied zu den kirchlichen Kosten erbringt, von der Höhe des individuellen Einkommens ab. Folglich zahlen Gemeindemitglieder für gleiche Leistungen unterschiedlich hohe Beiträge. Ein Weiteres kommt noch hinzu: das so genannte Trittbrettfahrer- oder Free-Rider-Problem: Bei einer Vielzahl von Leistungen, z.B. bei Gottesdiensten, bei der Seelsorge, bei Kindergärten oder kirchlichen Tagungszentren, besteht die Möglichkeit, die Leistung in Anspruch zu nehmen, ohne für sie zu bezahlen bzw. ohne an den erforderlichen Investitionen zur Errichtung dieser Stätten beteiligt zu werden.

Eine nachfragerorientierte Veränderung der Konditionenpolitik würde bedeuten, dass die Kirche die an der individuellen Leistungsfähigkeit und nicht am Äquivalenzprinzip orientierte Finanzierungsweise aufgeben müsste. Allerdings hat die Beitragsaufbringung nach dem Maßstab der Leistungsfähigkeit alttestamentliche Wurzeln. Zu erinnern ist an den bereits bei Mose erwähnten „Zehnten". Sie ist vor allem Ausdruck der christlichen Solidarität der Reichen mit den Armen. Würde man von diesem Grundprinzip abweichen, besteht die Gefahr, dass finanziell schlechter gestellte Bevölkerungsschichten kirchliche Leistungen nicht mehr in Anspruch nehmen können, weil sie zur Bezahlung kostendeckender Beiträge nicht in der Lage sind. Eine Äquivalenz von Beitrag und Leistungsinanspruchnahme würde deshalb zwar die Unzufriedenheit vieler Kirchenmitglieder mit der Kirchensteuerbelastung und vielleicht auch das Free-Rider-Problem beseitigen. Eine so entstehende Ausgrenzung bestimmter Schichten ist aber für die Kirchen aufgrund ihrer Zielsetzung nicht hinnehmbar. Demnach sind die aus der Kirchensteuerfinanzierung resultierenden Probleme durch eine Veränderung der Konditionenpolitik kaum zu lösen. Vielmehr bedarf es hier – ebenso wie bei der kirchlichen Leistungspolitik – einer intensiven Kommunikation mit den Mitgliedern, deren Ziel darin liegen muss, auftretende Dissonanzen bezüglich der kirchlichen Leistungs- und Konditionenpolitik argumentativ zu verringern bzw. möglichst zu beseitigen.

2.3.5 Kommunikationspolitik

Einen besonderen Stellenwert bei jedem kirchlichen Marketing hat daher die Kommunikationspolitik. Kommunikationspolitik umfasst alle Entscheidungen und Handlungen, die darauf ausgerichtet sind, die vorhandenen Leistungspotenziale bzw. das Leistungsspektrum in der Wahrnehmungswelt der Nachfrager zu verankern.

Übertragen auf den kirchlichen Bereich, muss die Kommunikationspolitik die Zielsetzung der Gemeinden für die Nachfrager transparent werden lassen. Kommunikation ist daher ein wesentlicher Bestandteil der kirchlichen Leistungspolitik.

Darüber hinaus muss die kirchliche Kommunikationspolitik versuchen, die im Evangelium wurzelnden Restriktionen gegenüber einer vollständig nachfragerorientierten Ausgestaltung der Leistungs- und Konditionenpolitik auszugleichen: Den Nachfragern gegenüber, vor allem den bislang kirchenferneren, muss nachvollziehbar begründet werden, warum bestimmte Leistungselemente der Kirchen unveränderbar sind.

Schließlich spielt die Kommunikationspolitik eine wesentliche Rolle, um die Willens- und Fähigkeitsbarrieren der Mitarbeiterinnen und Mitarbeitern einer Gemeinde im Rahmen des internen Marketing abzubauen.

2.4 Fazit

Die Kirche ist kein erwerbswirtschaftliches Unternehmen. Eine nahtlose Anwendung des kommerziellen Marketingkonzepts auf eine Gemeinde ist daher nicht möglich. Allzu große Berührungsängste gegenüber der Übernahme von Marketinggedanken und -instrumenten sind aber fehl am Platz. Kirchenmarketing kann zwar keine neuen Inhalte bei der Verkündigung des Evangeliums schaffen, sehr wohl aber dabei helfen, die christliche Botschaft den Menschen wirksamer zu vermitteln. Ein kirchengerecht entwickeltes Marketing-Management kann nach alledem einen wertvollen Beitrag dazu leisten, dass die traditionsreiche Institution Kirche weiter besteht, ihren Auftrag besser wahrnimmt und sich weiter ausbreitet. Kirchenmarketing ist deshalb kein Irrweg, sondern dringendes Gebot der Vernunft.

3. Marketing-Orientierung in der Gemeindearbeit

KLAUS-MARTIN STRUNK

Zur Einführung

Eines der Kennzeichen des beginnenden 21. Jahrhunderts ist die Marktorientierung vieler Lebensbereiche.

Nur noch weniges ist durch Tradition oder Vorschrift bestimmt; in vielen Bereichen tummeln sich zahlreiche Anbieter, die zahllose Kunden umwerben. Und diese Kunden stehen vor der Qual der Wahl. Ehemalige Monopolisten müssen sich nun Mitbewerbern stellen und das auf einem weltweiten Markt (z.B. in der Telekommunikation). Nicht nur Konsumgüter, auch Ideen, Weltanschauungen, Religionen sind zum Gegenstand der Wahl geworden. Und auch die Kirchen haben kein Monopol mehr in Sachen Wahrheit, Sinnvermittlung, Werterziehung und Krisenbegleitung, sondern finden sich auf einem bunten Markt von Religionsagenturen, auf dem sie sich bewähren und den Menschen imponieren müssen. Diese Tatsache kann man nun im kirchlichen Raum beklagen. Man kann mehr oder weniger nichts tun und alles beim Alten belassen. Man kann sich aber auch den Herausforderungen und Chancen dieser neuen Situation stellen und entsprechende Konsequenzen ziehen.

Eines lehrt uns der Markt sehr schnell:

„Wer nicht mit der Zeit geht, geht mit der Zeit" (Werner Fink) – kein Unternehmen ist auf dem Markt unersetzlich!

Keine Firma wird um ihrer selbst willen gebraucht. Jedes freie Unternehmen muss sich stets seine Daseinsberechtigung erarbeiten und erkämpfen. Auch die verfasste Kirche wäre meines Erachtens am Markt der Sinnanbieter als organisatorische Einheit zu ersetzen!

Dabei ist nicht die Kirche als Kirche Jesu Christi, als Gemeinschaft der Glaubenden gemeint, sondern diese bestimmte, als Landeskirche organisierte Gestalt von Kirche. Es geht also um diese Vergesellschaftung von Kirche, die für viele Menschen Arbeitgeber ist und der die Kirchenmitglieder ihre Kirchensteuern bezahlen.

Es muss die Frage erlaubt sein, was sich in unserer Gesellschaft wirklich ändern würde, wenn z.B. die evangelische Kirche nicht mehr existierte. Wahrscheinlich würden …

- …die sozialen Einrichtungen des Diakonischen Werkes als gemeinnützige GmbH weiterarbeiten.
- Institutionen wie die Evangelische Darlehnsgenossenschaft, die Familienfürsorge, Bruderhilfe oder die Kirchliche Zusatzversorgungskasse wären in ihrem Bestand nicht gefährdet.
- Die Amtshandlungen würden von Nachfolgeorganisationen, der katholischen Kirche oder den Freikirchen und anderen „Sinnanbietern" übernommen.
- Die Grundstücke und Gebäude würden wohl veräußert oder von aktiven Gemeindegruppen in neuen Gesellschaftsformen und in eigener Verantwortung übernommen und weitergeführt (wie manche ehemals kommunalen Schwimmbäder).
- Clevere kirchliche Mitarbeiter würden sich einen Platz am Markt der verschiedensten Arbeitgeber erkämpfen.

Trotz dieser Lage verhält und organisiert sich die evangelische Kirche heute noch weitgehend wie ein *quasi-hoheitliches-Organ*. Sie geht wie der Staat noch von einem „ewigen" Bestand und einer gewissen Unersetzbarkeit aus. In der Zukunft aber muss sie sich als *Marktpartnerin* sehen und verhalten und sich professionell organisieren.

Wenn sich die Kirche aber als Marktpartnerin verhalten und organisieren muss, dann ist auch die Frage erlaubt, ob sich der derzeitige mangelhafte Erfolg kirchlicher Aktivitäten nicht vielfach auch aus der *Unprofessionalität* ihres Auftretens und einem *falschen Handlungsparadigma* begründen lässt.

> Stimmt die Ausgangsthese von der Marktorientierung auch im religiösen Sektor der Gesellschaft, dann wäre eine Kirche, die in der Zukunft Erfolg haben will, gut beraten, sich im betriebswirtschaftlichen Sinne als *Non-Profit-Organisation auf dem Markt der Sinnanbieter* zu begreifen.

Sie wird dann mit Hilfe solider und theologisch reflektierter betriebswirtschaftlicher Kenntnisse von der *Professionalität des säkularen Managements, insbesondere des Marketing* lernen. Die „Lehre von der Marktbearbeitung" heißt in der Betriebswirtschaftslehre „Marketing" und wird von Heribert Meffert so definiert:

> „Marketing ist: Planung, Koordination und Kontrolle aller auf die aktuellen und potenziellen Märkte ausgerichteten Unternehmensaktivitäten mit dem Zweck einer dauerhaften Befriedigung der Kundenbedürfnisse einerseits und der Erfüllung der Unternehmensziele andererseits."[1]

Auffällig ist an dieser Definition die doppelte Zielperspektive:
- dauerhafte Befriedigung der Kundenbedürfnisse und
- Erfüllung der Unternehmensziele.

Demnach bedeutet Marketing nicht – wie oft in kirchlichen Kreisen befürchtet –, dass wir unsere Werte und Ziele verleugnen und uns bei den Inhalten bis zur Profillosigkeit an wechselnde Bedürfnisse anpassen müssen. Vielmehr kann das Marketing dazu beitragen, dass die Kirche auch in der marktorientierten Gesellschaft ihre eigenen („Unternehmens"-) Ziele, besser erreichen kann. Marketing berät die Kirche z.B., wie sie ihr Ziel, die Menschen mit dem Evangelium bekannt zu machen, besser verfolgen kann.

Natürlich sind Marketing- und Management-Kenntnisse keine Allheilmittel für alle Fragen der kirchlichen Arbeit. Wir verstehen das Marketing im kirchlichen Raum im besten Sinne als Partnerwissenschaft. Es kann helfen, die spirituellen Anliegen der Kirche auch im Zeitalter der sich entfaltenden Moderne besser als bisher zu vermitteln.

Max Weber hat im berühmten Werturteilsstreit ausgeführt, dass die Volkswirtschaftslehre der Politik keine Ziele vorgeben kann, sondern nur die Wege aufzeigen darf, wie die von der Politik vorgegebenen Ziele erreicht werden können und welche Auswirkungen bestimmte politische Entscheidungen im Wirtschaftsprozess hervorrufen. In diesem Sinne soll auch das Marketing der Kirche helfen, ein professionelles Vorgehen bei der Erfüllung kirchlicher Aufgaben zu gewährleisten.

Als Rahmen für einen professionellen Marketing-Prozess haben wir folgende klassische Vorgehensweise entwickelt, die gleichzeitig die Gliederung der weiteren Ausführungen ist:

---

1 Vgl. Meffert, 1998, 7f. und dazu oben S. 27f. mit Anm. 47.

1. **Gemeinde-Vision**
2. **Gemeinde-Analyse**
3. **Zielsysteme**
4. **Strategien**
5. **Segmentierung**
6. **Marketing-Mix**
   6.1 Angebotspolitik
   6.2 Gegenleistungspolitik
   6.3 Verteilungspolitik
   6.4 Kommunikationspolitik
   6.4.1 Persönliches Gespräch
   6.4.2 Promotion/Absatzförderung – Nebenschauplätze
   6.4.3 Public Relation/Öffentlichkeitsarbeit
   6.4.4 Klassische Werbung
   6.5 Personalpolitik
7. **Planung**
8. **Organisationsformen und -modelle**
9. **Begleitung/Controlling**

3.1 Wie kommen wir zu einer Gemeinde-Vision?

Dies ist das schönste Kapitel, das wir zu behandeln haben. Aber es ist auch das wichtigste Kapitel, weil es hier um die eigentlich kreative Leistung geht. Alles, was sich in den folgenden Einheiten anschließen wird, ist Handwerk bzw. Arbeit an der Verwirklichung der Vision.

Dennoch möchte ich die handwerklichen Schritte auf keinen Fall unterschätzt wissen. Mancher Erfinder ist daran gescheitert, dass er zwar eine geniale Produktidee hatte, es aber nicht geschafft hat, sie wirksam zu vermarkten. Oftmals sind dann andere gekommen und haben die Vermarktung in die Hand genommen – manchmal zum Nutzen, aber oft auch zum Schaden des eigentlichen Erfinders.

Ebenso hat man oft den Eindruck, dass es gerade unter evangelischen Pfarrern und Pfarrerinnen viele geniale Träumer, Schwärmer und Phantasten gibt. Was diesen liebenswerten Menschen aber fehlt, ist die nüchterne Durchsetzungs- und Gestaltungskraft.

Denn es geht um beides: Mit der Vision im Rücken *das Richtige* tun und mit handwerklicher Kompetenz es *auch richtig tun*.

Sonst bleiben trotz bestechender Visionen nur „fromme Wünsche" übrig. Es ändert sich nichts.

3.1.1 Wie können wir in der Gemeinde zu einer gemeinsamen Vision kommen?

> Eine Vision oder ein Traum „ist eine bildhafte Vorstellung von einer Zukunft, die sich gegenüber der Realität der Gegenwart durchsetzen wird."[2]

Dabei kann es sich seiner Ansicht nach zunächst um eine *„Polaroid-Vision"* handeln. Denn bei Polaroid-Fotos, die sich sofort nach dem Fotografieren selbst entwickeln, kann man leicht ungeduldig werden, weil man nur eine graue Fläche sieht. Doch dann entwickeln sich erste Strukturen, kommen erste blasse Farben, man kann zum ersten Mal über den Schnappschuss lachen und nach einer gewissen Zeit entwickelt sich das Bild zu seiner vollen Schärfe! Kommen wir in unserer Kirche darum kaum noch voran, weil uns die konkreten Visionen abhanden gekommen sind?

Man darf sich nichts vormachen: Wenn dieser verfahrene „Karren Kirche" wieder aus dem Dreck gezogen werden soll, dann bedarf es eines durchgreifenden *Relaunches*. Unter einem Relaunch versteht man im Marketing eine erneute Gründung oder einen erneuten Stapellauf, also einen echten Neuanfang. Es kann nicht bei ein paar kosmetischen Änderungen bleiben, es geht an den Kern der Sache. Wir müssen wieder lernen, von einer Kirche zu träumen, in der leidenschaftliche Spiritualität, liebevolle Beziehungen der Christen untereinander und zu anderen Menschen, inspirierende Gottesdienste, ansteckendes Christsein, offene und authentische Umgangsformen und hochmotivierte Mitarbeiterinnen und Mitarbeiter nicht als anstößig gelten und keine Fremdworte mehr sind.

3.1.2 Schritte in Richtung auf eine gemeinsame Vision für die Kirche von morgen

Welche Schritte in Richtung auf eine gemeinsame Vision für die Kirche von morgen können wir gehen?

Zuerst müssen wir eine *Kultur* schaffen, in der Träume zugelassen werden! Wir brauchen das offene Gespräch in der Gemeinde, die *gemeinsame* Suche nach einer Vision. Nicht die Vision eines einsamen Einzelnen hilft uns weiter, sondern das gemeinsame Fragen nach einem Hoffnungsbild – vor dem Angesicht Gottes. Dazu ist es sicherlich hilfreich, wenn man die Bibel mit der Bitte liest: „Herr, schenke uns eine Vision!"

---

2 Douglass 2001, 296.

② Die Vision sollte dann auch *formuliert* werden, übrigens wieder nach dem „Polaroid-Prinzip": Zunächst wird es nur ein recht grober Entwurf sein. Im Austausch und in der Reflexion wird er aber immer konkreter werden.

Dazu sollte man Orte aufsuchen, die zum Träumen und visionären Denken anregen. Für die Erarbeitung einer neuen Gemeinde-Vision sind sicherlich schön gelegene kirchliche Häuser, Klöster oder die Einkehrhäuser von Kommunitäten der richtige Ort. Das Umfeld muss als ganzes zum Träumen herausfordern. Wir brauchen Orte der Stille, an denen Gott uns begegnen kann und uns neu mit *seiner* Vision von Kirche inspiriert!

Vielleicht können wir uns auch *von anderen Visionären inspirieren lassen*: durch den Besuch anderer Gemeinden, die in der Richtung, in die wir gehen wollen, schon einige Schritte vorangegangen sind. Man darf sich dabei aber nicht von eindrucksvollen Vorbildern entmutigen lassen. Jeder hat einmal klein angefangen. Oder wie singt es Gerhard Schöne: „Alles muss klein beginnen!" Bei Sacharja heißt es: „Wer immer den Tag des geringen Anfangs verachtet hat, wird doch mit Freuden den Schlussstein sehen" (4,10).

Hilfreich könnte es auch sein, *einen Raum* im Gemeindehaus oder auf dem Dachboden der Kirche *gemäß der Vision zu dekorieren*. So wird die Vision plastisch. Wir können dort Zeitungs- und Illustriertenausschnitte, Katalogseiten, Dekorationsgegenstände und Lieder sammeln, damit möglichst konkret dokumentiert wird, was wir als Vision festhalten möchten.

Eine andere Möglichkeit besteht darin, sich eine idealtypische *Visionsfamilie* in der Gemeinde auszudenken. So können wir diskutieren, welche Bandbreite an Interessen, Fragen, Lebenssituationen, Geschmäckern und Lebensstilen in der Gemeinde berücksichtigt werden soll bzw. auch *nicht* bedient werden soll! Immer wenn wir dann etwas Neues beginnen wollen, können wir fragen, ob dies auch unserer Visionsfamilie gefiele.

Eines dürfen wir allerdings an dieser Stelle nicht verschweigen:

> Rechnen Sie damit, dass *jede* Vision und die damit einhergehenden Veränderungen Widerstand erzeugen – selbst Veränderungen zum Besseren!

Manchmal gibt es starke Gruppen in der Gemeinde, die jede Form von Vision als Spinnerei abtun und jeder Veränderung abhold sind. Noch schwerer ist es, wenn gegensätzliche Visionen aufeinander prallen! Was tun wir, wenn wir feststellen müssen, dass die verschiedenen visionären Ansätze in der Gemeinde nicht zusammen passen? Was sollen wir machen, wenn in der Diskussion mit anderen Visionären herauskommt, dass die Visionen beim besten Willen nicht miteinander verträglich sind? Wie gehen wir damit um, wenn auch nach großem und ehrlichem Bemühen sichtbar wird, dass wir uns wohl nie einigen werden? Dann muss es auch freundschaftliche Trennungen geben können. Es ist dann besser sich zu trennen als sich auf Dauer gegenseitig zu blockieren (vgl. Gen 13,8f).

Wenn aber eine *gemeinsame* Vision entwickelt und festgeschrieben werden konnte, dann müssen wir an *einer* Stelle anfangen, im Sinne unserer Vision zu handeln und sie Wirklichkeit werden zu lassen.

Darf man wirklich nur an einer Stelle anfangen? Die Antwort lautet: Ja! Man sollte sich sogar fragen, ob die Aufgabe klein genug ist, damit man sie mit den vorhandenen Kräften bewältigen kann. Denn das Ergebnis muss von bester Qualität sein, wenn die Menschen begreifen sollen, dass hier etwas Neues geschieht. Bei neuen Projekten werden wir nicht nur an dem gemessen werden, was wir tun, sondern vor allem auch daran, *wie* wir es tun. Wenn etwas aus Zeit- und Kraftmangel schlecht und dilettantisch durchgeführt wurde, dann wird man auch uns als schlecht vorbereitet und dilettantisch einstufen.

3.2 Marketing-orientierte Gemeinde-Analyse

Konnten wir auf der Suche nach der Vision „auf Wolke sieben" schweben, so bringt uns die Gemeindeanalyse auf den Boden der Tatsachen zurück. Gemeindeanalyse ist Knochenarbeit. Sie ist aber unerlässlich, wenn später Ziele festgelegt und Strategien entwickelt werden sollen. Aus einer guten Analyse ergeben sich die nächsten Schritte fast wie von selbst! Um in der Sprache des Marketing zu bleiben:

 Bevor man eine Gemeinde als seinen „relevanten Markt" nicht genau kennt, braucht man nicht mit weiteren Planungen anzufangen.

Aus der Lageanalyse wird sich nämlich in der Regel ganz automatisch ergeben, was in welcher Reihenfolge zu tun ist.

3.2.1 Methoden der Gemeinde-Analyse

In der Literatur finden sich für eine Gemeindeanalyse verschiedene Methoden. Aus der Fülle wählen wir zunächst einige ganz einfache Vorschläge aus:

- Wir können damit beginnen, in eine Karte einzuzeichnen, welche *Straßen und Häuser* zu unserer Gemeinde gehören und wo die Grenzen verlaufen.
- In der *Gemeindedatei* sollte jeder Mensch, der zur Gemeinde gehört, erfasst sein.
- Hilfreich ist es zu wissen, welche Geschäfte, Vereine und Lokale unsere Gemeindeglieder besonders anziehen, welche Erwartungen sie an diese *Einrichtungen* haben und in welchem Maße diese Erwartungen schon

erfüllt werden. Vielleicht wird uns dabei deutlich, welche Erwartungen die Menschen an die Gemeindearbeit stellen.

- Der *Besuchsdienst* der Gemeinde ist ein hervorragendes Instrument der Gemeindeanalyse. Die Menschen in der Gemeinde kennen zu lernen, ist darum auch zunächst seine dringendste Aufgabe.

Wir können davon ausgehen, dass sich die Gemeindeglieder in ihrer Kirchenmitgliedschaft ernst genommen fühlen, wenn sie gezielt nach ihrer Meinung gefragt werden! Die Interviewer müssen sorgfältig auf diese Aufgabe vorbereitet werden. Dann werden sie sehr tiefe Einblicke in den Zustand der Gemeinde und die Lebenssituation der Menschen bekommen.

Grundsätzlich unterscheidet man bei einer Lageanalyse die *Primär- und die Sekundärforschung:* Bei der Primärforschung macht man eigene Erhebungen. Bei der Sekundärforschung greift man auf bereits erhobene Daten zurück und wertet diese im Blick auf den eigenen Fragehorizont aus.

3.2.2 Die Fähigkeits-/Willigkeits-Matrix

Für die Planung der Gemeindearbeit kann man die Menschen nach den unterschiedlichsten Kriterien einteilen. Üblich sind Alter, Bildung, Einkommen, Interessen usw. Mit der *Fähigkeits-/Willigkeits-Matrix* (Grafik 1) soll an dieser Stelle ein etwas anderes Konzept vorgestellt werden.

In jeder Gemeinde gibt es Menschen mit sehr unterschiedlichen Potenzialen. Es gibt Menschen mit größeren Kraftreserven (Frührentner, Jugendliche jenseits der Pubertät, Frauen, deren Kinder gerade aus dem Haus sind usw.). Diese werden mit dem Symbol (↗) gekennzeichnet. Dann gibt es Gruppen, deren Lebensenergie für die Bewältigung des Alltags gut ausreicht (→) und solche, die im Grunde Hilfe brauchen (↘). Auf der anderen Seite gibt es in jeder Gemeinde einerseits Menschen, die die Gemeinde lieben (♥), andererseits solche, die eine ambivalente Einstellung zur Gemeinde haben (?) und wiederum solche, die ein Problem mit der Gemeinde haben (💥), wobei die Ursache weit zurückliegen mag. Tragen wir nun diese unterschiedlichen Aussagen über Gemeindeglieder nun in eine Fähigkeits-/Willigkeits-Matrix ein, so erhalten wir ein Bild, in dem neun Segmente unterschieden werden können. Eine Gemeinde mit 2000 Mitgliedern kann z.B. das folgende Bild zeigen:

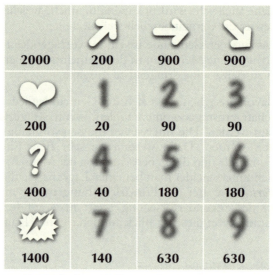

Grafik 1: Fähigkeits-/Willigkeits-Matrix

Aufgrund dieser Lageanalyse ergeben sich Strategien fast von allein! Wir müssen uns nur fragen, wie, wann und womit die Menschen in den Segmenten 1–9 anzusprechen sind. Vor allen Dingen wird sichtbar, wie die Kräfteverteilung in der Gemeinde aussieht.

3.3 Ziel-Systeme im Spirituellen Gemeindemanagement

Bisher haben wir uns verdeutlicht:

- Jede Marketing- und Management-Strategie beginnt mit einer Vision! Hier geschieht die eigentliche kreative Leistung. Schwierigkeiten entstehen insbesondere beim Abgleich *unterschiedlicher* Visionen und in der Entwicklung einer *gemeinsamen* Vision für die Gemeinde, die zu einem Leitbild für die zukünftige Gemeindearbeit werden kann.
- Nach der Leitbildentwicklung ging es erst einmal „back to earth", d.h. zur Analyse des Ist-Standes.

Mit den Analyseergebnissen im Nacken und dem aus der Vision abgeleiteten Leitbild vor Augen können nun konkrete Ziele formuliert werden!

Die Formulierung eines klaren, langfristig ausgerichteten Ziel-Systems ist ein wesentlicher Bestandteil der Marketingkonzeption.

Ohne Zielorientierung droht die Gemeinde- und Marketingplanung zu einer reaktiven Anpassung an Umweltveränderungen mit der Gefahr des „Durchwurstelns" („Muddling through"[3]) zu degenerieren.

3.3.1 Die Definition von Zielen

Ziele müssen präzise formuliert werden. Im Marketing definieren sich Ziele nach

- *Inhalt,*
- *Ausmaß,*
- *Zeitbezug und*
- *Segmentbezug*[4]

und leiten sich aus der Vision vor dem Hintergrund der Gemeindeanalyse ab.

Was („Inhalt") wollen wir in welcher Ausprägung („Ausmaß") bis wann („Zeitbezug") mit wem („Segmentbezug") erreichen?

Das Festlegen solch konkreter Ziele (und entsprechenden Strategien, s.u.) ist eine kräftezehrende und konfliktträchtige Arbeit. Dieses Ziel-System muss gegen alle möglichen Angriffe und Infragestellungen, vor allen Dingen aber gegen das einfache Vergessen verteidigt werden!

Im Spirituellen Gemeindemanagement kommt die spirituelle Dimension ins Spiel, indem Ziele immer auch als Gebetsanliegen verstanden werden.

Ziel-Systeme können erst aufgrund einer Analyse der Umweltbedingungen und -trends, der Stärken und Schwächen der Gemeinde, der Beziehungen zwischen den Umweltchancen und den Gemeinderessourcen, der geistlich-kulturellen Wertmaßstäbe und Ideale der Gemeindeleitung sowie der Verpflichtungen der Gemeinde gegenüber Gottes Willen und gegenüber ihren Gemeindegliedern und der ganzen Kirche erfolgen.

Im Rahmen der Zielplanung erweist sich eine differenzierte Betrachtung des Zielbegriffs daher als zweckmäßig: Während *übergeordnete Ziele* als Prämissen bzw. Leitlinien für den Prozess der Bildung und Auswahl von Strategien anzusehen sind, lassen sich *konkrete inhaltliche Handlungsziele* erst im Anschluss an die gewählte Strategie bilden. Ein übergeordnetes Ziel könnte z.B. darin bestehen, dass man die Mitarbeiterinnen und Mitarbeiter in der Gemeindearbeit (*Segmentbezug*) im Hinblick auf ihr Kräfte und

---

3 Raffée 1984, 67.
4 Meffert 1998, 74.

Zeitbudget nie (*Zeitbezug*) überfordern will (*Inhalt*) und darum ein Verhältnis von 1:4 als feste Quote zwischen Aktivitäten und verfügbaren Mitarbeiterinnen und Mitarbeitern festlegt (*Ausmaß*)!

Die unterschiedlichen Zielebenen können auch als „Pyramide" (vgl. Grafik 2) dargestellt werden, wobei die Zahl und der Grad der Konkretisierung der Ziele von der Spitze zur Basis hin zunimmt. Die Spitze einer solchen Zielpyramide bildet das von der Vision bestimmte Gemeinde-*Leitbild*. Es gibt der Gemeinde eine klare Grundrichtung: Was sollen wir tun? Wozu gibt es uns eigentlich? Die Vision entspricht eher der spirituellen Seite, das Leitbild eher der auf praktisches Management ausgerichteten Seite derselben Münze. Je stärker die Vision auf die konkrete Gemeindesituation bezogen wird, desto mehr lässt sie sich zum Leitbild verwandeln. Biblische Visionen und daraus abgeleitete Visionen Einzelner für eine konkrete Gemeinde werden in gemeinsamer Arbeit zu einem Gemeindeleitbild verdichtet.

Die Gemeinde-*Identität* („Corporate Identity") spiegelt die „Gemeinde-Persönlichkeit" wieder. Sie drückt sich im Verhalten, der Kommunikation und dem Erscheinungsbild der Gemeinde aus: Würde eine „Leitbild-Familie" es gut finden, wenn wir diese Aktion jetzt durchführen oder z.B. diesen Mitarbeiter neu einstellen? Die *Gemeinde-Identität* wird von außen als das *Gemeinde-Image* wahrgenommen. Was sind ihre Merkmale? Was unterscheidet uns von anderen?

Vision (Leitbild) und Gemeinde-Identität prägen wiederum die *Gemeinde-Grundsätze* und *Gemeinde-Leitlinien*. Ein Grundsatz könnte z.B. heißen: *„Ganz oder gar nicht!"*

Viele Diskussionen verlaufen nach dem Schema: „Ich habe in einer anderen Gemeinde gesehen, dass die Mitarbeiter dies und das machen. Sollten wir nicht auch so etwas anfangen?" Diese Diskussionen erledigen sich, wenn das Ziel-System geklärt wird. Jeder Verantwortliche in der Gemeindeleitung sollte in diesem Sinne für die Zukunft folgende Antwort auf gut gemeinte Vorschläge für weitere Aktivitäten parat haben: „Oh, eine gute Idee! Machen wir auch nicht!"

Denn auch in einer Gemeinde gilt: *Weniger ist mehr!* Noch einmal: Bei unseren Aktivitäten werden wir nicht daran gemessen, was wir noch alles hätten machen können. Stattdessen aber wird die Attraktivität unseres Angebotes viel mehr daran gemessen, wie gut wir das gemacht haben, was wir tatsächlich angeboten haben. Ist das Angebot so groß, dass – schon wegen der begrenzten Kräfte – alles nur mit durchschnittlicher Qualität gemacht wurde, wird ein Bild von Durchschnittlichkeit erzeugt. Bieten wir aber Weniges an und bereiten jedes Angebot hervorragend vor, so bekommen wir ein Image, hervorragende Qualität zu bieten. Mit jeder Aktivität schaffen wir so einen Höhepunkt im Gemeindeleben. Und weil diese Aktivitäten nicht zu oft angeboten werden, entsteht ein positives Image: „Das sollte man nicht verpassen!" Das Besondere entsteht durch die Kunst des bewussten Weglassens.

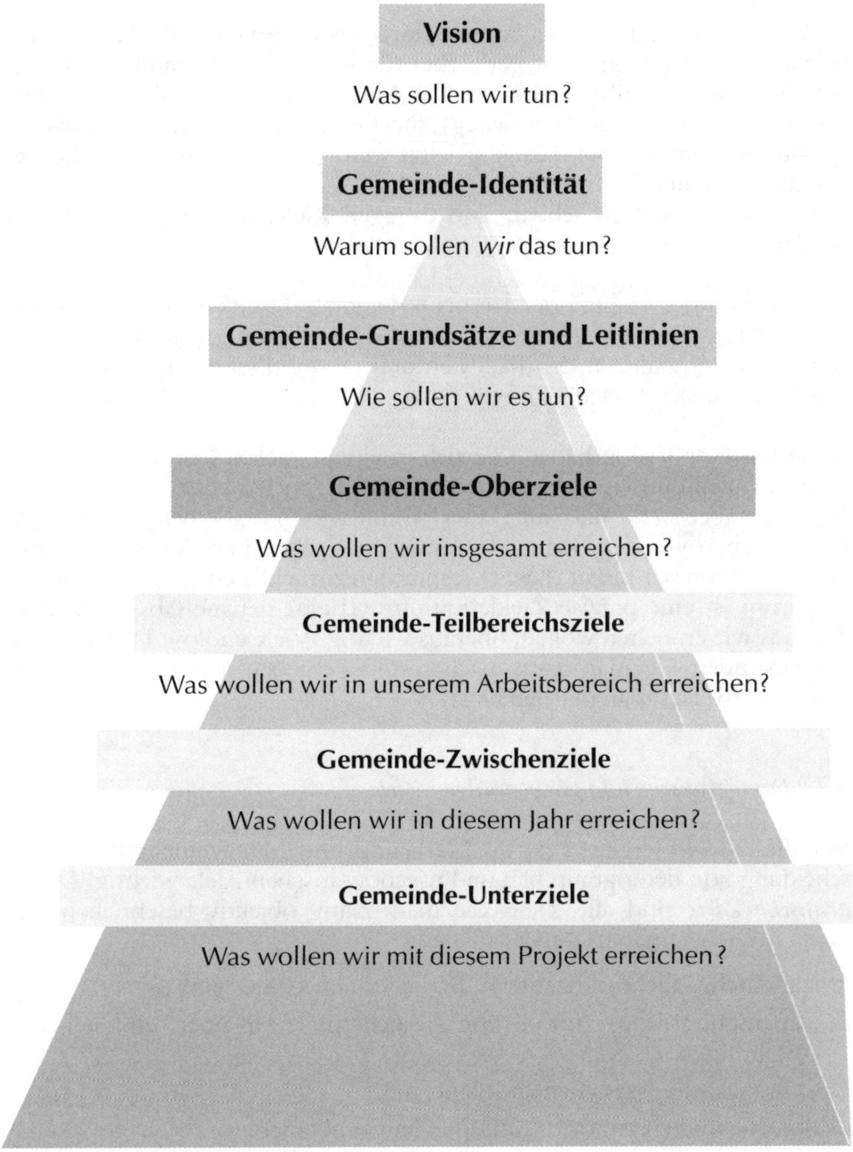

Vision

Was sollen wir tun?

Gemeinde-Identität

Warum sollen *wir* das tun?

Gemeinde-Grundsätze und Leitlinien

Wie sollen wir es tun?

Gemeinde-Oberziele

Was wollen wir insgesamt erreichen?

Gemeinde-Teilbereichsziele

Was wollen wir in unserem Arbeitsbereich erreichen?

Gemeinde-Zwischenziele

Was wollen wir in diesem Jahr erreichen?

Gemeinde-Unterziele

Was wollen wir mit diesem Projekt erreichen?

Grafik 2: Hierarchie der Zielebenen (nach H. Meffert) [5]

5 Meffert 1998, 69.

Ziel-Systeme aufzustellen ist eine durchaus anspruchsvolle Arbeit. Eine Gemeinde, die z.B. das folgende Ziel für ihre Arbeit formulierte, würde sich hoffnungslos überfordern: „Alle Menschen (Segmentbezug) sollen sofort und für immer (Zeitbezug) für ihr ganzes Leben (Ausmaß) als Christen gewonnen und dazu angeleitet werden, ein Leben im Glauben zu gestalten (Inhalt)."

Realistisch, weil erreichbar, sind dagegen Ziele, die z.B. so formuliert werden:

> „Wir werden den Anteil der 1er bis 6er gemäß unserer Fähigkeits-/Willigkeits-Matrix (Segmentbezug), die monatlich und häufiger am Gottesdienst teilnehmen (Inhalt), in den nächsten drei Jahren (Zeitbezug) von zur Zeit 15 % auf 20 % erhöhen (Ausmaß)."

Wenn wir eine Vision haben, die sich in einem Ziel-System niederschlägt, können wir mit unserem Angebot immer noch um 1% besser werden.[6] Nur 1% – das aber stetig und auf Dauer! Wenn wir einmal etwas gut gemacht haben, geben wir der Gemeinde damit ein Versprechen. Sie wird es übel nehmen, wenn wir hinter dieses Versprechen zurückfallen.

Darum ist eine präzise Zieldefinition und eine genaue Absprache über das, was wir erreichen wollen, überaus wichtig. Viele endlose Diskussionen in Gemeinden, *wie* man etwas machen sollte, ergeben sich nur daraus, dass nicht klar ist, *was* man machen will.

3.3.2 Demografische und psychografische Ziele

Vor diesem Hintergrund ist im Marketing und Management die Unterscheidung von demografischen und psychografischen Ziele wichtig. *Demografische Ziele* sind alle Ziele, die man relativ objektiv beschreiben und deren Erreichen man nachmessen kann:

- (durchschnittliche) Anzahl von Besuchern im Gottesdienst,
- (durchschnittliche) Anzahl von Besuchern in Gruppen und bei Veranstaltungen,
- Öffnungszeiten des Gemeindezentrums,
- Besuche und telefonische Anfragen im Gemeindebüro,
- Anzahl von Hausbesuchen,
- Anzahl von ehrenamtlichen Mitarbeiterinnen und Mitarbeitern,
- Spendenaufkommen.

---

6 Vgl. Blanchard 1994, 87.

Psychografische Ziele beziehen sich hingegen auf die Kultur der Gemeinde. Sie sind nicht so leicht messbar, aber durchaus wichtiger für den dauerhaften Erfolg als die demografischen Ziele:

- Seelsorgerliche Kompetenz,
- Auskunftsfähigkeit über den christlichen Glauben,
- Stärkung des Glaubens,
- liebevolle Umgangsformen,
- einladender Stil der Einrichtung von Gebäude und Räumen,
- qualitativ hochwertiges und wiedererkennbares Layout aller Schriftstücke der Gemeinde.

3.4 Strategien für das Spirituelle Gemeindemanagement

3.4.1 Was ist eine Strategie im Spirituellen Gemeindemanagement?

Strategien im Spirituellen Gemeindemanagement verstehen wir als einen bedingten, langfristigen, globalen Verhaltensplan zur Erreichung der Gemeindeziele.[7]

Strategien sind auf der Grundlage der Gemeindeziele zu entwickeln und dienen der Kanalisierung von Maßnahmen in den einzelnen Marketing-Mix-Bereichen einer Gemeinde! Strategien sind also die Brücken zwischen dem Soll und dem Ist.

Die Lageanalyse, insbesondere die Fähigkeits-/Willigkeitsmatrix zeigt uns die verschiedenen Gemeindebereiche bzw. Gemeindesegmente. Bei der Abgrenzung dieser Segmente müssen wir davon ausgehen, dass der von der Gemeinde zu bearbeitende „Markt" in der Regel mehr Gruppen und Abnehmerbedürfnisse umfasst als überhaupt mit den zur Verfügung stehenden Gemeinderessourcen befriedigt werden können.[8] Diese Tatsache müssen sich alle Verantwortlichen in der Gemeinde immer vor Augen halten.

Es gibt immer mehr zu tun, als wir leisten können.

Aber wie begegnen wir dieser Problematik? Eine Antwort haben wir schon kennen gelernt: Wir müssen die Zahl unserer Ziele begrenzen.

---

7 Meffert 1998, 7.
8 Vgl. Meffert/Bruhn, 153.

Jetzt lernen wir eine weitere Unterscheidung kennen: Die Bearbeitung der Segmente des „Gemeinde-Marktes" kann als *differenzierte* oder als *undifferenzierte* Gemeindearbeit erfolgen. Wenn die gesamte Gemeinde in allen ihren Segmenten mit den gleichen Mitteln erreicht werden soll, so verfolgt man die Strategie der undifferenzierten Gemeindearbeit.[9]

- Ein Beispiel für eine undifferenzierte Gemeindearbeit bieten Gemeinden, die sich nur auf das Angebot *eines* Gottesdienstes beschränken.
- Ein Beispiel für eine extrem differenzierte Gemeindearbeit wäre eine Gemeinde, in der alle Mitglieder nur durch persönliche Hausbesuche erreicht werden sollten.

Uns geht es vor allem um die Strategie einer *konzentrierten Gemeindearbeit:* Nur bestimmte Segmente des „Gemeinde-Marktes" werden dabei intensiv bearbeitet. Wir wollen das sehr bewusst tun, im Unterschied zu den vielen Gemeinden, die sich unreflektiert und auch unausgesprochen auf bestimmte Segmente der Gemeinde mit bestimmten Angeboten konzentriert haben.

Aber damit kommen wir zu der entscheidenden Frage: Wie lassen sich nun mit Hilfe einer Strategie Ziele erreichen?

3.4.2 Strategie, Struktur und Kultur

Dreierlei ist nun nötig, um unser Ziel zu erreichen: Strategie, Struktur und Kultur (Grafik 3).

> Die Strategie ist der Weg, auf dem wir unser Ziel erreichen wollen. Der Weg ergibt sich aus der Lageanalyse als Ausgangspunkt und dem Ziel (der Vision entsprechend) als Endpunkt.

Grafik 3: Ziel – Strategie – Struktur – Kultur

9 Meffert/Bruhn, 185ff.

Aus der Strategie ergibt sich die *Struktur* als Zuordnung von Menschen, Zeit und Sachmitteln, mit denen wir unser Ziel erreichen wollen.

> Grundsätzlich gilt, dass sich die Struktur immer aus der Strategie ergibt und nicht umgekehrt.

In der Kirche ist es dagegen in der Regel üblich, dass man eine Idee als vage, nicht operationalisierte Zielvorstellung formuliert, dann Stellen und Strukturen schafft, die eine Strategie entwickeln und weiterführen sollen. Dieses Vorgehen ist fast immer zum Scheitern verurteilt.

Neben der Strategie und der Struktur ist aber die *Kultur* von entscheidender Bedeutung für unser Vorgehen. Sie bietet so etwas wie die emotionale Absicherung. Wenn die Menschen nicht hinter den Zielen, Strategien und Strukturen stehen können, weil sie nicht begeistert und motiviert sind, wird das Ziel nie erreicht.

Unter *Gemeindekultur* verstehen wir das von den Mitarbeitenden und Gemeindegliedern anerkannte und als Verpflichtung angenommene Wertesystem einer Gemeinde und das bis ins Alltägliche reichende Zusammenspiel von Formen und Normen.[10] Eine vom Leben im Geist und vom Gebet geprägte Gemeindekultur ist eine enorme theologische und praktische Herausforderung und kann eine bemerkenswerte Differenz des gemeindlichen Lebens zum sonst üblichen markieren.

Die *Gemeindekultur* umfasst also weit mehr als die äußeren Symbole, die sichtbaren Merkmale und Riten, die in einer Gemeinde vorkommen. Sie trifft die innere Substanz und enthält Antworten auf grundlegende Fragen:

- Welche Prinzipien und Werte haben wir?
- Wie steht es um unsere Motivation?
- Wie steht es mit unserem Glauben?
- Welchen Stil wollen wir prägen?
- Wie soll es aussehen, wenn wir zusammenkommen?
- Was sollen unsere Gäste bemerken, wenn Sie uns kennen lernen?

Damit hat die Kultur viel mit *Predigt* und *Seelsorge* zu tun. Die wirklichen Unterschiede zwischen besseren und schlechteren Gemeinden sind in ihrer Kultur zu suchen und nicht in der Ausstattung der Räume und den zur Verfügung stehenden technischen Anlagen oder der Qualifikation ihrer hauptamtlichen Kräfte.

---

10 So auch Bausinger, Bürgerlichkeit und Kultur.

Es geht darum, Menschen in die Lage zu versetzen, als Gruppe Leistungen zu erbringen, indem man ihnen gemeinsame Ziele und Werte sowie kontinuierliche Lern- und Entwicklungsmöglichkeiten in geistiger, sozialer und geistlicher Hinsicht gibt. Die Ausrichtung der Anstrengungen aller auf ein gemeinsames Ziel ist die fundamentale Funktion der Gemeindekultur. Die Testfrage für die Gemeindekultur ist, wie viel Prozent der Energie in einer Gemeinde für die Überwindung gemeindeinterner Widerstände verbraucht werden.[11]

Natürlich kann der Prozentsatz nicht gleich Null sein: Um optimale Lösungen wird immer auch gerungen! Dennoch ist es weder wünschenswert noch effizient, wenn in Gemeinden ein zu hoher Anteil an Führungsenergie auf interne Reibungsverluste entfällt. Ein zu hoher Anteil ist immer ein eindeutiger Hinweis darauf, dass nicht alle „am selben Strick" und in die gleiche Richtung ziehen. Nach meiner Beobachtung gibt es in vielen Gemeinden ein Defizit an gemeinsamen Werten und Zielen. Die Bedeutung der Gemeindekultur *als integrierender und differenzierender Faktor* wird immer mehr zunehmen.

Die Menschen sind nicht mehr bereit, sich nur aus Tradition zu einer Gemeinde zu halten, sondern sie suchen sich die Gemeinde aus, in der sie ihre Erwartungen und Wünsche erfüllt sehen. Darum kann man zusammenfassend sagen, dass die Gemeindekultur *den Kern der Gemeindeleitung* bildet, indem sie Werte und Ziele setzt, mit denen sich die Gemeindeglieder und Mitarbeitenden identifizieren können.

Darum geht es uns ja auch nicht nur um *Gemeindemanagement*, sondern um *Spirituelles Gemeindemanagement*. Lebendiger Glaube und anpackendes Management gehören in der Kirche immer zusammen und verstärken sich gegenseitig.

> Bitte beachten Sie dabei stets: „Structure follows strategy!"

Erst wenn man sich für eine Priorität bei der Gestaltung von Gottesdiensten entschieden hat, braucht man z.B. einen Chor (mit einem bestimmten Musikstil).

Erst wenn man Besuchsdienste machen will, braucht man die Menschen, die zu anderen Menschen hingehen und reden können!

Erst wenn man eine Jugendarbeit anfangen will, braucht man Jugendräume mit einer angemessenen Ausstattung.

Wie kommen wir aber zu unserer Strategie?

---

11 Hermann Simon, FAZ, 8.5.99, 71.

3.4.3 Unsere Strategie des nächsten Schritts

Mit dieser Strategie des „nächsten Schritts" tun wir im Spirituellen Gemeindemanagement kleine, aber wichtige Schritte in der Hoffnung, dass mehr Menschen ihre angestammte (Distanz-)Position im Blick auf die Gemeinde verlassen und uns (wieder) ihr Vertrauen schenken. Diese Maßnahmen können bei den Fähigkeiten und auch bei den Willigkeiten der Gemeindeglieder ansetzen. Wir müssen uns nämlich klar machen, dass das wichtigste Kapital in der Gemeindearbeit die Menschen sind, die an Jesus Christus glauben, zum Gottesdienst und anderen Gemeindeveranstaltungen kommen und auf die unterschiedlichste Art und Weise mitarbeiten können und wollen.

Nun wird Management in der Regel als Summe der Gestaltungskräfte zur Initiierung von Handlungsprozessen definiert.[12] Als Spiritueller Gemeindemanager muss ich also etwas gestalten und in Gang setzen wollen. Das geht nur, wenn ich Menschen zu Handlungen für ein gemeinsames Ziel bewegen kann und will. Damit sind konkrete Absprachen mit Gemeindegliedern gemeint. Denn es muss klar sein,

- was die Menschen von der Gemeinde erwarten können

- und was die Gemeinde von ihnen erwarten kann.

Die Gemeindeaktivitäten müssen dann aber auch auf diese Absprachen hin ausgerichtet werden. Wir könnten uns z.B. in unserer Strategie auf dem Weg zu unserm Ziel auf zunächst *zwei Aktivitäten beschränken*. Das wäre dann unser nächster Schritt. Für diesen Schritt würden wir dann Mitarbeitende sammeln, also z.B. erstens für eine Erneuerung des Gottesdienstes und zweitens für einen Besuchsdienst.

Geht es in unseren innergemeindlichen Debatten „heiß" her, dann malen wir einfach unser Dreieck von Kultur, Strategie und Struktur mit dem Ziel in der Mitte auf eine Flipchart und fokussieren die Debatte auf diese „Grundfigur":

- Ziel: Was wollen wir erreichen?

- Strategie: Auf welchen Wegen könnten wir das Ziel erreichen? Für welchen Weg entscheiden wir uns?

- Struktur: Wie müssen wir uns als Menschen organisieren und welche Hilfsmittel brauchen wir dazu?

- Kultur: Wie können wir Begeisterung und Zusammenhalt aufrechterhalten, damit wir das Ziel gemeinsam erreichen? Welche Werte sind uns miteinander wichtig?

---

12 Schierenbeck, 85ff.

3.5 Segmentierung der Gemeinde im Spirituellen Gemeindemanagement

Besonders bei der Bearbeitung großer (Welt-)Märkte kommt der Segmentierung eine große Bedeutung zu: Der Gesamtmarkt muss in möglichst homogene und differenzierte Gruppen unterteilt werden. Im Rahmen des Spirituellen Gemeindemanagements ist die Grundlage der Segmentierung schon mit der Fähigkeits-/Willigkeitsmatrix (oder anderen Instrumenten der Lageanalyse) behandelt worden.

3.6 Das Marketing-Mix

Das Handlungs-Schema des Marketing soll die Gemeindearbeit erleichtern, indem es eine Gliederung der Arbeitsschritte vorgibt, die zeitlich und inhaltlich aufeinander folgen, um ganz bestimmte Gemeindeziele zu erreichen.

Ging es bisher um *strategische Aspekte* des Marketing (auf hohem Abstraktionsniveau), so sollen nun mit dem Marketing-Mix *taktische* und auch *operative Aufgaben* behandelt werden. Die Ausführungen werden zunehmend konkret und praktisch.[13] Während man bei strategischen Entscheidungen 3–5 Jahre im Auge hat, so behandeln taktische Entscheidungen 1–3 Jahre und operative die Jahresplanung bis hin zum Tagesgeschäft.

> Das *strategische Marketing* bildet also den Rahmen für *taktische* und *operative* Marketing-Planung, d.h. für die mittel- bzw. kurzfristigen Marketing-Entscheidungen. Ausgehend von den operativen Subzielen ist das *Marketing-Mix* zu konzipieren: Welche Maßnahmen ergreifen wir im *Angebots-, Gegenleistungs-, Verteilungs- und Kommunikations-Mix* sowie im Dienstleistungsbereich auch im *Personal-Mix*?

Das *Marketing-Mix* ist die Kombination der eingesetzten marketingpolitischen Instrumente in ihren Ausprägungen und zwar in zeitraum- und markt- bzw. marktsegmentbezogener Hinsicht. Mit dem Marketing-Mix soll demnach die Realisierung der Strategien sichergestellt werden.

Dabei unterscheiden wir die folgenden Instrumente der Marktbearbeitung:

- Angebotspolitik
- Gegenleistungspolitik
- Verteilungspolitik
- Kommunikationspolitik
- Personalpolitik

13 Meffert 1998, 881ff.

Besonders wichtig für kirchliche Mitarbeiterinnen und Mitarbeiter als Angestellte eines Dienstleistungs-Unternehmens ist die Tatsache, dass der Personalpolitik im Handels- und Dienstleistungsbereich eine besondere Bedeutung zukommt.[14]

Denn vielfach *erbringen* die Menschen nicht nur eine Dienstleistung, sondern sie *sind* die Dienstleistung (z.B. in der Seelsorge). Und auf die besondere kirchliche Situation bezogen sind es oftmals die gleichen Menschen, die auf der einen Seite die Dienstleistungen erbringen und innerhalb der Organisation gleichzeitig Dienstleistungen empfangen.

Wichtig ist uns auch der Hinweis, dass die einzelnen Entscheidungen über die Ausprägungen der Marketing-Instrumente als *Marketing-Politik* bezeichnet werden. Denn es sind durchaus (gemeinde-)politische Entscheidungen, mit welchem Marketing-Mix wir unsere Marketing-Ziele erreichen möchten.

Im Bereich des *Dienstleistungs-Marketing* hat sich in den letzten Jahren sehr deutlich gezeigt, dass die Anwendung eines *kundenorientierten Marketing als Leitidee* der Berücksichtigung auch *interner Kunden* bedarf.[15]

Bevor wir uns jetzt die einzelnen Aspekte des Marketing-Mix anschauen, möchte ich auf eine wichtige Regel hinweisen:

> Das Gesamt-Marketing-Mix ist so stark wie das schwächste Glied im Marketing-Mix.

Nehmen Sie z.B. ein hochwertiges Programm in der Gemeinde, für das intensiv und fantasievoll geworben wurde. Sie haben Ihr Angebot auch am richtigen Ort und zur richtigen Zeit platziert. Aber Sie haben die falschen, in diesem Fall unbegabten Leute eingesetzt. Dann ist trotz aller Mühe die Enttäuschung der Besucherinnen und Besucher vorprogrammiert. Die Personalpolitik „stimmte" nicht: Es war das schwächste Glied in Ihrem Marketing-Mix.

Wenn Sie aber stattdessen für Ihr ausgezeichnetes Angebot alle Rahmenbedingungen optimal gestaltet haben, diesmal aber vergessen haben, die Menschen auch zu informieren, wird kaum jemand kommen. Die Kommunikationspolitik war dann Ihre Schwachstelle.

Aus diesem Grunde spricht man vom Marketing-Mix als der *richtigen Ausprägung der verschiedenen marketing-politischen Instrumente*. Am richtigen Marketing-Mix entscheidet sich, ob eine Strategie konsequent auf das operative und taktische „Geschäft" hin durchdacht und bearbeitet wurde. Machen wir uns nichts vor: Das ist harte Arbeit!

---

14 Meffert/Bruhn, 444ff.
15 Meffert/Bruhn, 447ff.

3.6.1 Die Angebotspolitik

Die Angebotspolitik ist *das Herz* des Marketing. Wenn die Leistung an sich keine Qualität aufweist, so haben auch alle anderen Marketing-Maßnahmen keinen Wert. Heute wird in allen Lebensbereichen ein einwandfreies Produkt oder eine erstklassige Dienstleistung als Selbstverständlichkeit erwartet.

Das einwandfreie Produkt ist die Voraussetzung für eine erfolgreiche Marktteilnahme. Wer schlechte Qualität abliefert, hat sich heute in unserer Marktgesellschaft von vornherein ins „Aus" gesetzt.

3.6.2 Die Gegenleistungspolitik

Hier geht es um die Frage, was die kirchliche Dienstleistung den Besucher kosten darf. Was darf Kirchenzugehörigkeit überhaupt kosten? Darf sie etwas kosten? Zunächst muss man bei der Kirche als *Non-Profit-Organisation* zwischen den *monetären Gegenleistungen* und den *nichtmonetären Gegenleistungen* unterschieden. Obwohl dies durch die kirchlichen Finanzierungsdiskussionen oftmals überdeckt wird, liegt das Hauptgewicht der Gegenleistungspolitik im kirchlichen Bereich auf den nicht-monetären Gegenleistungen. Denn die Erlangung monetärer Einnahmen bildet für die Kirche nicht den Zweck der eigentlichen Leistung. Geld ist ausschließlich Mittel zum Zweck. Monetäre Gegenleistungen sind dennoch sorgfältig zu bedenken: Leistungen, die nichts kosten, gelten in unserer Gesellschaft oft als wertlos. Auf der anderen Seite ist es doch wahr, was in einem Schlager von Udo Jürgens besungen wird: „Was wirklich zählt auf dieser Welt, das bekommst Du nicht für Geld!" Gleichzeitig war es aber schon immer „etwas teurer, einen besonderen Geschmack zu haben" und so mancher lässt sich die Mitgliedschaft in exklusiven Clubs eine Menge Geld und Mühe kosten (z.B. bei den Rotariern).

Also müssen wir uns verständigen: Wollen wir hier und heute zeigen, dass die Kirche nicht immerzu „die Hand aufhält", oder wollen wir die besondere Qualität unseres Angebots unterstreichen, indem wir einen angemessenen Preis fordern?

Wollen wir das Feld der nicht-monetären Gegenleistungen für kirchliche Angebote näher betrachten, so müssen wir über die *Schwellen (= Gegenleistungen)* reden, die überwinden muss, wer sich der Kirche nähert. Eine typische Frage der Gegenleistungspolitik ist die *zeitliche Inspruchnahme* von Menschen, die bereit sind, im kirchlichen Rahmen eine Veranstaltung zu besuchen oder bei einer Aktivität mitzumachen. Für viele Menschen ist es auch eine Zumutung, in eine Kirche zu gehen. Der sakrale Raum ist für sie fremd, ja befremdlich, wenn nicht ängstigend. Mancher fände es auch peinlich, dabei gesehen zu werden, dass er in die Kirche geht.

Es kann aber auch sein, dass wir unsere Angebote in jeder Hinsicht zu billig machen! So ist es für viele Menschen selbstverständlich, dass Urlaub richtig viel Geld kosten muss, weil es sonst kein guter Urlaub ist. In guter kirchlich-sozialer Einstellung versuchen wir aber, alle Angebote durch Zuschüsse möglichst billig zu gestalten. Für manche Zielgruppen ist das auch angemessen, andere erreichen wir so nicht.

3.6.3 Die Verteilungspolitik

Eng verknüpft mit dem Gegenleistungs-Mix ist die Verteilungspolitik. Sie bezieht sich auf die Gesamtheit aller Entscheidungen und Handlungen, welche die Übermittlung des Angebotes vom Anbieter auf den Abnehmer betreffen. Bei der Verteilungspolitik wird also die Frage behandelt, wie unsere Leistung (Botschaft) die Adressaten erreicht. Üblicherweise haben wir Kirchen und Gemeindehäuser gebaut und erwarten, dass die Menschen *zu uns* kommen. Wir verhalten uns wie Händler, die einen Laden eröffnet haben und erwarten, dass die Menschen zu ihnen ins Geschäft kommen. Allein schon diese Erwartung reizt viele Anbieter, nach anderen Wegen zu suchen, wie sie die Dienstleistung an den Mann oder die Frau bringen können. Der modernste Weg ist zur Zeit das Internet.

Aber die christliche Gemeinde kennt neben der „Komm-Struktur" auch eine „Geh-Struktur" und temporäre „Verteilungs-Agenturen" wie Besuchsdienst, Informationsstände und Freizeiten.

Ein wichtiger Faktor der Verteilungspolitik ist neben der Bestimmung des Angebots-Ortes auch seine Gestaltung. Wer ein wichtiges Investitionsgut mit hoher Bedeutung erwerben will, möchte dies auch in einer ansprechenden Umgebung tun. Das Outfit unserer kirchlichen Räumlichkeiten sollte die Wertschätzung ausdrücken, die wir von unseren „Kunden" (Gemeindegliedern und Gästen) auch gegenüber unserem Angebot erwarten. Genauso registriert jeder Konsument auch die Haltung des „Verkäufers", mit der er ein Produkt anbietet und verpackt!

3.6.4 Die Kommunikationspolitik

Wir leben heute in einer Kommunikationsgesellschaft. Der *„Noise-Level"* wird immer höher. In der Broschüre einer Werbeagentur stand, dass der aktive Wortschatz eines Durchschnittsbürgers ca. 1.800 Worte umfasst, dass aber doppelt so viele Marken (sprich: 3.600) regelmäßig beworben werden.

Die Menschen werden mit Informationen bombardiert. Darum stellt sich auch die Frage, wie die Kirche ihre Botschaft noch zu den Menschen bringen und deren Gehör finden kann, ohne dass sie zum puren Geräusch verkommt.

> „Nur was spitz ist, kann auch einen durchschlagenden Erfolg haben."

Vor dem Hintergrund des Kommunikations-Lärms müssen wir uns genau überlegen, was man den Zieladressaten vermitteln möchte. Aus diesem Grunde müssen die Kommunikationsziele von den übergeordneten strategischen Zielen her abgeleitet werden.

Demografische und psychografische Kommunikationsziele

Gerade bei den Kommunikationszielen kommt noch einmal verstärkt die Unterscheidung zwischen demografischen (also zähl- und messbaren) und psychografischen Zielen zum Tragen. Gerade die zuletzt genannten Ziele betreffen die *Einstellung* der Menschen zur Gemeinde bzw. das *Image*, das die Gemeinde für sich in der Öffentlichkeit aufbauen will. Darum muss gerade bei den Kommunikations-Mitteln genau nachgedacht werden, welches Image durch sie beim Betrachter erzeugt werden soll.

Nachdem die *Kommunikationsziele* festgelegt sind, müssen die anzusprechenden *Zielgruppen* definiert und anschließend die *Kommunikationsstrategien* festgelegt werden.

Der nächste Schritt ist die Festlegung des *Kommunikationsbudgets*, denn Kommunikation kostet Zeit und Geld. Entsprechend den vorgegebenen Zielen und Strategien ist dann die *Botschaftsgestaltung* zu entscheiden! Darauf folgt die *Medienselektion*, d.h. die Festlegung, auf welchen Kanälen wir unsere Botschaft in die Gemeinde tragen möchten.

Doch kommen wir nun zu den einzelnen Submix-Bereichen der Kommunikation:

- Persönliche Kommunikation,
- Promotion/Absatzförderung,
- Public Relation/Öffentlichkeitsarbeit,
- klassische Werbung.

Persönliche Kommunikation

Für die Kirche ist dieser Teil der Kommunikation der wichtigste Ansatzpunkt, um Menschen zu gewinnen. Der direkte Kontakt von Mensch zu Mensch ist nicht zu ersetzen und spielt erwiesenermaßen die größte Rolle bei der erstmaligen oder erneuten Zuwendung von Fernstehenden zur Kirche. Gerade bei der kirchlichen Kommunikation ist darum das persönliche Gespräch durch nichts zu ersetzen.

An dieser Stelle möchte ich aus der Perspektive des Marketing nur daran erinnern, dass man die persönliche Kommunikation unterstützen kann, z.B. durch

- Einladungskärtchen mit Anfangszeiten und Anfahrtskizze,
- Telefonaktionen, z.B. bei einer Gemeindebefragung,
- kleine Einladungsgeschenke zum Gottesdienstthema.

Eine größere Aktion, die Gesprächsanlässe schaffen und unterstützen soll, nennt man in der Kommunikationspolitik:

Promotion/Absatzförderung – Nebenschauplätze

Bei der Promotion handelt es sich um primär kommunikative Maßnahmen. Sie sollen die Effizienz des Einsatzes der eigenen Mitarbeiterinnen und Mitarbeiter erhöhen. Sie unterstützen also deren kommunikative Fähigkeiten, indem sie Gelegenheiten zu Begegnung und Gespräch schaffen. Folgende weitere Promotion-Aktivitäten sind z.B. denkbar:

- Einladungsstände an den Supermärkten, wo an heißen Tagen frisches Wasser und an kalten Tagen heißer Tee ausgegeben wird,
- Posaunenchor/Band/Chor am Samstag auf dem Marktplatz mit Einladungsständen,
- Gewinnspielkarten werden verteilt, Auflösung im Gottesdienst.

In der Regel fällt es den Gemeindegliedern viel leichter, sich bei einer sympathischen Aktion öffentlich zu engagieren, als z.B. Menschen im direkten Gespräch (von Haus zu Haus) auf ihren christlichen Glauben und ihre Gemeinde- und Kirchenzugehörigkeit anzusprechen. Es muss aber klar sein, welche Absicht mit einer solchen Aktion verfolgt wird, oder ob die Aktion zum Selbstzweck geworden ist.

Die Gefahr von Promotion-Aktivitäten besteht nämlich darin, ein Eigenleben zu entwickeln. Dann muss man sich kritisch fragen, ob nicht allzu viele Gemeindeveranstaltungen reine Promotion-Aktivitäten sind: z.B. das Gemeindefest, der Vortragsabend über ein x-beliebiges Thema, die Jugend-Disco und das gemütliche Beisammensein bei Kaffee und Kuchen im Gemeindehaus. Um es noch deutlicher zu sagen: Ist bei der Mehrzahl dieser Unternehmungen noch klar, dass und was diese Veranstaltungen promoten sollen?

Nebenbei bemerkt: Immer dann, wenn sich eine Gemeinde professionell in der Öffentlichkeit präsentiert, ist sie auch ein geeigneter Partner für Sponsoring-Aktivitäten von Profit-Organisationen. Diese wollen ja die systematische Förderung von Organisationen oder Veranstaltungen dazu benutzen, ihre Marketing- und Kommunikationsziele zu erreichen. Dazu brauchen sie aber verlässliche und professionell arbeitende Partner.

Gleichzeitig ist jede Promotion-Aktion dazu geeignet, dass man sie auch in die Presse bringt, so dass sich daraus der nächste Submix-Bereich der Kommunikation ergibt:

Public Relation/Öffentlichkeitsarbeit

Tue Gutes und sprich darüber!

Das ist die kürzeste Beschreibung der Public Relation. Seriöser formuliert ist die Public Relation die planmäßig gestaltete Beziehung zwischen der Gemeinde und der Öffentlichkeit bzw. bestimmten Teilöffentlichkeiten. Public Relation hat das Ziel,

- eigene Aktivitäten bekannt zu machen,
- Vertrauen bei potenziellen Abnehmern zu erwerben,
- die eigene Botschaft verständlich zu machen,
- um Sympathie für die Gemeindearbeit in der Öffentlichkeit zu werben.

Beispiele für PR-Anlässe sind z.B.:

- Ankündigung des Gottesdienstthemas in der Tagespresse,
- Bericht über den Gottesdienst,
- Bericht über den Kirchenraum, wenn es etwas Neues gibt,
- Berichte über Personen und Ereignisse aus dem Gemeindeleben im Lokalfunk und -fernsehen.

Erst zum Schluss sprechen wir von der *klassischen Werbung*. Sie ist teuer und muss sehr gut gemacht sein, wenn man in unserer Werbegesellschaft überhaupt noch auffallen will:

Klassische Werbung

Von allen Kommunikationsinstrumenten hat die klassische Werbung in Wissenschaft und Praxis die stärkste Beachtung gefunden. Werbung kann verstanden werden als ein kommunikativer Beeinflussungsprozess mit Hilfe von (Massen-)Kommunikationsmitteln in verschiedenen Medien. Ziel ist es, beim Adressaten relevante Einstellungen und Verhaltensweisen im Sinne der Organisationsziele zu verändern.

Welche Werbemittel kommen in der Gemeindearbeit, die ja nur einen begrenzten Markt bedient und über begrenzte Mittel verfügt, in Frage?

- Transparent an der Kirche (wie z.B. „Jesus 2000" oder mit Anfangszeit und Thema des Gottesdienstes),
- Plakataktionen in der Gemeinde,
- Transparente und Aufkleber für Autos,
- Wurfsendungen an die Haushalte der Kirchenmitglieder,
- Plakate in Supermärkten und anderen Geschäften,

- Anzeigen in der Presse, im Regionalrundfunk, im Kino,
- Gemeindebrief.

3.6.5 Die Personalpolitik

Die Personalpolitik eines Dienstleistungsunternehmens und damit auch der Kirche umfasst die Planung, Organisation, Durchführung und Kontrolle sämtlicher Entscheidungen, die mit

- der Gewinnung von ehren- und hauptamtlichen Mitarbeiterinnen und Mitarbeitern,
- dem Einsatz-Umfeld der ehren- und hauptamtlichen Mitarbeiterinnen und Mitarbeiter,
- ihrer Aus-, Fort- und Weiterbildung, Supervision und persönlichen Begleitung bis hin zur Seelsorge,
- der Kommunikation mit und unter den Mitarbeiterinnen und Mitarbeitern
- sowie der Beendigung der Mitarbeit

zu tun haben.

Für diese Sichtweise können folgende Argumente angeführt werden:

- Weil Dienstleistungen keine materiellen Güter darstellen, werden die Mitarbeiterinnen und Mitarbeiter des Dienstleisters häufig als Ausdruck der eigentlichen Leistung angesehen.
- Weil das Leistungspotenzial permanent zur Verfügung stehen soll, Dienstleistungen aber nicht gelagert werden können, ist es notwendig, das Fähigkeitspotenzial der Mitarbeiterinnen und Mitarbeiter des Dienstleisters aufrecht zu erhalten und kontinuierlich zu verbessern.

Besonders in Non-Profit-Organisationen, die schwerpunktmäßig vom Einsatz ehrenamtlicher Mitarbeiterinnen und Mitarbeiter leben, ist die Unterscheidung von Personen, die *Dienstleistungen empfangen*, und solchen, die *Dienstleistungen erbringen*, gar nicht so einfach. Vielfach ist es in der Kirche ein wesentlicher Aspekt des Angebots, dass Menschen im geschützten Raum der Kirche Dienstleistungen der Verkündigung und der Nächstenliebe erbringen dürfen, die anderen Menschen, aber auch ihnen selbst eine Befriedigung ihrer Bedürfnisse bieten.

Eine weitere Besonderheit der Kirche als Non-Profit-Organisation ist darin zu sehen, dass es eine Unterscheidung von ehren-, neben- und hauptamtlichen Mitarbeitern gibt. Die Hauptamtlichen haben einerseits durch ihren größeren zeitlichen Einsatz in der Organisation Kirche auch ein größeres Gewicht. Andererseits werden sie durch Gremien kontrolliert, in denen überwiegend Ehrenamtliche sitzen. Hier drohen Machtkämpfe und Kompetenzgerangel. Zudem bräche das kirchliche Angebot binnen kürzester Zeit zusammen, wenn die Ehrenamtlichen ihren Dienst aufkündigten.

> Umso wichtiger ist daher das interne Marketing als systematische Optimierung organisationsinterner Prozesse mit Instrumenten des Marketing und des Personalmanagements, um durch eine konsequente Kunden- und Mitarbeiterorientierung das Marketing als interne Denkhaltung durchzusetzen, damit die marktgerichteten Organisationsziele effizienter erreicht werden.

Wesentliches Merkmal dieser Definition ist die Forderung einer parallelen „Kunden"- und Mitarbeiterorientierung. Wenn man alle Mitarbeitenden gleichzeitig als interne Kunden betrachtet, ist schon viel gewonnen.

Aufgrund der großen Bedeutung der Mitarbeiterinnen und Mitarbeiter zur Erzielung einer hohen Dienstleistungsqualität tritt im Rahmen der Personalpolitik

- das Ziel der Entwicklung und Erhaltung einer kundenorientierten Mitarbeiterschaft
- neben das Ziel einer hohen Kundenorientierung

und

- das Ziel einer motivierten Mitarbeiterschaft
- neben das Ziel einer hohen Kundenzufriedenheit.

Dabei ist die Personalplanung die notwendige Voraussetzung einer systematischen Personalpolitik. Bei der Personalplanung ist zum einen die Einsatzplanung mit wohl definierten Arbeitsaufträgen und Kompetenzen zu bedenken als auch die Planung für Entwicklungsmaßnahmen der Mitarbeiterinnen und Mitarbeiter (Aus-, Fort- und Weiterbildung, Supervision, Seelsorge, Auszeiten).

3.7 Die Planung

In der Management-Literatur wird zwischen Führung und Management unterschieden:

> „Ein Manager sorgt dafür, dass alles *richtig gemacht* wird, eine Führungspersönlichkeit dafür, dass *das Richtige gemacht* wird."

Führung und Management sind aber gleichermaßen wichtig und müssen Hand in Hand gehen.[16] Wir unterscheiden dabei zwischen dem Planen *der* Gemeinde und dem Planen *in der* Gemeinde.

- Planung *der* Gemeinde verlangt nach *Führungspersönlichkeiten*
- und Planung *in der* Gemeinde nach *Managerinnen und Managern*, also guten Handwerkerinnen und Handwerkern.

Führungspersönlichkeiten sind in erster Linie solche, die eine Entwicklung initiieren können und gleichzeitig in der Lage sind, diese auch gegen Widerstände voranzutreiben.[17] Die konkrete Leitung einer Gruppe dagegen fordert Management, also Verwaltung, Strukturierung und Organisation.

3.7.1 Planen der Gemeinde

Sprechen wir vom Planen *der* Gemeinde, so meinen wir die Prozesse, die der Suche nach einer Vision, dem Festsetzen von Zielen und Strategien gewidmet sind. Hier geht es um Führung.

Führen ist die Kunst, andere dazu zu bringen, freiwillig und gern das Richtige zu tun.

Eine Gruppe zu führen heißt: mit einer Vision im Herzen und klaren Zielperspektiven im Kopf auf Zukunft hin zu handeln und andere dabei zu motivieren mitzugehen, sie zuzurüsten und zu begleiten, durch Dürrezeiten hindurchzuführen und ihnen zu helfen, motiviert dabei zu bleiben. Führung meint damit genau das, was pastoraler Dienst, „Dienst eines Hirten" sein könnte.

Das daraus resultierende Management erfolgt am besten in einem revolvierenden Planungs-Prozess.[18] Dieses Prinzip berücksichtigt die Tatsache, dass man „schlauer ist, wenn man aus der Kirche herauskommt." Der Erkenntniszuwachs durch verarbeitetes Erleben, also durch Erfahrung wird ernst genommen und integriert.

Praktisch sieht das so aus, dass wir zwar für die nächsten drei bis fünf Jahre planen, diese Planung aber alle sechs Monate überdenken und überholen. Der Erkenntniszuwachs aus dem letzten halben Jahr fließt so in die neuen Planungen mit ein. Gleichzeitig überprüfen wir auf diese Weise, ob wir während des letzten halben Jahres planungsgemäß gearbeitet haben oder ein wenig aus der Spur geraten sind.

16 Noss, 120.
17 Noss, 119.
18 Vgl. Koch, 77.

Gute Manager sind Menschen, die einen Veränderungsprozess durchführen können. Sie haben die Aufgabe, die gefassten Beschlüsse umzusetzen. Sie planen „die nächste Strecke". Sie tun alles dafür, dass die Ziele auch erreicht werden. Sie sorgen für ausreichende Kommunikation. Sie besorgen die nötigen finanziellen Mittel. Sie organisieren den Zeitplan und behalten die Zeit im Auge. Sie planen, organisieren und setzen um.

Das Wort Management ist in der Kirche leider weithin noch ein Fremdwort, für manche gar ein Tabubegriff. Dabei wird zwangsläufig, wo institutionell gearbeitet wird, auch viel gemanagt, leider oftmals nur halbherzig, unvollkommen und damit letztlich für die Gemeinde unproduktiv.

Schauen wir uns verschiedene *Planungsmodelle* noch einmal genauer an: Ein Führungsgremium könnte sich ja am Anfang seiner Dienstzeit hinsetzen und die nächsten vier Jahre *en bloc* durchplanen (Grafik 4). Was ihm dann aber fehlen würde, ist der Erkenntniszuwachs, der sich erst im Laufe der Zeit einstellen kann. Der Zug wäre gleichsam so sehr in Fahrt, dass nichts mehr zu bremsen oder korrigieren wäre.

Grafik 4: Gemeindeplanung für einen längeren Zeitraum en bloc

Eine andere Möglichkeit wäre es, sich als Planungsteam alle sechs Monate zu treffen und nur für das nächste halbe Jahr zu planen (Grafik 5). Dieser Planungszeitraum wäre überschaubar, das Risiko geringer. Allerdings könnten größere Veränderungen, die einen längeren Zeitraum beanspruchen, nicht in Angriff genommen werden. Einen solchen Planungsprozess nennt man *Anschlussplanung*.

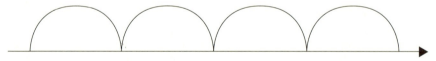

Grafik 5: Gemeindeplanung als Anschlussplanung nur für kurze Zeitabschnitte

Darum ist als Lösung die *Revolvierende Planung* zu empfehlen (Grafik 6). Hier trifft sich das Führungsgremium alle sechs Monate und erneuert immer wieder vor dem Hintergrund des weiteren Erkenntniszuwachses seine Vierjahresplanung. Das Planungsteam kann so gleichzeitig weiträumig denken *und* auf Grund neuer Einsichten die Planung nachjustieren.

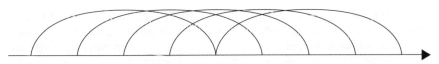

Grafik 6: Gemeindeplanung als Revolvierende Planung

3.7.2 Integrierte Gemeindeplanung

Mit der Integrierten Planung wenden wir uns der Planung *in der* Gemeinde zu. Sie löst die Aufgabe, die verschiedenen Aktivitäten in der Gemeinde optimal miteinander zu verzahnen und zugleich die Motivation der Mitarbeiterinnen und Mitarbeiter aufrecht zu erhalten. Über kurz oder lang wird es ja in einer lebendigen Gemeinde viele Menschen geben, die in verschiedenen Arbeitsbereichen Verantwortung übernehmen.[19]

Ein weit verbreitetes Prinzip der Gemeindeleitung und -planung ist die *hierarchische Leitungsstruktur*. Oben steht ein Pfarrer oder eine Pfarrerin, die über alle Belange der Gemeinde Bescheid wissen und die verschiedenen Aufgaben an „ihre" Mitarbeiterinnen und Mitarbeiter verteilen. Gehören sie nicht zu der Spezies von Pfarrerinnen und Pfarrer, die am liebsten alles selbst und vor allem alleine machen, dann sprechen sie gerne davon, dass sie Arbeit an Gemeindeglieder „delegieren". Sie meinen, damit den Gemeindeaufbau verstanden zu haben. Wenn Pfarrer und Pfarrerin Organisationsgenies sind (was selten genug vorkommt), funktioniert dieses Prinzip ziemlich lange gut und gewährleistet eine gute Abstimmung zwischen den verschiedenen Menschen und Arbeitsbereichen.

Das große Problem dieses Modells wird erst mit der Zeit deutlich: der drastische Motivations-Verlust engagierter Mitarbeiterinnen und Mitarbeiter. Bei ihnen wird dann der Wunsch nach eigener Verantwortung und Entscheidungsbefugnis aufkommen, damit sie wieder motiviert sind sich einzusetzen. Vor allem wenn sie es in ihrem Berufsleben gewohnt sind, Verantwortung zu tragen, werden sie nur schwer einsehen, dass sie in der Gemeinde nur Handlangerdienste tun sollen, selbst in Bereichen, von denen sie mehr verstehen als die „da oben". Dieser Wunsch kann aber beim Pfarrer und bei der Pfarrerin Angst auslösen, die Gemeinde „nicht mehr im Griff" haben zu können. Der Konflikt ist damit vorprogrammiert.

Das andere Extrem ist die *vollkommen unkoordinierte Arbeitsweise* nach dem Prinzip: Hier kann jeder machen, was er will und wo er seine Gaben sieht. Zunächst ist dieses Prinzip recht motivierend, da sich jeder „selbst verwirklichen" und selbst managen kann. Das bald entstehende Chaos aber führt auch hier zu demotivierenden Turbolenzen, die ein stetiges Gemeindewachstum verhindern.

19 Vgl. Koch, 9ff.

Die *Integrierte Gemeindeplanung* (Grafik 7) bietet eine bessere Lösung: Hier machen sich die verantwortlichen Leiterinnen und Leiter Gedanken über die grundsätzlichen Ziele und Strategien (Rahmenplanungen) und legen die Struktur der Gemeindearbeit fest. Dann werden mehrere Arbeitsbereiche begründet, mit denen vor dem Hintergrund des Rahmenplanes die Bereichsziele festgelegt werden. Die Überlegungen zur Bereichsstrategie zum Erreichen der Bereichsziele werden voll und ganz in die Verantwortung der einzelnen Bereiche gelegt. Als seelsorgliche Aufgabe obliegt es der Gemeindeleitung dann nur noch, diesen Prozess zu begleiten. Die Bereichsmitarbeiterinnen und -mitarbeiter bleiben in ihrer Selbständigkeit stets dem Führungsgremium verantwortlich, so dass sich kein einzelner Bereich aus dem Ensemble von Vision, Zielsystem und Gesamtstrategie verabschiedet.[20]

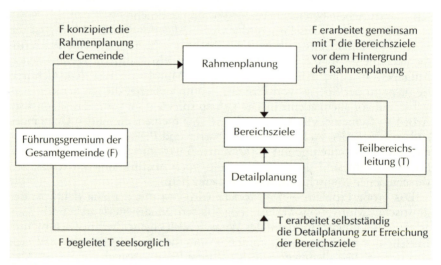

Grafik 7: Integrierte Gemeindeplanung

Bei der Planung *in der* Gemeinde ist es wichtig, auch einmal Aktivitäten „sterben" zu lassen, die nicht mehr zeitgemäß sind. Hier hat die Boston-Consulting-Group die *Portfolio-Analyse* (Grafik 8) mit Strategie-Entwürfen zur weiteren Planung entwickelt:[21] Man betrachtet bei einer Portfolio-Analyse und -Planung den Markt immer von einer *unternehmensabhängigen Variablen* (hier: dem relativen Marktanteil) und von einer *marktabhängigen Variablen* (hier: dem Marktwachstum) aus.

---

20 Vgl. zur folgenden Grafik Koch, 57.
21 Vgl. zu diesem Portfolio-Modell Koch, 138ff; vgl. auch Meffert 1998, 238ff.

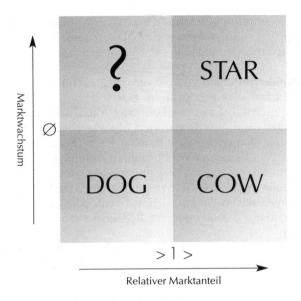

Grafik 8: Portfolio

Der *relative Marktanteil* meint den Marktanteil im Vergleich zum größten Mitbewerber. Wenn in einer Gemeinde (als relevantem Markt) z.B. drei Institutionen einen Altennachmittag anbieten, so gilt es herauszufinden, wie viele Menschen im Alter von 65 Jahren aufwärts erreicht werden. Für die Positionierung im Portfolio ist es nun wichtig, ob mein größter „Mitbewerber" mehr oder weniger Personen mit dieser Aktivität erreicht. Erreicht er mehr (z.B. 100 Personen) als wir (mit z.B. 50 Personen) so beträgt mein relativer Marktanteil 50:100 = 0,5. Erreicht unsere Gemeinde aber 100 Personen und der größte Mitbewerber 50 Personen, so beträgt der relative Marktanteil 100:50 = 2,0. Bei gleicher erreichter Personenzahl ergibt sich ein Verhältnis von beispielsweise 75:75 = 1,0, das heißt: Unsere Aktivität ist genau auf der Mittelachse zu positionieren. Die Mittellinie in vertikaler Richtung markiert also den Wert >1> des relativen Marktanteils, der sich aus dem Marktanteil der eigenen Unternehmung dividiert durch den Marktanteil des stärksten Konkurrenten errechnet.

Das *Marktwachstum* meint das Wachstum hinsichtlich der Marktausweitungs- oder -schrumpfungserwartungen. Die Mittellinie in horizontaler Richtung markiert das durchschnittliche Marktwachstum aller bearbeiteten Marktsegmente. Auch dieser Ansatz sei noch einmal am Beispiel erläutert: Wenn man in der Gemeinde davon ausgehen muss, dass sich die Anzahl alter Menschen im Gemeindebezirk in den nächsten 15 Jahren verdoppelt und damit ein überdurchschnittliches Wachstum erfährt, so positioniert man diese Aktivität in der oberen Hälfte des Portfolios. Geht man hingegen von einem unterdurchschnittlichen Wachstum oder gar von einem Schrumpfungsprozess aus, so muss die Aktivität im Portfolio unterhalb der Durchschnittslinie, die genau in der Mitte des Feldes liegt, positioniert werden.

In der Gemeinde kann man nun die verschiedenen Aktivitäten in diesem Marktanteils-/Marktwachstumsportfolio positionieren, z.B. Jugendchor, Kirchenchor, Jungschar, offene Angebote oder Altenkreise. Immer wird der relative Marktanteil zum jeweils stärksten Mitbewerber bei der jeweiligen Aktivität ermittelt. Dann wird die Aktivität hinsichtlich des Marktanteils und der Wachstumserwartungen im Portfolio positioniert!

Um das Portfolio noch aussagekräftiger zu machen, sollte man die Anzahl der Teilnehmer bei jeder Aktivität noch durch die Größe des Kreises um den Positionierungspunkt im Portfolio verdeutlichen. Mit der Größe des Kreises wird dann die quantitative Bedeutung der Gemeindeaktivität sogleich sichtbar.

Letztlich ergeben sich aus der Portfolio-Analyse für die strategische Planung der Gemeindeaktivitäten *Normstrategien*.[22] Denn die vier Felder der Portfolios bekommen signifikante Namen:

- Das Feld unten links wird „Dog" genannt. Hier ist der relative Marktanteil unter 1 (also gering) und es ist eher ein Schrumpfen des Gesamtmarktes zu erwarten.

- Das Feld darüber bekommt ein Questionmark „?", denn obwohl das Marktwachstum groß ist, kann man noch nicht sagen, ob es uns gelingen wird, unseren Marktanteil in Relation zum größten Mitbewerber zu verbessern.

- Das Feld oben rechts wird mit „Star" bezeichnet, denn hier ist es uns gelungen, einen größeren relativen Marktanteil als unser stärkster Mitbewerber zu realisieren. Jedes weitere Marktwachstum wird uns automatisch mehr Leute in die Gemeinde bringen!

- Das Feld unten rechts bekommt die Bezeichnung „Cash Cow", denn hier ist es uns in der Vergangenheit gelungen, einen überdurchschnittlichen relativen Marktanteil zu erreichen. Doch sollten wir in diesen Bereich nicht mehr viel Kraft investieren, denn sein Wachstum ist ja unterdurchschnittlich bis negativ. Aus diesem Arbeitsbereich sollten die Mitarbeiter gewonnen werden, die Aktivitäten aus dem „?-Bereich" in den „Star-Bereich" bringen.

---

22 Meffert 1998, 343.

Denn:

- Um ein langfristig ausgewogenes Angebotsportfolio zu erhalten, müssen die aus dem Portfolio zu eliminierenden Produkte („*Dogs*") rechtzeitig durch Angebotsinnovationen ersetzt werden. Bei der Eliminierung der „Dogs" sind jedoch mögliche Nachfrageverbundeffekte im Produktprogramm zu berücksichtigen.

- Angebote in der „*Question-Mark*"*-Position* sind verstärkt im Programm zu fördern und ggf. durch Angebotsvariationen in die „Star"-Position zu führen.

- Sind Angebote in der „*Star*"- oder „*Cash-Cow*"-Position, so kommt der Angebotspflege große Bedeutung zu. Die Marktanteilserhaltung von Angeboten in der „Cash-Cow"-Position macht unter Umständen Angebotsvariationen oder Angebotsdifferenzierungen notwendig.

Hintergrund dieser Portfolio-Analyse ist das *Lebenszyklusmodell*. Dabei geht man davon aus, dass jedes Angebot auf einem Markt den natürlichen Prozess der Entstehung aus kleinen Anfängen, des Wachstums, der Sättigung, der Reife und des Verfalls erfährt.[23] Gerade dann, wenn es vermeintlich am besten läuft, muss man neue Anfänge wagen, damit die Organisation erhalten bleibt.[24] Denn man wird erleben, dass sich durch den Veränderungsprozess Turbulenzen ergeben. Das ist normal. Immer wenn man die gewohnten Pfade in einer Organisation verlässt, ergeben sich zunächst negative Einschnitte.[25] Doch in der Gemeindeleitung geht es gerade darum, solche Entwicklungen langfristig zu erkennen und die entsprechenden Gegenmaßnahmen rechtzeitig einzuleiten, damit es auf lange Sicht zu einem stetigen Wachstum der Gesamt-Aktivitäten kommen kann.

3.8 Organisationsformen und -modelle

Grundsätzlich unterscheidet man zwischen der Aufbau- und der Ablauforganisation. Während in der Aufbauorganisation die Gesamtorganisation in verschiedene Stellen, Über- und Unterordnungsverhältnisse sowie Abteilungen gegliedert wird, beschreibt die Ablauforganisation, wie bei den unterschiedlichen Geschäftsvorfällen der Bearbeitungsweg durch diese Stellen organisiert wird. Immer geht es darum, einen geordneten und möglichst reibungsfreien und effizienten Ablauf der Gesamtorganisation zu schaffen.

---

23 Vgl. M. Noss, 23.
24 Noss, 27.
25 Noss, 105+107.

3.8.1 Aufbauorganisation

Die hier beschriebenen Organisationsmodelle richten sich nicht nach dem theoretischen Konstrukt der Kirchenordnung, sondern nach den de facto existierenden Organisations- und Verantwortungsverteilungen einer Kirchengemeinde. Die Wirklichkeit weicht nun einmal oft erheblich von der theoretisch erdachten Organisation ab.

Zunächst gibt es in einer Gemeinde einen Pfarrer oder eine Pfarrerin, die im Verein mit weiteren Hauptamtlichen (Sekretärin, Küster/in oder Organist/in) den Betrieb aufrecht erhält. Daneben gib es vielleicht noch einen Kindergarten, der aber oft ein von der Gemeinde abgekoppeltes Eigenleben führt. Aktivitäten wie die Kirchenchor-Arbeit, Gottesdienste, Kindergarten oder Gemeindebrief können Pfarrer oder Pfarrerin noch gut selbst überblicken. Eine solche Gemeinde ist zumeist in Form einer *Linien-Organisation* (Grafik 9), die sich auf die Person des Pfarrers oder der Pfarrerin konzentriert, organisiert:

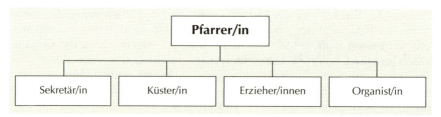

Grafik 9: Linien-Organisation[26]

Pfarrer oder Pfarrerin fühlen sich schnell in der Rolle derer, über die alles läuft und die als Koordinationsstelle alles machen müssen. Sie merken schnell, dass sie zumindest in konzeptionellen Fragen Hilfe brauchen. Und sie merken, dass das Presbyterium in seiner derzeitigen Zusammensetzung diese Hilfe nicht geben kann. Also richten sie die *Stabstelle des Konzeptionellen Planungsteams* (Grafik 10) ein.

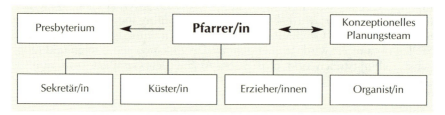

Grafik 10: Stab-Linien-Organisation[27]

26 Schierenbeck, 108f.
27 Schierenbeck, 110.

Dieses Team hilft dem Pfarrer bzw. der Pfarrerin beim Denken; doch die eigentliche Leitungsarbeit bleibt immer noch an ihnen hängen.

Also wird in einer dritten Phase die Gemeindearbeit in verschiedene Bereiche oder *Sparten* mit eigener Verantwortung aufgeteilt und das Presbyterium wird zum wirklichen Leitungsgremium (Grafik 11):

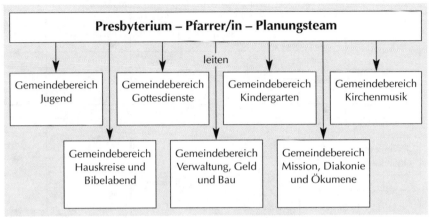

Grafik 11: Sparten-Organisation[27]

In diesem Modell sind alle Arbeitsbereiche der Gemeinde im Leitungsgremium vertreten. Es werden nur Schnittstellenprobleme zwischen dem nach der Kirchenordnung gewählten Presbyterium und dem Planungsteam auftreten. Also muss das Presbyterium zu allen Sitzungen die Bereichs- oder Spartenleiter einladen, sofern sie nicht ohnehin ins Presbyterium gewählt wurden.

Dann aber fällt einigen auf, dass in der Jugendarbeit auch musiziert wird und gelegentlich auch Jugendgottesdienste gefeiert werden. Außerdem haben alle Arbeitsbereiche etwas mit „Haus und Grund" sowie mit Finanzen zu tun. Also erfand man die *Matrix-Organisation* (Grafik 12).

Dieses Führungsmodell bringt den Vorteil mit sich, dass viel miteinander kommuniziert werden muss, dass aber auch klar ist, wer in welchem Bereich Entscheidungen fällen kann. Verantwortung und Arbeit werden auf viele Schultern verteilt. Jeder kann die Gemeinde in seinem Sinne aktiv mitgestalten und ist durch die enge Einbindung in das Abstimmungssystem immer mit vielen anderen im Gespräch.

28 Schierenbeck, 105ff (Grafik 105).

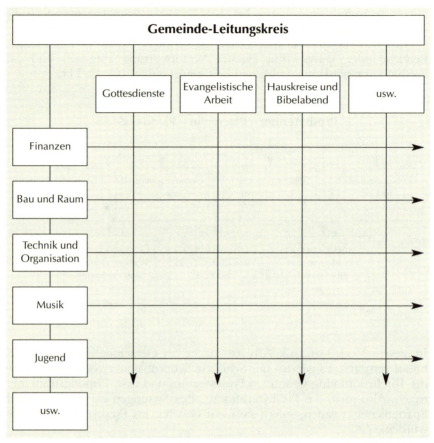

Grafik 12: Matrixorganisation[29]

3.8.2 Ablauforganisation

Beschreibt die *Aufbauorganisation* die Verteilung von Verantwortung und Zuständigkeit in einer Gemeinde, so ist in der *Ablauforganisation* festgelegt, wie Prozesse als nacheinander durchzuführende Arbeits- und Entscheidungsschritte in der Gemeinde strukturiert werden, also: ablaufen.[30]

---

29 Schierenbeck, 110ff (Grafik 111).
30 Schierenbeck, 95ff.

- Wie wird z.B. mit neuen Gemeindegliedern umgegangen, die sich in der Gemeinde engagieren wollen?
- Welche Einführung und Begleitung erfahren Menschen, die sich für den christlichen Glauben in der Gemeinde entschieden haben und nun in diesem Glauben wachsen und leben wollen?
- Wie und bei wem werden Druckaufträge abgewickelt (Corporate Identity der Gemeinde!)?
- Wie wird ein neuer Gottesdienst vorbereitet?
- Wie wird ein besonderes Projekt (z.B. die Einweihung eines neuen Gebäudes) abgewickelt?
- usw.

Gerade bei diesen konkreten Management-Aufgaben bietet die Betriebswirtschaft natürlich eine Fülle von „Werkzeugen" und Methoden an, die hier nur in Stichworten angerissen werden können.

Die einfachste Form ist eine grafische Darstellung eines *Projektplanes* (Grafik 13):

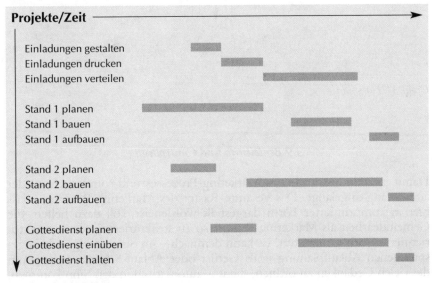

Grafik 13: Projektplan

Hier wird in der Horizontalen die Zeit (je nach Projektgröße nach Stunden, Tagen, Wochen oder Monaten) eingetragen und in der Vertikalen die verschiedenen einzelnen Arbeitsschritte und Projekte. In das so aufgespannte Feld werden dann Balken eingetragen, die mit ihrer Positionierung zum einen den Anfangs- und Endzeitpunkt eines Projektes visualisieren und in die die Namen der Verantwortlichen geschrieben werden. Letztlich kann man auch die Verantwortlichen in die vertikale Liste schreiben und die Projektbezeichnungen in die Balken. Auf jeden Fall hilft solch ein Vorgehen, einzelne Maßnahmen als Gesamtprojekt in der Zusammenschau übersichtlich zu planen und deutlich zu machen, was fertig sein muss, bevor etwas anderes beginnen kann.

Eine andere Darstellungsart ist der Flussplan (Grafik 14). Hier kann dargestellt werden, welche Bearbeitungs- und Entscheidungsstationen ein Vorgang zu durchlaufen hat, der sich regelmäßig wiederholt (beispielsweise eine Jahresbudgetplanung). Die einzelnen Arbeitsschritte werden als Rechtecke, Entscheidungspunkte als Rauten und Endpunkte als Kreise dargestellt. Auch hier kann das Verfahren nur angedeutet werden.

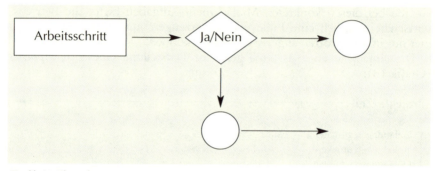

Grafik 14: Flussplan

3.9 Begleitung und Controlling

Damit ist man am Ende des Marketing-Prozesses und somit auch wieder am Anfang angelangt. Das gesamte Raster des Marketing-Prozesses, dass hier in komprimierter Form dargestellt worden ist, soll dazu helfen, die Gemeindearbeit als Marketing-Prozess so zu strukturieren, wie es marktorientierte Institutionen tun. Es kann demnach – im Sinne der gerade angesprochenen Ablaufplanung – als Gerüst oder Ablauf-Schema dienen, um die vielen Gedanken zu ordnen, die uns automatisch in den Sinn kommen, wenn man die Gemeindearbeit als Angebot auf einem Markt verschiedener Sinnanbieter versteht. Das Wichtigste am Marketing-Denken ist aber, dass man immer von den Erwartungen und Möglichkeiten der Adressaten her denkt.

Vor diesem Hintergrund lässt sich die oben zitierte allgemeine Marketing-Definition auf die Gemeinde bezogen zuspitzen:

> Gemeinde-Marketing ist die Planung, Koordination und Kontrolle (im Sinne einer seelsorglichen Begleitung) aller auf die aktuellen und potenziellen Betätigungsfelder einer Gemeinde ausgerichteten Aktivitäten mit dem Zweck der dauerhaften Befriedigung der Bedürfnisse der Adressaten der Gemeinde einerseits und der Erfüllung der – aus dem evangeliumsgemäßen Gemeindeauftrag hergeleiteten – Gemeindeziele andererseits.

Die Integrierte Planung hat gezeigt, wo die seelsorgliche Begleitung und die Kontrolle anzusiedeln ist. Beim Controlling wird man feststellen, dass viele Dinge des Gemeinde-Marketing nicht so gelaufen sind, wie sie einmal geplant waren, oder dass sich die Umstände so geändert haben, dass Entscheidungen neu überdacht werden müssen. Dann ist es an der Gemeindeleitung, den Marketing-Prozess noch einmal von vorn durchzugehen und kreativ zu überlegen, welche Dinge man besser machen muss.

Im Sinne des Spirituellen Gemeindemanagements gilt bei diesem Prozess immer auch,

- dass Gemeinde-Visionen ein Geschenk sind,
- dass Gemeinde-Marketing-Ziele immer auch gleichzeitig Gebetsanliegen sind,
- dass die besten Gemeinde-Marketing-Strategien nur Frucht bringen können, wenn sie vom Herrn der Gemeinde gesegnet werden.

In diesem Sinne ist Gemeinde-Marketing ein Hilfsmittel, damit wir unserem Auftrag in dieser Zeit der sich vollendenden Moderne, in der immer mehr dereguliert und marktmäßig organisiert und gestaltet wird, besser gerecht werden können.

4. Kirche wie eine Behörde verwalten oder wie ein Unternehmen führen?

Zur Theologie des Spirituellen Gemeindemanagements

MICHAEL HERBST

4.1 Eine neue Aufgabenstellung für den Gemeindeaufbau

4.1.1 Der Markt: mit einer universalen Botschaft in einer partikularen Position

Bei einer Gemeindeaufbau-Tagung in Chicago sagte ein pommerscher Tischlermeister:

> „Bei uns wird Kirche wie eine Behörde verwaltet, hier wird Kirche wie ein Unternehmen geführt." Wo seine Sympathien lagen, wurde an dem kleinen Nachsatz deutlich: „Ich bin Unternehmer".[1]

Wir werden einen fundamentalen Wechsel begreifen müssen: Im 20. Jahrhundert hat sich die Kirche weitgehend noch wie eine *Behörde* verstanden und auch so benommen und entsprechend organisiert. Auch nach der Trennung von Thron und Altar blieb Kirche behördenähnlich. Aus der Sicht ihrer Mitglieder hieß das: Der Pfarrer ist der für Religion zuständige Beamte, die Kirchengemeinde das lokale religiöse Versorgungsamt. Die Gebühren entrichten wir in Form von Steuern. Wollen wir etwas, z.B. eine Taufe, dann melden wir uns mit einem Antrag auf dem Pfarramt. Das Muster pastoralen Dienstes ist hier die Verwaltung, die ein gesichertes Monopol für bestimmte Dienstleistungen besitzt, in diesem Fall Dienstleistungen im Bereich „Gewissheiten und Orientierungen".

Allerdings muss man nun im Dienstleistungsunternehmen Kirche feststellen, dass dieses Monopol ebenso gefallen ist wie das der Telekom – Deregulierung tritt ein. Die Kirche findet sich plötzlich neben anderen auf

---

1 So Friedrich Nemitz, Gülzowshof bei Greifswald.

einem Markt religiöser Angebote. Sie ist immer noch da, aber neben ihr stehen nun andere, und die Abnehmer dieser Dienstleistungen verhalten sich nun wie Kunden: Sie schauen sich um und greifen dort zu, wo ihnen das Angebot zusagt und der Service gut ist. Das mag die Kirche sein, aber es sind auch andere. Um es aus der Perspektive des Ostens zu sagen: Da sind die äußerst erfolgreichen Anbieter der Jugendweihe, die der Konfirmation Konkurrenz machen. Die Kirche steht vor einer schwierigen, weil ungewohnten Aufgabe: Sie muss begreifen, dass sie es mit Kunden zu tun hat, die ihre Wahl treffen, und dass sie sich um diese Kunden mühen muss. Sie muss zeigen, dass sie etwas Bedeutsames anzubieten hat. Sonst wird sie die Weisheit eines alten Spruches aus dem 20. Jahrhundert zu spüren bekommen: „Wer zu spät kommt, den bestraft das Leben."

Dies alles muss aber im größeren Zusammenhang der sich entfaltenden Moderne gesehen werden, deren Kennzeichen die Optionierung ist: Für jedes Lebensthema gibt es immer mehr als eine Lösung. Wir haben immer weniger ererbte Gewissheiten und immer mehr Wahlmöglichkeiten. Markt heißt: Ich habe mehr Wahlmöglichkeiten, als ich mir je erträumt hatte. Aber der Markt erfasst alle Lebensbereiche. Wir schauen nur auf den Lebensbereich „Gewissheiten und Orientierungen", also auf den Bereich, für den sich die Kirchen zuständig fühlen. Auch hier gilt: Optionierung. Es zählt nicht mehr die eine vorgegebene Möglichkeit; vielmehr muss der „Kunde" aus immer mehr Möglichkeiten wählen. Auch die Kirche ist *eine* Möglichkeit. Aber sie ist nicht mehr die selbstverständliche Vorgabe; sie wird zu *einem* möglichen Gegenstand der Wahl. Die Vielfalt der Wahlmöglichkeiten bedeutet nun nicht nur Freiheit, sondern auch Verantwortung: Ich muss mich entscheiden. Wählen bedeutet: Ja und Nein sagen, ich wähle eine und verwerfe viele andere Möglichkeiten. Kann ich wählen, so kann ich mich auch verfehlen, eine schlechte Wahl treffen, mich geradezu schuldig machen. Der Markt macht das Leben vielfältiger und bunter, aber auch unübersichtlicher, ungewisser, in gewisser Weise gefährlicher.

> Die christliche Botschaft findet sich also in der *ungemütlichen*, aber ihrer Geschichte nach nicht *ungewöhnlichen* und darum auch nicht *aussichtslosen* Stellung vor, eine universale Geltung zu beanspruchen, aber nur noch eine partikulare Position zugewiesen zu bekommen.

Sie kann diese Positionierung nur annehmen und sich auf dem Markt (Apg 17,16–34) selbstbewusst zu Gehör bringen. Sie muss ihren „Behördencharakter" ablegen und sich einem „Unternehmens-Charakter" öffnen.

4.1.2 Das Marketing: Eine neue Partner- (nicht: Hilfs-)Wissenschaft der Praktischen Theologie

Auf dem Markt aber gesellt sich eine Wissenschaft zu ihr, die sich mit dem „Vermarkten" auskennt wie keine andere, nämlich das *Marketing*. Oft genug hat sich die Praktische Theologie als eine Wissenschaft verstanden, die die Partnerschaft mit anderen Disziplinen sucht und darin eine Erweiterung der Kompetenzen kirchlichen Handelns erwartet. So ist für die Seelsorgelehre der Dialog mit der *Psychologie* bzw. den verschiedenen psychotherapeutischen Schulen ebenso grundlegend wie für die Predigtlehre das Gespräch mit der *Rhetorik und den Kommunikationswissenschaften*. Im Bereich des Gemeindeaufbaus entwickelt sich seit den 1990er-Jahren verstärkt die Kooperation mit dem Marketing.

> „Marketing ist: Planung, Koordination und Kontrolle aller auf die aktuellen und potenziellen Märkte ausgerichteten Unternehmensaktivitäten mit dem Zweck einer dauerhaften Befriedigung der Kundenbedürfnisse einerseits und der Erfüllung der Unternehmensziele andererseits."[2]

Wichtig an dieser Definition von Heribert Meffert ist die Doppelorientierung des Marketing: einerseits an den Bedürfnissen potenzieller Abnehmer, andererseits an den Unternehmenszielen. Ein Unternehmen, das nichts hat, was Menschen brauchen, wird offenkundig überflüssig. Aber zugleich wird ein erfolgreiches Unternehmen seinem eigenen „mission statement" folgen und ein klares, begrenztes Profil zeigen. Die Bedürfnisse der Kunden kann es nur in dem Bereich erfüllen, von dem es etwas versteht und in dem es sich zuständig fühlt.

Im Spirituellen Gemeindemanagement stellen wir folgende Fragen:

- Wie kommen wir in der Gemeinde miteinander zu einer biblisch inspirierten und zugleich motivierenden *Vision* für unsere Gemeinde? Spirituell sei der gesamte Prozess: inspiriert von Gottes Geist, durchlebt in einer Haltung des Gebetes und der Offenheit für Gottes Geist, zugleich aber motiviert, so gut wie möglich zu arbeiten („ora et labora").
- Wie können wir („down to earth") eine gemeinsame *Analyse* der Ausgangssituation in unserer Gemeinde durchführen?
- Welche *Ziele* (im Zusammenspiel von Inhalt, Ausmaß, Zeitbezug und Segmentbezug) müssen wir für die nächsten Jahre formulieren?
- Und welche *Strategie* hilft uns, diese Ziele zu erreichen? Strategien beschreiben die Brücken zwischen Ist und Soll. *Strukturen* und ein Ensemble gemeinsamer Werte („*Kultur*") folgen den Strategien (und nicht – wie oft in der Kirche – umgekehrt: Die Strukturdebatte erstickt die Strategiefrage!). *Structure follows strategy!*

---

2 Meffert 1983, 217f.

- Welches *Marketing-Mix* benötigen wir? Wie planen wir also das Miteinander von Angebot, Gegenleistung („Preis"), Verteilung und Kommunikation, wobei das schwächste Glied in der Kette das wichtigste ist? Welche personellen Ressourcen müssen wir einsetzen?
- Wie schaffen wir dann (im Wechsel von strategischem zu operativem Marketing) eine angemessene *Organisation*? Was ist nun von wem mit welchen Mitteln zu tun? Wie beschaffen wir die nötigen (auch finanziellen) Mittel? Wie gehen wir mit Widerständen um? Und wie begleiten wir diesen Prozess seelsorglich?
- Wie können wir überprüfen, ob das Ergebnis in der Richtung dessen liegt, was uns strategisch wichtig war („*Controlling*") und welche Anpassungen der Strategie sind auf Grund unserer Erfahrungen nun nötig („*revolvierende Planung*")?

Um es an einem Detail zu demonstrieren: Zur Analyse der gemeindlichen Situation kann z.B. die *SWOT-Analyse* (Grafik 1) dienen.[3] S steht für „strength" (Stärke: „Was können wir gut? Was ist gut gelaufen? Welche Gaben sehen wir?"), W für „weakness" (Schwäche: „Was behindert unsere Arbeit? Was ist nicht gut gelaufen?"), O für „opportunity" (Gelegenheit: „Welches Umfeld haben wir und wo werden wir dadurch herausgefordert? Wo gibt es ‚offene Türen'?") und T für „threat" (Bedrohung: „Was könnte unsere Arbeit gefährden?").[4] Damit wird der Standort des Gemeindeaufbaus erkundet. Dies geschieht unter Moderation im Kreis derer, die in der Gemeinde mitarbeiten (möchten). Aus der SWOT-Analyse kann sich dann eine SWOT-Matrix ergeben:[5]

	Strenghts: Was sind die Stärken unserer Gemeinde?	**Weaknesses** Wo liegen die Schwächen unserer Gemeinde?
Opportunities: Was sind die Gelegenheiten, unsere Gemeinde stark zu machen?	**SO-Strategie:** Wie sind die Stärken zu nutzen, um den größten Gewinn aus den Möglichkeiten zu schöpfen?	**WO-Strategie:** Wie können die Schwächen durch den Gewinn aus den vorhandenen Möglichkeiten überwunden werden?
Threats: Wodurch kann die Gemeinde in ihren Aufgaben bedroht werden?	**ST-Strategie:** Wie sind die Stärken zu nutzen, um den Bedrohungen und Gefahren auszuweichen?	**WT-Strategie:** Wie können die Schwächen verringert und die Bedrohungen umgangen werden?

Grafik 1: SWOT-Analyse

3 Noss, 55–68.
4 Noss, 55
5 Nach Noss, 67.

4.2 Theologische Kritik des Marketing im Gemeindeaufbau

4.2.1 Vom Marketing reden viele...

Es gibt inzwischen einen Markt für marktorientierte Gemeindekonzepte:

- Dirk Dütemeyer etwa hat ein „kirchenorientiertes Marketingkonzept" vorgelegt: „Dem Kirchenaustritt begegnen". Auffällig und nicht untypisch ist es, dass seine Arbeit von einem Praktischen Theologen (Friedemann Merkel) und einem Marketing-Experten (Heribert Meffert) in Münster betreut wurde.
- Hans-Ulrich Perels legte ein Buch über Innovations- und Projektmanagement in der kirchlichen Praxis vor: „Gemeinde im aktiven Wandel".
- Friederike und Peter Höher haben sich mit „Entwickeln, Führen und Moderieren in zukunftsorientierten Gemeinden" beschäftigt: „Handbuch Führungspraxis Kirche".
- Arnd Brummer und Wolfgang Nethöfel haben es auf den Begriff gebracht: „Vom Klingelbeutel zum Profitcenter? Strategien und Modelle für das Unternehmen Kirche".

Die größte Aufmerksamkeit in Sachen Marketing erregte aber das *evangelische München-Programm* (ab jetzt: *eMP*), das inzwischen als evangelisches Nürnberg-Programm einen fränkischen Nachahmer gefunden hat. Alles begann mit einer pro-bono-Aktion des Unternehmensberaters McKinsey. McKinsey hat 1996 das Dekanat München beraten.[6] Peter Barrenstein fasste das Ergebnis mit dem markanten Satz zusammen: Die Kirche habe ein phantastisches Produkt, aber ein miserables Marketing.[7] McKinsey ging davon aus, dass Marketing keine „Unternehmensphilosophie" ersetzt. Das heißt: Die Kirche muss zuerst wissen, wozu sie da ist, dann kann Marketing helfen, dieses Unternehmensziel auch umzusetzen. In München hat man sich auf einen *Zielkonsens* einigen können, der sehr weit ist, aber doch genügend klar:

> „Kommunikation des Evangeliums von der Liebe Gottes für die Menschen von heute – durch Verkündigung der christlichen Botschaft von der Liebe Gottes (als Halt, Sinn, Wertsystem und als Impuls zu verantwortlichem Leben), zeichenhaftes Handeln (Hilfe in Notsituationen, Bewahrung der Schöpfung, praktizierte Nächstenliebe) und erlebbar gemachte Gemeinschaft (als Kirche und Gemeinde)."[8]

---

6 Lindner 1997, 244–264.
7 Peter Barrenstein, in: Brummer/Nethöfel, 129.
8 Zitiert nach Schaubild 3, in: Ev.-Luth. Kirche in Bayern, 247f. = Lindner 1997, 247f.

Diesem Auftrag gemäß will die Kirche in München „eine bedeutsame Kirche" sein: für Leben und Glauben aller ihrer Mitglieder, für die Motivation der Mitarbeiterinnen und Mitarbeiter und für die ethische Orientierung in der Gesellschaft. Bedeutsam ist sie, wenn sie bei allen ihren Angeboten sowohl von ihrem Auftrag als auch von den Interessen und Bedürfnissen aller ihrer Mitglieder ausgeht. Ihr Denken muss also wie bei einer Ellipse um zwei Brennpunkte kreisen.[9]

Diese *Vision* lässt den gegenwärtigen *Zustand* der Kirche in einem besonders kritischen Licht erscheinen: Peter Barrenstein kritisierte besonders die zu zahlreichen, unsystematisch arbeitenden und oftmals undemokratischen Gremien in der Kirche, die sträfliche Vernachlässigung der Mitarbeiterschaft als entscheidender Ressource der Kirche und die ungenügende Marktorientierung kirchlicher Angebote.[10]

Auf dem Weg vom Soll zum Ist wird *ein dreifaches Ja* gefordert: zum Glaubensthema als kirchlicher Kernkompetenz, zur Entwicklung der Kirche als Institution und zu professionellen Methoden.[11] Konkrete Ziele werden von denen, die dieses Ja aussprechen, ins Auge gefasst: Glaube soll geweckt und gestärkt werden. Noch greifbarer: „Das Verhältnis von Kirchenaustritten und Kircheneintritten soll sich im Zeitraum der nächsten zehn Jahre umgekehrt haben."[12]

Das eMP schlug sich letztlich besonders in Vorschlägen zur *Strukturanpassung* nieder: Man suchte handlungsorientierte, auftragsgemäße und partizipatorische Strukturen von Dekanat und Gemeinde und fand sie in einer Stärkung der Mittelebene (Prodekanate). Man suchte eine kompetente Begleitung und Förderung der Mitarbeiterinnen und Mitarbeiter und fand sie z.B. in regelmäßigen Mitarbeitergesprächen. Man suchte eine gleichermaßen auftrags- und nachfrageorientierte Angebotspolitik der Gemeinden und fand das Instrument des regelmäßig[13] vom Dekan einberufenen Planungsworkshops, der Angebote der Gemeinde verkartet und nach Teilnehmerzahl, Arbeitsaufwand und „Kennwert für den Grad der Übereinstimmung des Angebotes mit dem Auftrag der Kirche"[14] evaluiert.[15]

---

9 Hans Löhr, in: Brummer/Nethöfel, 126.
10 Peter Barrenstein, in: Brummer/Nethöfel, 130f.
11 Vgl. ausführlicher bei Hans Löhr, in: Brummer/Nethöfel, 122.
12 In: Brummer/Nethöfel, 124.
13 Alle sechs Monate.
14 Hans Löhr, in: Brummer/Nethöfel, 125. Die Konsequenzen der Evaluation können so aussehen: „Gemäß vorher festgelegten Schwerpunkten [...] werden die begrenzten Mittel verteilt sowie Verbesserungen vereinbart und notiert. Angebote, die nicht in das Gesamtkonzept einer Gemeinde passen und für die demzufolge keine Mittel zur Verfügung stehen, entfallen." Eine revolvierende Planung (s. auch bei K.-M. Strunk, oben, 3.7) wird auf diese Weise möglich.
15 Hans Löhr, in: Brummer/Nethöfel, 123–125.

4.2.2 McJesus, Incorporated?[16]

Das evangelische München-Programm (eMP) und andere marketinggestützte kybernetische Konzepte haben nicht nur Begeisterung hervorgerufen. Die Zahl der Kritiker ist groß, ihre Einwände sind gewichtig.

Eberhard Stammler kritisiert, dass man die Kirche zu Markte trage, weil man sich seiner selbst nicht mehr sicher sei: „Weil man offensichtlich der eigenen Sache nur noch wenig zutraut, sucht man bei Werbeagenturen und Unternehmensberatern Rezepte, mit denen man die antiquiert wirkende ‚Ware' zeitgemäß zu verpacken und sie damit erfolgversprechend auf den Markt zu bringen hofft."[17] Die kirchlichen Rundfunk- und Fernsehprogramme sieht Stammler als gutes Beispiel: Um sich dem Publikum anzudienen, werden nur noch belanglose Alltagsgeschichten und gut gemeinte Lebensweisheiten verbreitet anstatt der biblischen Botschaft.

Auch Michael Trowitzsch kritisiert eine Kirche, die sich nicht schämt, sich wie marktschreierische Bananenverkäufer auf einem Markt zu benehmen. Jesus, so lautet seine Kritik, taugt nicht für den Markt. Er lässt sich nicht wie Margarine vermitteln. Oder aber es bleibt nur eine „minimalistische Ethik" und in der Verkündigung dürfe nichts Ärgerliches, fundamental Kritisches mehr geäußert werden. Lieber soll die Kirche in die Marginalität gehen, erhobenen Hauptes, weil der Herr der Kirche selbst für sie sorgt, als sich auf dem Markt zu prostituieren. Das biblische Modell für Trowitzsch ist darum auch die Vertreibung der Händler aus dem Tempel (Mk 11,15–19).[18]

Eine direkte Reaktion auf das eMP ist die Schrift „Evangelium hören", an der namhafte bayerische Theologen wie Bernd Wannenwetsch und Hans G. Ulrich beteiligt waren.[19] Ihr Widerspruch, ein „theologischer Ruf zur Erneuerung" wendet sich gleichermaßen „wider die Ökonomisierung der Kirche" *wie* „die Praxisferne der Kirchenorganisation". Die Kernthese ist eine glasklare Alternative:

> „Unter dem Motto ‚Evangelium hören' verweisen wir auf die Alternative, wie kirchliche Erneuerung geschehen sollte: vom Hören auf das Evangelium her und nicht durch Anpassung an herrschende Strukturen wie die der kapitalistischen Wettbewerbswirtschaft."[20]

---

16 So fragt Peter L. Berger, SZ, Nr. 54/1999.
17 Stammler, Der Zeitgeist grüßt.
18 Trowitzsch, 7f.
19 Initiativkreis „Kirche in der Wettbewerbsgesellschaft", Evangelium hören I (1999). Inzwischen ist ein Folgeband erschienen: „Alles ist nichts". Evangelium hören II (2000).
20 Initiativkreis 1999, 2. Die Sprache ist reichlich martialisch mit einer spürbaren Aversion gegen die „kapitalistische Wettbewerbswirtschaft". Dabei wird nicht nur die Alternative radikal ausformuliert: Hören „oder" …, sondern obendrein der Kontrahent sprachlich abqualifiziert: „Anpassung an herrschende Strukturen".

In sechs Thesen, die in einer knappen und einer ausführlichen Fassung vorliegen, wird gegen die im eMP erkennbare Kirchenstrategie ins Feld gezogen:

1. Die Kirche bietet das Evangelium nicht als Ware an (als ob sie über das Evangelium verfügte, während sie doch in Wahrheit Schöpfung des Wortes ist), und sie ist auch nicht zur Befriedigung von Bedürfnissen da.[21]

2. Ihre Praxis ist radikal kommunikativ. Das allgemeine Priestertum kennt nicht Habende und Nicht-Habende, Anbieter und Kunden, sondern nur Menschen, die im gemeinsamen Hören auf das Wort existieren. Diese zweite These ist ein Plädoyer für die Mündigkeit der Gemeinde, die nicht vom Feldherrenhügel neuer konsistorialer Planungsgremien herab behandelt werden sollen.[22]

3. In der Kirche gibt es nur ein Amt (CA V), an dem alle je nach ihrer Gabe teilhaben. Episkopales Handeln besteht darin, Gaben zu entdecken und dementsprechend Dienste zu ordnen. Hierarchien sind darum sehr kritisch zu betrachten. Auch das Verwaltungshandeln der Kirche darf nicht „fremden Gesetzmäßigkeiten, beispielsweise denen des Managements" unterliegen.[23]

4. Der Gottesdienst ist das Ursprungsgeschehen der Kirche und nicht etwa eine Veranstaltung. Die Kirche als ganze ist ihren Gemeinden nicht vorgeordnet. Sie hat nicht Gemeinden, sondern besteht aus Gemeinden. „Das strukturbildende Paradigma einer hörenden und lernenden Kirche ist die Gemeinde."[24]

5. Kirche soll sich nach Röm 12,1 nicht dem „Schema" dieser Welt anpassen. Ihr Dienst ist es, die Befreiungsmacht des Evangeliums zu bezeugen: Freiheit des Evangeliums statt Zwang des Wettbewerbs! Versagt die Kirche den Menschen das Zeugnis, so bleibt sie ihnen das Eigentliche schuldig. Die Gestalt der Kirche muss diesem Evangelium gemäß geordnet werden. Die Kirche darf schwach sein, weil der Geist Gottes in den Schwachen mächtig ist.[25]

6. Innerhalb ihrer einzelnen Aufgaben und Praxisfelder hat die Kirche zu erkunden, was das Evangelium heute sagt.[26]

---

21 Initiativkreis 1999, 2f. und 10–13.
22 Initiativkreis 1999, 3 und 13–16.
23 Initiativkreis 1999, 3f. und 16–19.
24 Initiativkreis 1999, 4 und 19–20.
25 Initiativkreis 1999, 5 und 20–22.
26 Initiativkreis 1999, 5f. und 22f.

Lässt man spürbar „altlinke" Vorbehalte gegen die Marktwirtschaft beiseite und befasst sich auch nicht unnötig lange mit illusionärem Denken, das schlicht die Existenz des religiösen Marktes bestreitet und eine relativ intakte Volkskirchlichkeit behauptet[27] – es klingt ein wenig wie das Pfeifen des ängstlichen Kindes im Wald! –, so bleiben vier gewichtige Einwände:

- Wer sich auf das Marketing einlässt, *setzt seine Hoffnung auf trügerischen Grund:* Er verzichtet darauf, dem Geist zu vertrauen, der in den Schwachen mächtig ist (2 Kor 12,9), und setzt stattdessen auf das eigene Mühen. Die „Herrschaft des technokratischen Denkens" tritt an die Stelle der „Bereitschaft, sich vom Heiligen Geist leiten zu lassen".[28] Kurzum: Die Ermächtigung zur Erneuerung der Gemeinde wird an der falschen Stelle gesucht.

- Wer sich auf das Marketing einlässt, *sucht seine Orientierung an der falschen Stelle:* Er verzichtet darauf, im Hören auf das Evangelium Zuversicht und Wegweisung für den Gemeindeaufbau zu erwarten und setzt stattdessen auf ein „fremdes Gesetz"[29]: die Logik der Marktwirtschaft.

- Wer sich auf das Marketing einlässt, hat *ein falsches Kirchenbild*. Er macht aus der Kirche ein Unternehmen, das Waren feilbietet, aus der Kirchenverwaltung Management, aus der Kirchenleitung autoritäre Wirtschaftskapitäne, aus den begabten Christen weisungsgebundene, kontrollierte Mitarbeiterinnen und Mitarbeiter und aus den Gliedern des Leibes Jesu Kunden. Dabei unterschätzt er die Tatsache, dass mit dem Gebrauch eines neuen Vokabulars auch ein neuer Geist einzieht.

- Wer sich auf das *Marketing einlässt, verkauft sich an die Bedürfnisse der „Kunden" und verrät die eigene Botschaft*, z.B. das Ernste und Anstößige der Kreuzesbotschaft. Notabene: zum Schaden der so genannten „Kunden", die nicht mehr empfangen, was sie eigentlich empfangen könnten.

„Evangelium hören" will ein „theologischer Ruf zur Erneuerung" sein.

Darum werden wir im Spirituellen Gemeindemanagement die Kritik aus Bayern genau beachten:

Es muss klar bleiben (oder erst wieder werden!), dass die Hoffnung auf die Erneuerung der Kirche in der Hoffnung auf das Wirken des Heiligen Geistes besteht und darum im demütigen Gebet: Veni creator Spiritus!

---

27 So etwa Dietrich Neuhaus, der einen neuen Fundamentalismus befürchtet, der den kirchlichen Liberalismus gefährde und die Kirche auf einem fiktiven Markt zu stromlinienförmigem Handeln verdonnere: Neuhaus, 25.
28 Neuhaus, 25.
29 Initiativkreis 1999, 2.

- Es muss klar bleiben (oder erst wieder werden!), dass die Orientierung in Sachen Gemeindeaufbau im Hören auf das Evangelium Jesu Christi gründet. Dort hören wir Gottes Verheißungen für die Gemeinde, aber auch sein gutes Gebot, wie Gemeinde Jesu in dieser Welt leben soll (Röm 12,1ff).[30]

- Es muss klar bleiben (oder erst wieder werden!), dass der Aufbau der Gemeinde vom Allgemeinen Priestertum lebt und vom Dienst vieler einzelner Christenmenschen mit ihren Charismen. Eine Degradierung dieser „Charismatiker" zu Befehlsempfängern verträgt sich nicht mit einem „evangelischen" Gemeindeaufbau.

- Es muss klar bleiben (oder erst wieder werden!), dass die Kirche das Evangelium von Jesus Christus zu bezeugen hat, und zwar unabhängig davon, ob diese rettende Botschaft gerade „Hochkonjunktur" hat oder aber als „Ladenhüter" betrachtet wird. Eine Botschaft, die den Menschen als Sünder in all seiner Verlorenheit ernst nimmt, damit er auf Grund der leidenschaftlichen Liebe Gottes aus dieser Verlorenheit herausgerettet werden kann, darf nicht von vornherein als „werbewirksame Ware" angesehen werden.

Diese „Markierungen" sind notwendig – das belegt die kritische Lektüre der kirchlichen Marketing-Literatur. Gelegentlich hat man den Eindruck, theologisches Vokabular werde zwar noch pflichtschuldig zitiert, aber „die Musik spielt woanders!". W. Nethöfel z.B. bemüht ein „Dreamteam" mit Jesus, Paulus, Augustin und Luther, die für seine Aussage herhalten müssen: denn „sie verwendeten die jeweils neuesten Medien und die effizientesten Organisationsformen ihrer Zeit, um möglichst viele potenzielle Kundinnen und Kunden für die Sache Gottes zu interessieren, die sie vertraten."[31] Sie waren Erneuerer, die auch mit altvertrauten Organisationsformen der Kirche brachen, wenn diese den wohl definierten Zielen des Unternehmens Kirche im Wege standen. So weit, so gut: Aber welche sind denn diese Ziele?

> „Mission ist Information und Diakonie ist Dienstleistung."[32]

---

30 Gefahren sind nicht zu leugnen, wenn etwa Fischer/Hartmann, 164, im Blick auf das geistliche Profil schreiben: „Die Evangelische Landeskirche in Baden ist dabei, diese Existenzbasis durch einen Prozess der Formulierung von ‚Leitsätzen' in zeitgemäßer Sprache neu festzulegen." Kann die Kirche ihre Existenzbasis a. neu und b. selbst festlegen?
31 Wolfgang Nethöfel, in: Brummer/ders., 20.
32 Wolfgang Nethöfel, in: Brummer/ders., 20.

Darum geht es also. Ist Mission Information? Ist Diakonie Dienstleistung? Noch dicker kommt es etwas später: „Die frohe Botschaft ist es, dass es Spaß macht, in einem gut geführten effizienten Unternehmen professionell zu arbeiten."[33] So sehr wir Nethöfel zustimmen, dass die Kirche ihre Zukunft nicht in einer behördenähnlichen Identität suchen sollte, sondern sich eher unternehmerisch verstehen sollte[34], so sehr haben wir den Verdacht, dass auch ohne das theologische Vokabular dasselbe gesagt werden könnte bzw. der kirchliche Auftrag in der Nomenklatur des Marketing inhaltlich umgebrochen wird zu etwas Neuem und Anderem. Darum sind die Markierungen aus Bayern notwendig.

Der Ruf zur Sache bestärkt uns in der spirituellen Ausrichtung des Gemeindemanagements, aber er vermag uns nicht davon abzubringen, im Kirchenmarketing einen guten und hilfreichen Partner für den Gemeindeaufbau zu sehen. Wir sehen in der überflutenden Kirchenmarketing-Literatur viel unspirituelles Management; wir erblicken in unserer Kirche aber auch viel planloses, hilfloses Herumwurschteln. Beides schadet der Gemeinde Jesu und ihrem Zeugnis.

> Unsere Absicht ist die Integration von geistlichem Leben, Gemeindeaufbau und Marketing im Spirituellen Gemeindemanagement.

Bevor dies theologisch genauer begründet werden soll, sei nur auf einen Aspekt hingewiesen. „Evangelium hören" vernachlässigt die irdische Seite der Kirche, ihre notwendige weltliche Gestalt: Da ist Geld zu verwalten und Personal zu betreuen. Da gibt es Gesetze und Verwaltungsvorschriften. Hier ist auch nicht zu fragen, ob Management stattfindet, sondern ob es ein gutes Management ist oder ein schlechtes, ein effektives oder ein schlampiges, ein ethisch verantwortetes oder ein sich vom Evangelium lösendes Management.[35] Wolfgang Nethöfel spricht von einem „sakralen Fehlschluss": der „tabuisiert die Art und Weise, wie ich arbeite, weil ich in der Kirche arbeite".[36]

Gemeinden, die vom Evangelium leben und das Evangelium bezeugen, müssen dies organisieren. In diesem Sinn ist der Gottesdienst tatsächlich eine planbare Veranstaltung.

Bevor Menschen die gute Nachricht vernehmen, müssen sie in Kontakt kommen mit dieser Kirche. Das geschieht nicht mehr wie von selbst. Unterschreitet die Kirche permanent das ästhetische Anspruchsniveau der potenziellen Hörer auf das Evangelium, so kommt es gar nicht erst zum Hören. Ob es uns gefällt oder nicht: Die Menschen verhalten sich als Kunden,

---

33 Wolfgang Nethöfel, in: Brummer/ders., 22.
34 Wolfgang Nethöfel, in: Brummer/ders., 24.
35 Auf diesen Zusammenhang verweisen auch Fischer/Hartmann, 159.
36 Wolfgang Nethöfel, in: Brummer/ders., 19.

auch wenn wir sie unter der Perspektive des Evangeliums damit nur unzureichend beschrieben sehen.[37] Als Kunden sich verhalten, bedeutet: wählen! Und zwar nach den Standards wählen, die für das Wahlverhalten auch sonst leitend sind. Dann ist es auch nicht nur auf die Anstößigkeit der Kreuzesbotschaft zurückzuführen, wenn Menschen nicht hören. Ist es wirklich immer die Anstößigkeit der Kreuzesbotschaft, die Menschen abschreckt oder nicht doch die Unfreundlichkeit, Lieblosigkeit und Vorgestrigkeit kirchlicher Präsentation in der Öffentlichkeit?

Schließlich ist zu fragen, ob denn allen Ernstes das Paradigma „Verwaltung" evangeliumsgemäßer ist als das Paradigma „Unternehmen"? Entspricht es eher dem Evangelium, dass wir Religion verwalten?[38] Ist es nicht eine spannende Perspektive, wenn z.B. Kaufleute, die in der Verkündigung Jesu durchaus gleichnisfähig für das Evangelium waren (Mt 13,45ff[39]), in der Gemeinde vor Ort ihre Begabung und ihr Handwerk einbringen und mit ihrer Freude am Evangelium Gemeinde bauen wie ein aufregendes, junges und wachsendes Unternehmen? Und wenn Kirchen etwa über das Mittel der Budgetierung Gemeinden in ihrer finanziellen Verantwortung stärken, muss ein Marketing-Konzept gerade nicht zu Lasten der Gemeinden ausfallen, wie „Evangelium hören" argwöhnt.[40]

Vor dem Markt haben wir keine Angst. Er beschreibt den Ort, an dem in nach-konstantinischer Zeit das Evangelium zu predigen ist. Er diktiert uns nicht, was das Evangelium ist. Allerdings halten wir es mit dem Apostel Paulus: Damit Menschen gerettet werden, werden wir gerne „allen alles" (1 Kor 9,22). Damit aber Menschen wirklich gerettet werden, ist um ihretwillen „kein anderes Evangelium" (Gal 1,8) zu verkündigen. Allerdings hätten wir wenig Scheu, dabei mit Marktschreiern verglichen zu werden. Dafür gibt es, wie wir gleich sehen werden, große Vorbilder.

4.2.3 Der theologische Ansatz des Spirituellen Gemeindemanagements[41]

4.2.3.1 Die Freundschaft des Geistes mit den Methoden

Es ist im Grunde kein neues Thema; immer wieder können wir in der Praktischen Theologie auf diese Frage stoßen: Wie ist das eigentlich mit Mensch und Gott, mit Geist und Planung, mit Methode und Gabe? Diese Frage-

---

37 Das ist eigentlich auch nichts Neues: Sie verhalten sich auch als „Mitglieder", also in einem soziologischen Paradigma, auch wenn wir aus theologischer Perspektive durchaus unter der Gliedschaft am Leib Jesu mehr und anderes verstehen als eine Mitgliedschaft in einer sozialen Vereinigung.
38 Wolfgang Nethöfel, in: Brummer/ders., 16.
39 Vgl. unten 8. die Predigt von Peter Böhlemann über diesen Text.
40 Imtiativkreis 1999, 3+13-16.
41 In 4.2.3 werden Gedanken aus meinem Aufsatz „Zwischen Geist und Planung" aufgenommen. Vgl. Litcraturliste.

stellung wiederholt sich in allen Bereichen der Praktischen Theologie und es gibt viele Versuche, diese Frage zu beantworten.

Ich gehe von dem Ansatz aus, den Rudolf Bohren 1971 in seiner Predigtlehre vorgestellt hat. Bohren scheint sich zwischen Geist und Planung zunächst ganz für den Geist zu entscheiden: „Ich brauche zum Predigen vor allem den Heiligen Geist."[42] Aber dann arbeitet Bohren heraus, was denn dieser Heilige Geist mit der Arbeit zu tun hat, Woche für Woche eine handwerklich anständige etwa 20-minütige Rede über einen Bibeltext zu Papier zu bringen und in einer Gemeindeversammlung zu halten. Bohren meint nämlich: Gerade der Ansatz beim Heiligen Geist hilft, weil er einerseits den Primat des Theologischen herausarbeitet: Das Predigen ist nur so zu verstehen, dass Gott das A und das O bleibt. Gerade dieser Ansatz beim Heiligen Geist hilft, weil er andererseits das Menschliche, das Machbare, das Technische würdigt. Beides: theologischer Primat und Würdigung des Menschlichen.[43]

Aber wie geschieht das? Ist das nicht die Quadratur des Kreises? Bohren weist auf die Strukturunterschiede zwischen Christologie und Pneumatologie hin. Weihnachten geschieht etwas anderes als Pfingsten, um es knapp zu sagen. Der eine und selbe Gott äußert sich hier anders als dort. Ja, man muss es noch schärfer sagen: Was in der Christologie zur Irrlehre führt, wird in der Pneumatologie zur notwendigen Aussage:

Christus hat unser Heil erworben in strenger und ausschließlicher Stellvertretung; und wer versucht, eine Mitwirkung des Menschen an unserem Heil zu behaupten, gefährdet nichts weniger als die Gewissheit des Heils: Es ist außerhalb unserer Mitwirkung begründet und garantiert. Also: In der Christologie gilt die strenge und ausschließliche Stellvertretung, das „extra nos".

Der *Heilige Geist* wirkt ganz anders: Er wohnt in uns und bewirkt gerade unser tätiges Mittun. Der Heilige Geist ist ein Geist der Synergie. Er nimmt uns in sein Handeln auf; er aktiviert uns, indem er aktiv wird. Und das nennt Bohren im Anschluss an A. A. van Ruler *Reziprozität*, also *Gegenseitigkeit* und *Wechselseitigkeit*, aber diese Reziprozität ist theonom: Sie ist nicht von uns zu bewerkstelligen, sondern von uns nur zu erbitten, zu erwarten und zu empfangen. Sie ist gottgesetzt.

> Die Rede von der „theonomen Reziprozität"[44] meint also eine gottgesetzte Wechselseitigkeit und Gegenseitigkeit, einen Austausch, eine Partnerschaft, die in der Christologie schlechterdings undenkbar wären.

---

42 Bohren, 66.
43 Bohren, 74.
44 Bohren, 76.

So gehören dann Wunder und Technik, Geist und Planung zusammen: Der Geist bringt unser Handwerk zu Ehren. Der Geist vermengt sich mit unserer Technik. Der Geist nimmt unsere Planung in Dienst.

> So „ist alles, aber auch alles von Gott her zu erwarten und erscheint alles tief menschlich, umschreibt die Rede von der theonomen Reziprozität den Primat Gottes und vergisst nicht des Menschen Dabeisein."[45]

Das heißt nun im Blick auf die Methodenlehre: Alle Methoden können in Freiheit gebraucht werden. In allen Methoden kann sich der Geist partnerschaftlich einbringen, sofern diese Methoden nicht selbstherrlich diese Partnerschaft ausschließen. Das heißt wiederum: Die Geister der Methoden sind durchaus zu prüfen. Ich halte diese Denkrichtung für hilfreich, weil sie das Machbare und das Wunderbare gedanklich unterscheidet, aber nicht trennt, zueinander ordnet, aber nicht einfach identifiziert. Wer predigt, tue ordentlich, wissenschaftlich, kunstvoll, mit den Mitteln der Schöpfung, technisch anspruchsvoll, rhetorisch verantwortet, was er tun kann, und er erwarte und erbitte und empfange gerade darin (nicht danach, nicht daneben, nicht darüber) die Partnerschaft des Geistes, die sich in, mit und unter diesem Tun als machtvoll erweist und das Wunder einer Predigt schenkt, die Prediger und Hörer als Wort Gottes erleben: Dieser Geist ist nicht verfügbar; er ist aber auch kein unsicherer Kantonist und kein Skeptiker, er ist der verheißene Geist, der die Verheißung erfüllt.

Diese theologische Figur kann ich nun auch übertragen auf andere Aufgaben der Praktischen Theologie: etwa auf die Seelsorge, wenn sich in theonomer Reziprozität Gottes Seelsorge an einem Menschen mit unseren Versuchen einer biblisch gegründeten und therapeutisch kompetenten Seelsorge vereint. Oder auf den Gemeindeaufbau, wenn sich in theonomer Reziprozität Gottes Wille, dass eine christliche Kirche sein soll, mit unseren Planungen verbündet, dem Entstehen, Wachsen und Reifen einer christlichen Gemeinde unter den Bedingungen des Marktes zu dienen.

Klaus Douglass ist darum zuzustimmen, wenn er diese Zuordnung von Arbeit und Vertrauen mit dem Tun des Bauern vergleicht, „der sich vorgenommen hat, ein verdorrtes Stück Land in einen ertragreichen Acker (Leitbild) zu verwandeln."[46] Dieser Bauer wird den Boden analysieren und dann wird er sich Zwischenziele setzen und konkrete Schritte tun, z.B. erst einmal Kartoffeln anpflanzen, bevor er es mit Weizen versucht. Er wird also zielstrebig arbeiten. „Würden Sie einen solchen Mann für einen ‚Technokraten' halten, der dem ‚Machbarkeitswahn' verfallen ist? Oder ihm sagen, er solle lieber auf das Wirken des Heiligen Geistes vertrauen? Selbstverständlich schenkt Gott allein das Wachstum! Selbstverständlich kann kein Bauer

---

45 Bohren, 76.
46 Douglass 2001, 163.

aus eigener Kraft auch nur eine einzige Kartoffel hervorbringen. Aber er kann, wenn er die Gesetze des Jahreslaufes studiert und die Erfahrungen anderer Bauern mit den eigenen vergleicht, eine Menge dazu tun, dass auf seinem Beet wirklich Kartoffeln wachsen und nicht nur Unkraut oder eine vereinzelte Tomatenpflanze, die sich zufällig dorthin versät hat."[47]

> „In vergleichbarer Weise gilt, dass sich Gemeindeaufbau natürlich nicht ‚machen' lässt. Aber dass eine Gemeinde wächst, blüht und gedeiht, dazu kann man eine Menge tun – und man soll es auch tun."[48]

Damit haben wir ein erstes Teilergebnis: Menschliches Planen und Wirken des Geistes, zielstrebiges Arbeiten für den Gemeindeaufbau und vertrauensvolles Schauen auf die Verheißungen Gottes für die Kirche Jesu stehen nicht im Widerspruch zueinander. Das gilt jedenfalls, wenn und insofern unser Planen und Arbeiten theonom bleibt, und das heißt jetzt zweierlei:

- Es heißt erstens, dass unsere *Visionen und Ziele* vom Willen Gottes bestimmt werden. Wie ein guter Unternehmer setzt Gott die Globalziele für sein Unternehmen Kirche fest und gibt uns verantwortliche Freiheit, diese Globalziele nun umzusetzen auf die konkrete Situation einer Gemeinde. Als solche Globalziele können wir etwa die Mandate des Gemeindeaufbaus bezeichnen: zum Glauben rufen, an der Gemeinschaft der Christen im Hören und Beten, Feiern und Arbeiten beteiligen, zum Entdecken der Dienstgaben helfen und zum Gebet und Lob Gottes anleiten.

- Das heißt zweitens: Unser *Arbeiten* geschieht so, dass wir *in der Abhängigkeit von Gott* bleiben. Biblisch ausgedrückt: „Wenn der Herr nicht das Haus baut, so arbeiten umsonst, die daran bauen".[49] Praktisch ausgedrückt: Unser Arbeiten wird immer ein Arbeiten aus dem Gebet heraus sein.

Dann aber steht unser Arbeiten und Planen nicht im Gegensatz zu dem Wirken des Geistes Gottes und dem Vertrauen auf Gottes Verheißungen. Mit Entschiedenheit ist hier Christian Möller zu widersprechen, der mit seinem folgenreichen Aufsatz „Liebe und Planung"[50] gegen den zielgerichteten Gemeindeaufbau wettert. „Kirche will ... nicht mit Hochrechnungen und vorausgedachten Entwürfen ersehen, sondern auch gegen schlechte Zahlen und Trends erglaubt sein." Möller fordert dazu auf, vom „Weg der Programme und Konzepte umzukehren." Das ist pneumatologischer Doketismus. Der Geist liebt die Zusammenarbeit mit allen Gaben,

---

47 Douglass 2001, 163.
48 Douglass 2001, 163.
49 Ps 127,1a.
50 Möller 1987, 79f.

die Gott uns anvertraut hat und die wir im Glauben und in der Liebe für ihn wiederum einsetzen. Dazu gehört auch zielgerichtetes und planmäßiges Arbeiten.

Spannend ist daran auch, wie sich nun jeweils neue Partnerwissenschaften auf diese Weise integrieren lassen. Eine solche neue Partnerwissenschaft ist auch das *Marketing*. Auch das Marketing kann in theonomer Reziprozität zum Partner und Arbeitsgenossen des Heiligen Geistes werden. Der Heilige Geist ist ein williger Arbeitgeber, der über den Markt geht und zu jeder Stunde arbeitswillige Kräfte sucht, die sich von ihm in Dienst nehmen lassen.[51]

Und darum gilt für das Marketing nichts anderes als für jede andere Partnerwissenschaft: Auch das Marketing kann in theonomer Reziprozität dem Wirken des Geistes dienen. Dabei kommt es darauf an, dass die Arbeitspartnerschaft theonom bleibt und sich das Marketing nicht unter der Hand verselbstständigt. Denn jede menschliche Kunst kann ebenso gut zum Instrument menschlicher Auflehnung gegen Gott werden, zur Selbstverherrlichung und Selbstabgrenzung des Menschen Gott gegenüber.

Also kommt es darauf an, die systemimmanenten Gefährdungen jeder menschlichen Kunst, also auch des Marketing, ins Auge zu fassen, um die spezifischen Gefährdungen jeder Kunst (ihre Autonomiebestrebung) rechtzeitig zu erkennen und mit ihnen umgehen zu lernen. Dann aber wird die Kunst auch ihre besonderen Chancen entfalten können, mit denen sie zum Charisma wird: Der Heilige Geist nimmt diese menschliche Kunst in Dienst. Ein Stück Schöpfung wird geheilt und erneuert. Jetzt ist sie mehr und mehr ein Werkzeug des Geistes, das dem Bekenntnis zu Christus, der Liebe und dem Aufbau der Gemeinde dient.[52]

In einer echten Partnerschaft, in der keiner der Partner nur des anderen Hilfswissenschaft sein soll, lernen beide vom anderen für das Ihre und das Gemeinsame.

Das Marketing etwa kann aus der biblischen Überlieferung lernen. Das zeigt etwa das Buch des renommierten Unternehmensberaters Ken Blanchard „Leadership by the book". Blanchard beschreibt, wie er das Prinzip der „servant leadership" (etwa nach Mk 10,35–45) in seine Unternehmensberatung übernommen hat: Gutes Leitungsmanagement ist ein Dienst an den Mitgliedern des Teams, eine Förderung ihrer Möglichkeiten: „My paramount aim is the best interest of those I lead. I gain personal satisfaction from watching the growth and development of those I lead. [...] I want to be held accountable; I ask: ‚Has my performance met the needs of those I serve?'"[53]

---

51 Vgl. Mt 20,1.
52 So die Kriterien für ein Charisma nach 1 Kor 12,3; 13,1–3.13; 14,26.
53 Blanchard, Leadership, 172.

Der Gemeindeaufbau seinerseits kann vom Marketing lernen und zwar mehr als nur in einem handwerklichen Sinn. Das moderne Marketing mit seiner strengen Ausrichtung am Kunden kann uns daran erinnern, dass „Dienstleistung" wohl ein weitaus angemesseneres Paradigma für kirchliches Handeln ist als „Verwaltung". Serviceorientierung im Kontext des Gemeindeaufbaus ist ein Ruf zur Sache und nicht eine Verfremdung des Propriums.

Die Marketing-Leute erinnern uns an etwas, das wir auch wissen könnten, aber oft nicht mehr im Blick haben. Service hat es ja im Wortsinn mit „dienen" zu tun. Nicht, dass wir nun etwa die Wahrheit des Evangeliums an den Geschmack der Leute anpassen. Nein, wir wissen vom Ärgernis des Kreuzes, von der Torheit der Botschaft (1 Kor 1,23). Aber in der Gestaltung unseres Gemeindelebens täte uns ein guter Schuss „Marketing" gut. Denn unsere Kunden haben sich an schlechten Service gewöhnt: dass es im Gemeindebüro unfreundlich zugeht, dass der Gemeindebrief ein liebos zusammengeheftetes Pamphlet ist, dass sie im Gottesdienst nicht begrüßt werden, dass es für Kleinkinder natürlich keinen Wickeltisch im Gemeindehaus gibt usw. Vielleicht könnten wir einmal eine Mitarbeiterrunde machen, das Bild von der Gemeinde als serviceorientierter Firma aufnehmen und uns drei Fragen stellen:

1. Was wollen wir eigentlich erreichen? (oder: Was ist unsere Vision von einem optimalen Service für die Menschen, die in Kontakt mit unserer Gemeinde kommen?)

2. Was wünschen sich wohl diese Menschen, wenn sie zu uns kommen?

3. „Liefern plus 1" – An welcher Stelle könnten wir unseren Service jetzt um einen Punkt verbessern? Das Ärgernis des Kreuzes hat nichts zu tun mit kalten Gemeinderäumen, unfreundlicher Behandlung, mangelnder Aufmerksamkeit gegenüber elementaren Bedürfnissen, fehlender Liebe und Professionalität in der Gestaltung von Gottesdiensten. Es geht um unser Proprium: um Liebe zu den Menschen, die wir für Jesus gewinnen möchten.[54]

Im Spirituellen Gemeindemanagement geht es also um Rezeption und Transformation von Marketing-Gedanken und nicht nur um einen schlichten Transfer.

4.2.3.2 Der barmherzige Gott und die Bedürfnisse der Menschen

Wie gehen wir um mit der Realität des Marktes? Wie marktgerecht sollen wir uns verhalten? Wie ernst sollen wir die Wünsche und Bedürfnisse unserer potenziellen Kunden nehmen?

---

54 Vgl. Blanchard/Bowles, Wie man Kunden begeistert.

Neue Situationen ermöglichen einen neuen Blick auf alte Worte:

> „Wohlan, alle, die ihr durstig seid, kommt her zum Wasser! Und die ihr kein Geld habt, kommt her, kauft ohne Geld und umsonst Wein und Milch! Warum zählt ihr Geld dar für das, was kein Brot ist, und sauren Verdienst für das, was nicht satt macht? Hört doch auf mich, so werdet ihr Gutes essen und euch am Köstlichen laben. Neigt eure Ohren her und kommt her zu mir! Höret, so werdet ihr leben." (Jes 55,1–3a)

Ein gewagtes Bild: Gott ruft wie einer der *Marktschreier* auf dem Markt. Andere schreien ebenso, locken mit ihren Angeboten. Gott stellt sich der Konkurrenz auf dem Markt. Er erscheint wie ein Anbieter neben anderen. Ein Monopol hat er nicht. Der Markt ist die Realität. Gott lässt sich tief herab, lässt sich ein auf diese Realität. Aber er lässt nicht ab von der Einzigartigkeit dessen, was er gibt: Die anderen schreien wohl auch und locken. Teuer ist, was sie bieten. Aber es macht keinen satt. Nur Gott selbst hat, was Menschen satt macht: Brot und Wasser, die (Über-)Lebensmittel, aber auch Wein und Milch, Köstliches und Gutes, das Festliche am Leben. Gott gibt, was der Mensch braucht zum Leben und zum Sterben, für Zeit und Ewigkeit. Und er gibt dieses Teuerste zum Nulltarif. Ein merkwürdiger Marktstand: Das Teuerste wird auf dem Markt zum Nulltarif verteilt, während nebenan Ramsch und Schrott zu Höchstpreisen über die Theke gehen. So geht Gott auf die Marktlage ein, stellt sich bescheiden mit seinem Stand dar, geht auf elementare Bedürfnisse der Menschen ein, um sie sogleich zu verändern und mit seinem einzigartigen Angebot zu konfrontieren. Der Markt als Realität wird angenommen, aber zugleich werden seine Mechanismen kritisiert und seine Möglichkeiten souverän überboten.

Ich möchte diesen Gedanken noch einmal anders, systematischer darstellen.[55] Wie sollen wir auf die Marktsituation reagieren, die uns unser Monopol geraubt hat und uns als einen Stand neben vielen darstellt, ja uns zu zwingen scheint, um das Interesse des religiösen Kunden zu werben und zu eifern. Ich sehe drei mögliche Modelle:
- *Der Weg von unten – „Topf und Deckel"*: Was braucht der Zeitgenosse? Frag ihn doch selber! Umfragen helfen uns zu erkunden, was der Mensch braucht und will, was er vom Dienstleister Kirche erwartet. Und was er erwartet, das sollen wir ihm auch liefern! „Was suchst du – wir liefern es! Du suchst Begleitung an zentralen Weggabelungen deines Lebenslaufes, ruhig auch mit einem Schuss Religiosität – wir liefern es! Du suchst eine gute, soziales Lernen einschließende, Werte vermittelnde Kinderbetreuung – wir bieten es an in unseren Kindergärten! Du suchst

---

[55] Im Anschluss an Kettling, 148–182.

festliche Stimmung zu Weihnachten – komm zu uns!" Jesus erscheint dann als maßgeschneiderter Anzug für unsere Blößen. Er passt zu uns wie der „Deckel" zum „Topf". Er ist zu vermarkten nach dem *Bedürfniserfüllungs-Modell*.

Ist dieses Modell theologisch verantwortbar? Da müssen Zweifel aufkommen: Das Kreuz ist einfach marketingmäßig schlecht zu handeln. Es erweist sich als schwieriges Produkt. Gott im Dreck unserer Verlorenheit, das ist wirklich kein appetitlich anzuschauendes Produkt auf einem Markt, bei dem das Design das Bewusstsein bestimmt. Es zeigt sich weiter sehr schnell, dass im Bedürfniserfüllungs-Modell die Dinge eine entscheidende Veränderung erfahren: Die Taufe etwa kann nicht länger „verkauft" werden als Tod des sündigen, alten Menschen und Beginn des neuen Lebens im Glauben[56]; sie wird zum Neugeborenen-Segens-Ritus. Beide Beispiele zeigen:

Bei diesem Modell „von unten" werden Jesus und sein Evangelium auf ein Prokrustesbett geschnallt. Geht es dem Evangelium darum, dass Gott recht bekommt, so geht es hier darum, dass der Mensch recht bekommt bei Gott mit seinen Forderungen. Dazu gehört auch Religion: aber eine Religion, bei der der Mensch Ostern erlebt, ohne sterben zu müssen. *Das Modell macht den Kunden zum König.*[57] Es darf dann auch ruhig „ein bisschen weniger" sein, z.B. weniger an Buße und Kreuz.

- *Der Weg von oben – „Faust aufs Auge"*: Dieses Modell fragt nicht, was der Mensch will. Seit wann stellt der Patient die Diagnose, wenn er den Arzt aufsucht? Nur die biblische Offenbarung weiß, was der Mensch braucht, nicht, was er zu brauchen meint, sondern was er objektiv braucht, jenseits seiner vermeintlichen Bedürfnisse. Nicht der Mensch hat Fragen an Gott, er ist selbst der von Gott Gefragte, der auf Tausend nicht Eins zu antworten weiß.[58] Er braucht Erkenntnis der Sünden, er braucht Buße, Bekehrung, Vergebung und Ewiges Leben. Seine Bedürfnisse sind Torheit. *Hier wird auf dem religiösen Markt der Kunde zum Bettler.* Das Motto heißt: „Achtung, wir führen zwar nichts von dem, was Sie sich wünschen, aber alles, was Sie in Wahrheit brauchen." Das passt zum Marktgänger wie „Faust aufs Auge"! Ist das ein besseres Modell? Fühlt sich nicht der Mensch hier arg von oben herab behandelt und so gar nicht ernst genommen? „Ihr hört mir gar nicht zu und versteht nicht, was mir Angst macht!" Und noch tiefer gefragt:

---

56 Vgl. Röm 6,1-23.
57 So auch B. Wannenwetsch, in: Initiativkreis „Kirche in der Wettbewerbsgesellschaft" 2000, 46: „König Kunde schafft an!"
58 Hi 9,3.

Hat nicht Jesus die Nöte und Fragen seiner Zeitgenossen ganz ernst genommen? Hat er sich nicht liebend den Bedürfnissen der Menschen zugewandt: der Blindheit des Bartimäus, der hoffnungslosen Isolation der Aussätzigen, der Einsamkeit des Gelähmten am Teich Bethesda, der Bitte der Mütter um den Segen für ihre Kinder?[59] Ist das Evangelium so marktuntauglich, wie es dieses Modell nahe legt? Das haben wir beim Lesen des Neuen Testamentes schon festzuhalten: Jesus war sich nicht zu schade, den Wünschen und Bedürfnissen von Menschen nachzukommen, die bei ihm Hilfe in ihrer Not suchten. Darin äußert sich die Barmherzigkeit Gottes, dem unser geschöpfliches Ergehen nicht gleichgültig ist.

◉ Der von oben im Unten – *„Salbe und Skalpell"*: Gibt es eine Alternative, die uns aus dem Dilemma der ersten beiden Wege herausholt?

Hier wird ein alter christologischer Streit aufgerollt: auf der einen Seite die Christologie „von unten": Sie rückt Jesus uns Menschen ganz nahe und droht dabei an der Göttlichkeit Jesu vorbeizugehen; sie verkommt zur „Jesulogie". Auf der anderen Seite die Christologie „von oben": Sie sieht in Jesus den „ganz anderen". Hier droht der Kontaktverlust mit der Welt, der Doketismus. Muss man die Gottheit Jesu zugunsten seiner Menschlichkeit verraten oder die Menschlichkeit zugunsten seiner Gottheit preisgeben?

In der Bibel begegnet uns etwas anderes: Da begegnet uns der *Immanuel*, der Gott mit uns. Da kommt Gott zu uns und ist doch ganz der andere. „Das Wort ward Fleisch."[60] Der von oben kommt ins Unten. Mitten drin in der Not und in den Bedürfnissen der Menschen bleibt Jesus der ganz andere. Von seiner armseligen Geburt bis zu seinem Tod lebt er ein ganz und gar menschliches Leben – aber doch als der, der in einzigartiger Weise Gott selbst ist. Und so kommt er in sein Eigentum, wenn er zu uns kommt.[61] Er kommt zu uns, den Rebellen Gottes.

Und es ist nun ganz eigentümlich, wie Jesus mit unseren Wünschen, Bedürfnissen und Nöten umgeht. Wir können das nur in einem Doppelschritt ausdrücken. Die menschlichen Sehnsuchtsworte werden von Jesus *rezipiert und transformiert*. Er nimmt sich unserer an, deckt in unseren Bedürfnissen die Entfremdung auf und erlöst uns von ihr.

---

59 Mk 10,46–52; Lk 17,11–19; Joh 5,1–9; Mk 10,13–16.
60 Joh 1,14.
61 Joh 1,11.

- Die Juden etwa suchen auf dem Markt „*Gerechtigkeit*". Gerechtigkeit ist gut: Es ist gut, zu Gott und den Menschen im rechten Verhältnis zu stehen. Aber unser Streben nach Gerechtigkeit verkommt zur Selbstgerechtigkeit. Gott antwortet darauf, indem er durch Kreuz und Auferstehung Jesu unsere Gerechtigkeit als Gottes-Gerechtigkeit aufrichtet.[62]
- Die Griechen suchen auf dem Markt nach „*Weisheit*". Ja, das ist gut, wir sind ja von Gott mit Vernunft ausgestattet. Aber die Weisheit wird zur Weisheit dieses Äons, die Gottes Weisheit als Torheit verhöhnt. Darum richtet Gott in Jesus seine Gottesweisheit auf.[63]
- Die johanneischen „Ich-bin-Worte" Jesu legen diese Rezeption und Transformation auf ihre Weise frei: Zentrale menschliche Sehnsuchtsworte wie Brot, Licht, Wasser, Leben werden hier von Jesus aufgenommen. „Ja, das sucht ihr mit Recht auf dem Markt bei mir. Aber ich bin es eben, was ihr eigentlich braucht. Und wenn ihr mich habt, dann habt ihr das alles, was ihr ersehnt und wonach ihr eigentlich hungert."[64]

Das heißt nun: Der Markt der Möglichkeiten ist durchaus ein Ort, an dem wir uns „tummeln". Wir haben etwas anzubieten, was dem Bedürfnis der Menschen entspricht, und zugleich wird das, was Menschen suchen, verwandelt, wenn sie auf Jesus stoßen, durch Tod und Auferweckung hindurch zu dem verwandelt, was sie wirklich brauchen.

Auch Mefferts Definition verlangte ja beides: Bedürfnisbefriedigung einerseits und Identität mit dem „Unternehmensziel" der Kirche andererseits. Mit dieser doppelten Plausibilität wird der Vorbehalt gegen das Marketing entkräftet: nämlich der Verdacht, es gehe um *pure Abhängigkeit* von den wechselnden Bedürfnissen kirchlicher „Kunden". Eine Gemeinde, die mit Marketinginstrumenten arbeitet, wird gerade dadurch aufs neue auf die Frage gestoßen, was sie zu geben hat. Und zugleich wird sie mit der Frage konfrontiert, womit sie den Menschen, für die sie da sein will, wirklich dient.

4.3 Spirituelles Gemeindemanagement exemplarisch: Wie kommen wir zu unserer Vision?

Diese theologisch reflektierte Rezeption und Transformation betriebswirtschaftlicher Einsichten und Denkweisen soll nun am Beispiel der Vision im Spirituellen Gemeindemanagement bewährt werden.

---

62 Röm 3,21–26.
63 1 Kor 1,18–31.
64 Joh 6,35; 8,12; 10,9; 10,11; 11,25f.; 14,6.

Visionen spielen eine große Rolle in modernen Marketingstrategien. Darauf wies schon Klaus-Martin Strunk in seinem Beitrag hin: es gehe darum, „mit der Vision im Rücken *das Richtige* [zu] tun, und mit handwerklicher Kompetenz es auch richtig [zu] tun."[65]

Um Visionen geht es auch im Spirituellen Gemeindemanagement. Wir wollen es nicht so halten wie die, über die Mark Twain so trefflich spottet:

> „Als sie das Ziel aus den Augen verloren, verdoppelten sie ihre Anstrengung."[66]

Wir wollen zuerst über das Ziel sprechen, das unser Leben und Arbeiten in der Gemeinde hat, nicht zuerst über Methoden und Mittel. Welche Vision steht uns vor Augen, wenn wir Spirituelles Gemeindemanagement auf unsere Fahnen schreiben?

Zunächst ist es etwas vielleicht Banales: Wir entscheiden uns dafür, überhaupt wieder von Visionen zu sprechen. Das Fehlen von Visionen ist auf Dauer lähmend. Das Fehlen von Visionen bindet uns an das Vorfindliche, kettet uns fest in dem, was schon ist, fixiert uns auf das, was nicht mehr geht oder konzentriert uns auf die Mängel, die wir täglich spüren.

In seiner berühmten Ruck-Rede am 26. April 1997 hat Bundespräsident Herzog die Erstarrung in unserer Gesellschaft beklagt, den mangelnden Schwung und die fehlende Bereitschaft, ausgetretene Pfade zu verlassen und Neues zu wagen. Und dann hat er gesagt:

> „Wir brauchen wieder eine Vision. Visionen sind nichts anderes als Strategien des Handelns. ... Wir brauchen aber nicht nur den Mut zu solchen Visionen, wir brauchen auch die Kraft und die Bereitschaft, sie zu verwirklichen. ... Es ist noch nicht zu spät. Durch Deutschland muss ein Ruck gehen."[67]

Das Herzog-Zitat wird seither durch die Lande gereicht und gerne zitiert. Es entspricht vielleicht auch unserer Stimmungslage: Genau, wir brauchen mehr Visionäre und weniger Buchhalter in den Gemeinden und Kirchenleitungen. Wir brauchen einen Ruck: Schluss mit der Lethargie! So sympathisch das auf den ersten Blick klingt – wir müssen uns doch etwas bremsen. Wir müssen zunächst kritisch und d.h. theologisch reflektieren, was denn mit den Visionen gemeint ist, denen sich der kirchliche Ruck verdanken soll. Sonst verlieren wir uns genau in der vor- (oder nach-) theologischen Verliebtheit ins Marketing, auf die die Kritiker hinweisen. Wir müssen als *spirituelle* Gemeindemanager die Begriffe erst kritisch reflektieren und uns ihnen nicht leichtfertig ausliefern:

---

65 K.-M. Strunk in diesem Band, 45.
66 Zitiert bei Grün, 129.
67 Roman Herzog, Frankfurter Rundschau, 28. April 1997.

4.3.1 Spirituelles Gemeindemanagement und Schriftauslegung

> Gemeindeaufbau im Sinne des Spirituellen Gemeindemanagements bezieht seine Visionen nicht aus menschlichen Wunschträumen, sondern aus dem betenden Horchen der Angefochtenen auf das Wort der Heiligen Schrift.

„Wenn ihr jedoch jene Wörter gebrauchen wollt, so reinigt sie bitteschön erst einmal gut, führet sie mal zum Bade" (M. Luther).[68] Luther meinte, die weltlichen Begriffe erführen eine spezifische Brechung, wenn sie in unserem Kontext gebraucht werden. Sie müssen erst getauft werden. Wie sähe also eine „getaufte" Vision aus? Oder noch ursprünglicher: Wie kämen wir zu einer solchen „getauften Vision"?

Martin Luther sieht Theologen wie alle Christen bestimmt durch

- Oratio,
- Meditatio,
- Tentatio.[69]

Ein Theologe ist aus Luthers Sicht, wer von der Heiligen Schrift ausgelegt wird, sich von ihr auslegen lässt und sie als von ihr Ausgelegter anderen Angefochtenen auslegt. Theologie ist also Schriftauslegung. Spirituelles Gemeindemanagement lebt von der Schriftauslegung. Diese Schriftauslegung ist ein Akt des Betens und Arbeitens, also Oratio und Meditatio. Und sie wird von Menschen betrieben, die in der Anfechtung leben. So deutet es auch Oswald Bayer:

> „Dies macht die theologische Existenz wie die Existenz des Christen in der weltweiten Gemeinde überhaupt aus: mit der Bitte um Erleuchtung und von der Anfechtung getrieben in das Wort der Heiligen Schrift hineinzugehen und von ihm ausgelegt zu werden."[70]

Darum ist unsere Vision nicht der „Traum des Theologen", sondern Frucht von:

- Oratio, also: von Gott erbeten,
- Meditatio, also: im „Treiben und Reiben" des biblischen Wortes empfangen,
- Tentatio, also: auf die Not der persönlichen und kirchlichen Verhältnisse bezogen.

68 Luther, WA 39 I, 229, 16–19.
69 So in der Auslegung von Ps 119 in der Vorrede zum ersten Band der Wittenberger Ausgabe der Deutschen Schriften Luthers von 1539: WA 50, 658, 29–659, 4.
70 Bayer, 35.

Die Vision entspricht also im Spirituellen Gemeindemanagement der vita passiva. Reformatorisch gesprochen ist der Glaube weder ein Wissen (Metaphysik) noch ein Tun (Moral), sondern ein Drittes, das Wissen und Tun erst qualifiziert: eine „vita passiva", ein Empfangen von Gott her[71], eine Erfahrung der Rechtfertigung. Daraus folgt:

- Wir interpretieren die gegenwärtige Lage von Gemeinde und Kirche als „tentatio", als Anfechtung. Wir interpretieren die gegenwärtige Krise der Kirche damit nüchtern. Wir müssen sie nicht schönfärben. Wir interpretieren sie aber auch geistlich: Sie stellt eine Infragestellung des Evangeliums und damit unseres Glaubens dar.

- Wir verstehen Theologie als „sapientia infinita", die gelernt wird, dann wieder verlernt wird und unter dem Druck neuer Anfechtungen wieder neu erlernt werden muss. Sie ist eine offene, geradezu eine „unendliche Geschichte".[72] Spirituell ist ein Gemeindemanagement, das so im Sinne einer „theologia viatorum" in der Offenheit und Angewiesenheit des Angefochtenen vor Gott bleibt und stets neu fragt, was von Gott her *jetzt* angesagt ist.

- Wir halten gegenüber der Metaphysik fest, dass auch Gott selbst Geschichte, Zeit, Veränderung, Leiden und Freude „durchmacht". Er ist ein Gott, der mit uns unterwegs ist. Im intensiven Umgang mit der Schrift erschließt sich uns sein Wille für heute.[73] Das ist nichts als der Umkehrschluss aus dem vorherigen Satz, der uns als Menschen auf dem Weg beschrieb.

Mit kritischem Blick schauen wir so auf die Hoffnung auf Visionen. Wir halten fest: Nicht jede Vision macht mit Recht Hoffnung. Schon Jeremia wusste hier zu unterscheiden:

> „Ein Prophet, der Träume (‚Visionen') hat, der erzähle Träume (‚Visionen'), wer aber mein Wort hat, der predige mein Wort".[74]

Eine „ungetaufte Vision" stünde in der Gefahr, wie ein „ungedeckter Scheck" nur unsere Wunschträume darzustellen, die weder der Realität gerecht werden noch geistlich verantwortet sind. Im Gegensatz dazu steht der reformatorische Weg:

---

71 Bayer, 42–49.
72 Bayer, 52.
73 Bayer, 53.
74 Jer 23,28.

> „Im Meditieren horcht der Mensch nicht in sich hinein, geht er nicht in sich, sondern gerät er außer sich. Sein Innerstes lebt außerhalb seiner selbst allein in Gottes Wort. Darin ist es verfasst; es ist ‚das Herz wesentlich im Wort'."[75]

Visionen für den Aufbau lebendiger Gemeinden, die zu Leitbildern unseres Handelns werden können, müssten sich also aus dem Wort Gottes speisen, wenn sie nicht von vornherein diesen Geburtsschaden mit sich bringen wollen, den Jeremia hier anprangert.

4.3.2 Beispiele: Visionen für den Gemeindeaufbau

4.3.2.1 Jes 51,1–4

> „Hört mir zu, die ihr der Gerechtigkeit nachjagt, die ihr den HERRN sucht: Schaut den Fels an, aus dem ihr gehauen seid, und des Brunnens Schacht, aus dem ihr gegraben seid. Schaut Abraham an, euren Vater, und Sara, von der ihr geboren seid. Denn als einen Einzelnen berief ich ihn, um ihn zu segnen und zu mehren. Ja, der HERR tröstet Zion, er tröstet alle ihre Trümmer und macht ihre Wüste wie Eden und ihr dürres Land wie den Garten des HERRN, dass man Wonne und Freude darin findet, Dank und Lobgesang. Merkt auf mich, ihr Völker, und ihr Menschen, hört mir zu. Denn Weisung wird von mir ausgehen, und mein Recht will ich gar bald zum Licht der Völker machen."

Diese Worte sind Teil einer Trümmerpredigt im Auftrag Gottes, die der Zweite Jesaja hier hält. Deuterojesaja predigt einer Gemeinde, die wirklich nur noch Trümmer sieht. Er predigt einer Gemeinde, die realistisch war und wusste: „Mit uns ist es aus!" Visionen? Fehlanzeige! Wenn eines vor Augen war, dann Trümmer. Diese Gemeinde ist eine Gemeinde ohne Zukunft! Die Gemeinde Deuterojesajas ist Gemeinde in der Anfechtung.
Die Katastrophe von 587 liegt schon hinter ihnen. Der Tempel in Jerusalem liegt in Schutt und Asche. Das Gottesvolk ist zerstreut in alle Winde. Babylonische Gefangenschaft der Kirche! Das Ende der Gemeinde Gottes ist gekommen. Und eines ist allen klar: Dieses Ende ist nicht zufällig, es ist vielmehr Gottes Gericht über sein ungehorsames und widerspenstiges Volk. So werden wir von der Schrift ausgelegt, und so wird unser Leben von Gott her gedeutet. Paul Hanson sagt:

---

75 Bayer, 86.

> „Bestraft für seine Widerspenstigkeit gegen Gott und sein Verharren in der Sünde, war Israel auf den tiefsten Punkt seiner Existenz zurückgeworfen worden."[76]

Aber es ist keine Trümmer*liturgie*, die wir hier hören, kein Abgesang, sondern eine Trümmer*prophetie*. Und das Spannende an dieser Trümmerprophetie ist, dass sie beide Klippen umschifft, an denen sie hätte zerschellen können: die Klippe trügerischer Illusionen und die Klippe der zerstörerischen Depressionen.

- Sie ist weder unrealistisch, indem sie die Wirklichkeit schönfärbt. Sie redet Klartext: Unser Volk ist ein Trümmerhaufen. Und Gottes Gemeinde ist keine blühende Landschaft, sondern eine Wüste, dürres Land. Und heute? Ein ausgedünntes Versorgungssystem, das uns immer mehr abverlangt, mancherorts Gottesdienste mit 3 Leuten, allgemeine Gleichgültigkeit gegenüber dem christlichen Glauben, ein immer größeres Loch in den Kassen – es wird nüchtern angeschaut!

- Aber sie umschifft auch die Klippe der Hoffnungslosigkeit. Sie ruft nicht dazu auf, tapfer in den Trümmern auszuhalten und sich abzufinden mit dem Niedergang oder sich einzurichten in der Wüste. Sie umschifft auch die Klippe der Depression.

Die Vision von Jes 51 hat zwei Teile. Im ersten Teil der Trümmerprophetie erinnert Gott sein Volk an seine Erfahrung in der Geschichte mit Gott. „Erinnere dich doch, wie das war. Schau doch hin, wie ich das immer wieder gemacht habe. Schau auf Abraham. Da habe ich mit einem einzigen alten Mann ohne Zukunft wieder angefangen, meine Geschichte mit der Welt zu schreiben. Und schau auf Sara. Da habe ich mit einer alten Frau mit erstorbenem Schoß begonnen und mit ihr hat die Geschichte des ganzen Volkes Israel ihren Anfang genommen. Schau auf den unscheinbaren, geradezu hoffnungslos kleinen Anfang, den ich damals gemacht habe. Da kommt ihr her. Das ist kein Hindernis für mich, im Gegenteil. Ich mache es gerne so: Im Unscheinbaren lasse ich Großes beginnen. Wo alle schon aufgeben, fange ich erst an. Die niemanden mehr interessieren, sind meine bevorzugten Mitarbeiter."

Und im zweiten Teil der Vision gibt Gott seinem Volk einen veränderten Blick nach vorne. Er lässt sein Volk die Trümmer sehen und zeigt ihnen, wie daraus wieder erbaute Städte werden; er lässt sie die Wüste anschauen und in der Wüste Gärten voller Wonne und Freude erblicken.

Diese Trümmerprophetie inspiriert diese erste Vision von der Gemeinde von morgen:

---

76 Hanson, 236f.

- Gemeindeaufbau, der sich von dieser Vision inspirieren lässt, kann ganz klein anfangen. Da ist ein ganz geringer Anfang. Mit Abraham und Sara war doch kein Staat zu machen. Das waren alte, enttäuschte Menschen, deren Zeit vorbei war. Mit ihnen fängt Gott an. So macht er das: Er fängt mit Einzelnen an, die sich ihm zur Verfügung stellen, die sich von ihm rufen (Hebr 11,8–10) und segnen lassen. Das strahlt etwas aus, wenn z.B. ein Gottesdienst mit drei Besuchern liebevoll gestaltet ist und nicht die, die gekommen sind, bestraft werden für die, die nicht kommen.

- Gemeindeaufbau, der sich von dieser Vision inspirieren lässt, kann langen Atem haben. Was haben Abraham und Sara warten müssen! Wie gefährdet war ihr Weg und wie oft hatten sie nichts in der Hand außer der Zusage Gottes – Anfechtung! Und wir wissen es doch auch: Zwischen den Prophezeiungen Deuterojesajas nach 587 und ihrer Erfüllung in den Zeiten Esras und Nehemias liegen noch einmal 150 Jahre. 150 Jahre, in denen diese Weissagung der getrösteten Trümmer und der aus Wüsten erwachsenen Gärten mit der Gemeinde Gottes gingen. Angefochten und wieder vergewissert und wieder angefochten und wieder neu vergewissert, bis Israel schauen durfte, was es gegen den Augenschein geglaubt hatte. Gemeindeaufbau ist kein kurzatmiges Geschäft für Leute mit ein paar guten Tricks und Tipps auf dem Weg zum schnellen Erfolg. Wer Gemeinde baut, braucht langen Atem. Ich glaube, dass ich mich schon auf eine lange Zeit einstellen muss, wenn ich will, dass sich an dem Platz, an dem ich jetzt meinen Dienst tue, etwas ändern soll.

4.3.2.2 Apg 18,9f

> „Fürchte dich nicht", sagt der Herr in der Nacht zu Paulus, „sondern rede und schweige nicht! Denn ich bin mit dir, und niemand soll sich unterstehen, dir zu schaden; denn ich habe ein großes Volk in dieser Stadt."

In Apg 18 wird uns erzählt, wie es Paulus in Korinth erging. Nach schweren Auseinandersetzungen zieht er in das Haus des Titius Justus um. Es ist eine äußerst lebhafte Szene: hier Streit und Kampf, dort aber Menschen, die zum Glauben kommen und sich taufen lassen. Wiederum ergeht die göttliche Vision in der Anfechtung.

In diesem Bericht begegnet uns Paulus in dreifacher Weise.

- Paulus begegnet uns als Zeitgenosse, der an unterschiedlichen Orten seine Gesprächsbereitschaft und Gesprächsfähigkeit beweist: Mit den Athener Philosophen vermag er ebenso zu reden wie mit den Geschäftsleuten von Ephesus und den vom modernen Lifestyle geprägten Bewohnern der Hafenstadt Korinth. Er versteht es, das Evangelium in die neue Gesprächssituation einzupassen, ohne es anzupassen. Er ist Zeitgenosse.

- Paulus begegnet uns als Zeltmacher. Er ist also ein Apostel, der seine Brötchen nicht durch das Predigen verdient. Als Zeltmacher lebt er von seinem Handwerk. Als Zeltmacher kauft er Material von armen Händlern und verkauft seine Produkte an die etwas Reicheren. Paulus ist nicht Berufschrist, sondern Christ im Beruf. Und die ganz normalen Kontakte seines Berufes bringen ihn mit vielen Menschen ins Gespräch. Ich halte das immer noch für das eigentlich angemessene Modell: Wir brauchen Christen im Beruf mehr als Berufschristen. Wir werden im Osten die flächendeckende Versorgung der Gemeinden durch Pfarrer sowieso nicht aufrecht erhalten können.

Zwei Anmerkungen dazu: Zum einen wird es in Zukunft mehr denn je darauf ankommen, dass die Hauptamtlichen, die es noch geben wird, alles daran setzen, die Ehrenamtlichen zu stärken, zu schulen, zu begleiten, zu selbständigem Dienst anzuleiten.

Zum anderen halte ich es auch für wahrscheinlich, dass wir zunehmend theologisch ausgebildete Christen haben, die ihren Lebensunterhalt anders als durch gemeindliche Alimentierung verdienen.

- Paulus begegnet uns drittens als Zeuge. Das ist der entscheidende Punkt in diesem Kapitel. „Fürchte dich nicht", sagt der Herr in der Nacht zu Paulus, „sondern rede und schweige nicht! Denn ich bin mit dir, und niemand soll sich unterstehen, dir zu schaden; denn ich habe ein großes Volk in dieser Stadt."

Das ist der visionäre Aspekt dieser Geschichte. In diesem Fall ist es eine nächtliche Erscheinung. Uns trifft sie in unserer Haltung, so viel aus Sorge und Angst heraus zu tun. Wir sehen, dass uns die Menschen wegbleiben. Wir hören, dass in jedem Jahr etwa 250.000 Evangelische aus der Kirche austreten. Wir beobachten, wie wenig viele Getaufte über das Evangelium wissen. Wir bemerken, wie die öffentliche Meinung uns gar nicht mehr fragt, was die Christen denn sagen. Wir fürchten uns um die Kirche. Und wir reagieren hektisch mit immer neuen Aktivitäten, sind fleißig bis zum Umfallen in unserer Sorge um die Kirche und um die Stadt. Wir müssen ja etwas tun, um dem Verfall der Volkskirche zu wehren. Die Vision, die der Teufel an die Wand malt, ist eine Kirche ohne Menschen und ohne Bedeutung.

So aber steht es im Evangelium nicht. In dieser Vision möchte Jesus heute unseren Blick weglenken vom Bild des Teufels an der Wand. Er hat eine ganz andere Perspektive für die Gemeinde Jesu.

„Ich habe ein großes Volk in dieser Stadt", sagt Jesus. Das ist die Perspektive Jesu für seine Mitarbeiter: ein großes Volk in dieser Stadt. Dem Apostel Paulus wird dies gesagt zu einem Zeitpunkt, wo nicht viel davon zu sehen ist. Gewiss halten sich Menschen zur Gemeinde, ja, aber im Großen und Ganzen gilt: In der Synagoge ist er auf Ablehnung gestoßen, und wie er bei den Heiden ankommen wird, ist noch höchst unsicher. In dieser

Stunde sagt ihm Jesus: „Ich habe ein großes Volk in dieser Stadt." Paulus sieht noch nichts davon, aber Jesus zeigt ihm für einen Moment, was er einst wird sehen können. Das ist die Vorausbeziehung Jesu zu dieser Stadt Korinth. Das ist der Vorsprung des Herrn vor unserer Missionsarbeit. Es ist, als wollte Jesus sagen: „Paulus, ich habe Großes vor in dieser Stadt. Da werden Menschen zum Glauben finden und sich in Hauskirchen sammeln. Da wird Gemeinde gesammelt, eine große Gemeinde. Da werden Menschen Hilfe und Trost finden. Da werden Jünger sein, die sich um andere kümmern und die mit den Gaben des Geistes anderen Menschen dienen. Ich habe ein großes Volk in dieser Stadt. Darum fürchte dich nicht und schweige nicht. Darum rede und predige und arbeite und baue die Gemeinde zu Korinth. Du siehst sie noch nicht, aber ich sehe sie."

Und daraufhin hat Paulus 1 1/2 Jahre in Korinth gearbeitet, mit diesem Wort im Herzen und mit dieser visionären Verheißung Jesu vor Augen. Das gehört ja zusammen im Spirituellen Gemeindemanagement: von Jesus Visionen bekommen, diesen Visionen Glauben schenken und darum zielgerichtet und planvoll arbeiten. Spannend wird das alles dann, wenn es gilt, den Visionen Jesu mehr Vertrauen zu schenken als dem, was uns den Mut rauben und lähmen will.

4.4 Zusammenfassung

Was können solche Marketing-Kenntnisse für die Aufgabe des Gemeindeaufbaus bedeuten? Sie bedeuten vor allem einen erheblichen *Professionalisierungsschub*. Sie verändern zufälliges Handeln in zielgerichtetes Handeln. Sie vermitteln Fertigkeiten zu einem professionellen Management in der Gemeinde, das sich den geistlichen Zielen unterordnet und im Sinne „theonomer Reziprozität" zwar nicht das Wirken des Geistes ersetzt, ihm wohl aber dient. Sie machen das Evangelium nicht zur billigen Ware, die irgendwie an den Geschmack von Kunden angepasst werden muss, sondern sorgen dafür, dass das „teure Evangelium" mit den besten verfügbaren Mitteln bekannt gemacht wird.

Die Alternative bestünde ja nicht im Verzicht auf Arbeit, bei dem nur noch das „reine Evangelium" bezeugt würde, sondern in der schlecht gemachten Arbeit, anders gesagt: im Dilettantismus, der zunehmend Menschen vergrault und dazu angetan ist, schon im Vorfeld für die gute Botschaft zu immunisieren.[77] Wer einen Gottesdienst veranstaltet und dazu ein Plakat aufhängt, betreibt schon Marketing – nur eben ein unreflektiertes und handwerklich oft auch unbeholfenes Marketing. Man kann die Dinge einfach besser machen, und das Evangelium hat es verdient: „Let's make things better!"[78]

---

77 Vgl. zu diesem Problem Geyer, 20–34.
78 So die Werbung von Philipps.

5. Die Kultur des Evangeliums

Peter Böhlemann

Bei einer Perspektivberatung, die ich einer Gemeinde durchgeführt habe, hatten wir gerade Wünsche gesammelt und notiert, in welche Richtung die Gemeinde sich in den nächsten fünf Jahren entwickeln soll: eine offene Atmosphäre, ein gutes und tolerantes Miteinander, Gottesdienste mit Beteiligung aller Altersgruppen und miteinander vernetzte Aktionen. Da meldete sich eine junge Pfarrerin zu Wort: Das ginge ihr alles zu schnell. Wo bliebe denn da die Umkehr? Als ich sie fragte: „Umkehr, in welche Richtung?", blieb sie die Antwort schuldig. Ohne das überinterpretieren zu wollen, glaube ich, dass sie ins Grübeln kam, weil sie *Ziele* und *Strategie* verwechselt hatte.

Umkehr ist eine durchaus biblische *Strategie*, aber wenn sie an Stelle unserer *Ziele* gesetzt wird, verkümmert unser Glaube zur gesetzlichen Beliebigkeit oder öffnet einem strukturellen Fundamentalismus Tür und Tor. Denn Umkehr ist theologisch gesehen weder gut noch schlecht. Doch wenn sie zum Selbstzweck wird, sind Ziellosigkeit oder Manipulation vorprogrammiert.

Suchen wir Ziele und Strategien im Neuen Testament, bietet sich eine Analyse der lukanischen Theologie an, da hier singulär im Neuen Testament beschrieben wird, wie die ekklesiologische Entwicklung von den Zielen eines Predigers aus der Wüste hin zu einer veränderten Kultur im Zusammenleben der Menschen führt. Oder anders gesagt:

> Jesu Strategie bestimmt die Kultur der Urgemeinde und führt damit den Willen Gottes zum Ziel.

5.1 Ziele und Strategien Johannes des Täufers und die Kultur seiner Anhänger

Wer meint, das Ziel Johannes des Täufers sei der Ruf zur Umkehr, irrt. Das ist nur seine Strategie! Sein Ziel ist die Rettung vor dem nahenden Gericht.

In unserem Zusammenhang ist Johannes erwähnenswert, weil er sehr zielorientiert auftritt und klare Handlungsanweisungen gibt, wie das Ziel zu erreichen ist.[1]

5.1.1 Die Vision

Nach Lk 1,80 wächst Johannes in der Wüste auf und erstarkt dort geistig. Da sein Vater Dienst am Jerusalemer Tempel tat, liegt es nahe, dabei an die judäische Wüste zu denken. Dort spricht Gott zu ihm ähnlich wie einst zu Mose (Lk 3,2f; 7,24; vgl. Apg 7,30). Den genauen Inhalt seiner Visionen (bzw. Auditionen) erfahren wir nicht, wohl aber den Inhalt seiner Predigt (Lk 3,3–6), die daraus hervorgegangen sein dürfte. Johannes predigt – angetrieben von seiner Erfahrung des Wortes Gottes – die *Taufe der Umkehr zur Vergebung der Sünden*. Damit scheinen sein Ziel und ein Teil seiner *Strategie* zu dessen Erreichung benannt zu sein.

Aber was war nun seine *Vision*? War es ein Leben in Frieden und Gerechtigkeit? Das Jesaja-Zitat („Krummes soll gerade werden..." – Jes 40,4 in Lk 3,5) und die in der Ständepredigt geforderten Verhaltensänderungen (Lk 3,10–15) deuten ja in diese Richtung. Oder war es der kommende Heiland? Hier müssen wir uns vor allzu schnellem christlichen Wunschdenken hüten. Tatsächlich beherrscht ja das *Motiv des Gerichts* seine gesamte Verkündigung. Man meditiere nur einmal folgende Themen seiner Predigt: Buße tun; Sünder und sündigen; Schlangenbrut; künftiger Zorn; die schon an den Baum angelegte Axt; das Abhauen und Verbrennen von Bäumen, die keine Frucht bringen; der Kommende, der mit Feuer taufen, die Tenne fegen und die Spreu mit unauslöschlichem Feuer verbrennen wird.

> Bei Lukas liegt der Akzent der Täuferpredigt nicht auf der Vergebung, sondern auf dem eschatologischen Gericht! Die mehrfache Erwähnung des Feuers lässt das Gericht als durchgehendes Thema der Predigt des Täufers erscheinen.

Deutlich werden dabei die jenseits jeder christlich-apologetischen Funktionalisierung seiner Verkündigung liegende Motivation und das Ziel des Täufers. Wahrscheinlich hatte Johannes in der Wüste die Vision des nahen Endes existenziell erlebt. Für ihn stand der Tag Jahwes unmittelbar bevor und er beschreibt ihn in der Tradition der Propheten als einen Tag des Zornes und des Gerichts.

---

1 Die Bedeutung der Gegenüberstellung von Johannes und Jesus für die lukanische Theologie behandele ich ausführlich in meiner Dissertation „Jesus und der Täufer".

Die Kraft dieser Vision treibt ihn dazu, wort- und tatgewaltig für eine Umkehr der Menschen hin zu einem gottgefälligeren Leben zu werben. Er tut dies ohne Rücksicht auf gesellschaftliches Ansehen und persönliche Unversehrtheit. Die Kraft seiner Vision lässt ihn selbst im Urteil Jesu als bedeutendsten aller Propheten erscheinen (Lk 7,26–28), und sie macht ihm zum bleibenden Vorläufer Jesu, der wie er zahlreiche Anhänger gewann und noch vor ihm für seine Überzeugungen sterben musste (Mt 14,1–12).

5.1.2 Die Strategie des Täufers

Die Taufe der Umkehr oder ein verändertes Verhalten im Sinne von mehr Gerechtigkeit und Frieden als die primären Ziele des Täufers anzusehen, würde eine Verwechslung einzelner Schritte seiner Strategie mit dem eigentlichen Ziel und seinem inneren Leitbild bedeuten. Vor dem Hintergrund seiner düstern Vision des unmittelbar bevorstehenden Gerichts und vielleicht auch angetrieben von der Hoffnung einer möglichen Rettung davor entwickelt er eine überzeugende und die Menschen verändernde Strategie:

1. Schritt:	**Aufforderung zum Umdenken**
2. Schritt:	**Bußpredigt**, das heißt Mahnruf zur Umkehr zu einem moralisch besseren Verhalten
3. Schritt:	**Taufe als Symbolhandlung**, die Schritt 1 und 2 dokumentiert und Schritt 4 und 5 vorwegnimmt
4. Schritt:	**Gerichtspredigt**
5. Ziel:	**Rettung** einiger im Gericht

1. Schritt: Aufforderung zum Umdenken

Johannes fordert die taufwilligen Menschen auf umzudenken. Sie sollen einsehen, dass es keine bleibende Erwählung gibt, die eine Rettung im Gericht garantiert. Jeder steht im Gericht alleine vor dem Zorn Gottes und muss sich für seine Lebensführung verantworten. Wenn eine Rettung möglich ist, dann höchstens individuell. Hier sehe ich das bleibende hermeneutische und theologische Verdienst des Täufers. Nach seiner Theologie steht der Mensch als Individuum Gott persönlich gegenüber. An diese Ausgangsposition knüpfen die Verkündigung Jesu und die paulinische Rechtfertigungslehre an.

2. Schritt: Busspredigt, das heisst der Mahnruf zur Umkehr zu einem moralisch besseren Verhalten

Die einzige Chance, dem Gericht möglicherweise zu entgehen, ist die der „radikalen" Umkehr (also von der Wurzel her) hin zu einer gerechten und solidarischen Lebensweise. In der „Ständepredigt" (Lk 3,10–14) beschreibt Johannes sehr genau, wie er sich eine solche radikale Umkehr vorstellt. Sie ist eine Abkehr von der Sünde und eine Hinwendung zum Nächsten und zum Gebot Gottes. Es ist dieser Inhalt, der sehr häufig dazu führt, dass die Ethik und das Taufverständnis des Täufers mit der Ethik Jesu und dem christlichen Taufverständnis vermischt werden.

3. Schritt: Taufe als Symbolhandlung, die das Umdenken und die vollzogene Umkehr dokumentiert und die mögliche Rettung im Gericht vorwegnimmt

Die von Johannes praktizierte Taufe stellte eine symbolische Antizipation der eschatologischen Reinigung von Sünden im Gericht dar[2]. Historisch denkbar wäre aber auch, dass die Taufe mit Wasser nur eine *negative* Entsprechung im Endgericht, und zwar in der Vernichtung der Gottlosen durch die Feuertaufe hatte. Der Befund bei Lukas ist jedoch unabhängig von der historischen Rekonstruktion eindeutig: Die von Johannes vollzogene Taufe *bewirkt* nicht die Sündenvergebung, denn „Sünden vergeben kann nur Gott" (Lk 5,21). Aber als sakramental-prophetische Zeichenhandlung demonstriert sie, was Johannes für diejenigen verkündigte, die von ihrem sündigen Lebenswandel umkehrten und sich taufen ließen, nämlich die zukünftige Vergebung und Abwaschung der Sünden. Sein radikaler Ruf zu Umkehr, ehe es zu spät ist, aber auch das Motiv vom Weizen, der in der Scheune gesammelt werden wird (Mt 3,12; Lk 3,17), deuten die Möglichkeit einer individuellen Rettung an. Das heißt, Taufe und Verkündigung des Täufers sollen helfen, die letzte Chance der Sündenvergebung im Gericht wahrzunehmen.

4. Schritt: Gerichtspredigt

In der christlichen Tradition sind wir es gewohnt, in Johannes den Ankündiger und Täufer Jesu zu sehen. Bei Lukas ist Johannes gefangen, bevor Jesus getauft wird, und seine Version der Täuferpredigt lässt zumindest vermuten, dass Johannes ursprünglich auch nur vom Kommen *Gottes* geredet haben könnte. Jedenfalls zeigt die „Täuferanfrage" (vgl. Lk 7,18–23) sehr deutlich, dass Johannes sich keineswegs sicher war, ob Jesus der von ihm angekündigte Kommende sein konnte. Für die Strategie des Täufers spielt

---

2 Für den zukünftigen Charakter der Sündenvergebung spricht auch die Ansage des kommenden Geisttäufers (Lk 3,16).

mehr als das Kommen Jesu das Nahen des Gerichts Gottes eine entscheidende Rolle. Es ist der Horizont, vor dem sein Reden und Tun mit Feuer erleuchtet wird und seine göttliche Autorität bekommt.

5. Ziel: Rettung einiger im Gericht

Die Rede von dem kommenden Stärkeren, der mit Heiligem Geist taufen werde (Mt 1,7f; Mt 3,11; Lk 3,16), deutet trotz ihrer christlichen Überformung an, dass Johannes die endgültige Abwaschung der Sünden durch den Geist Gottes erhoffte. Möglicherweise war ihm diese Vorstellung aus der Gemeinschaft in Qumran vertraut[3], in deren Nähe er ja gewirkt haben dürfte[4].

> Ausgehend von seiner Vision des nahenden Gerichts ist die mögliche Rettung vor diesem Gericht das eine und alles bestimmende Ziel des Täufers, dem seine Strategie untergeordnet ist.

5.1.3 Die Kultur der Täuferanhänger

Die Botschaft des Täufers, seine sakramentale Praxis und seine Strategie führten dazu, dass sich Schüler um ihn sammelten. Nach seinem Tod wird es so etwas wie eine „palästinische Täuferbewegung"[5] und auch einzelne Gruppen im kleinasiatischen Raum gegeben haben, in denen Johannes der Täufer besonders verehrt wurde. Im Neuen Testament gibt es viele direkte und indirekte Hinweise auf diese Gruppen[6].

Ein wesentliches Motiv in der lukanischen Darstellung der Jünger des Täufers ist deren Fasten- und Gebetspraxis (Lk 5,33). Durch die Erwähnung ihrer Glaubenspraxis erhalten sie sehr viel mehr Profil als bei Markus oder Matthäus[7]. Mit dem in Lk 5,34 folgenden Gleichnis Jesu von den Hochzeitsgästen, die, wenn sie mit dem Bräutigam zusammen feiern, nicht fasten können, ist der Grund für das Fasten der Johannesjünger angedeutet. Sie warten eben noch auf den Bräutigam und fasten deshalb. Schließlich unterstreicht die Ankündigung des Johannes einer kommenden Richter- und Rettergestalt (3,16) den Stand der eschatologischen Naherwartung, in dem er und wahrscheinlich auch seine Schüler sich befanden.

---

3 Vgl. 1 QS IV,20f; IX,3–5; 1 QH XVI,12.
4 Vgl. Mk 1,4f par; Lk 1,80.
5 Backhaus, 368.
6 Vgl. Joh 1,35–51; 3,22; 4,1f; 1 Kor 1,10–17 u. Apg 18,24–19,1 u.ö..
7 Vgl. Backhaus, 158–160.

Die Bitte eines der Jünger an Jesus, sie so beten zu lehren, wie auch Johannes seine Jünger lehre (Lk 11,1f), zeigt, dass eingeübte Gebete, die auf den Täufer selbst zurückgeführt wurden, zum Glaubensleben seiner Anhänger gehörten und dass dies offensichtlich auch noch von Lukas als erstrebenswerte Praxis angesehen wurde.

> Das Fasten und Beten der Täuferjünger kann ebenso wie das von Johannes geforderte ethische Verhalten und seine eigene asketische Haltung als eine bestimmte Glaubenskultur interpretiert werden, die den Zweck hatte, sich auf das Kommen des Gerichts einzustellen.

Hier zeigt sich ein Kausalzusammenhang von Ethik und Eschatologie. Nur wer ein Leben in Reinheit, Gerechtigkeit und Solidarität mit den Armen führte und seine religiöse Praxis nach den Anweisungen des Täufers gestaltete, konnte auf die rettende Wirkung seiner Taufe im Endgericht hoffen.

5.1.4 Kritische Anmerkungen zum Klima

Was haben diese Überlegungen mit Gemeindemanagement zu tun? Zunächst lässt sich hier ein gutes *biblisches Beispiel für das Zusammenwirken von Vision, Strategie, Kultur und Ziel* finden. Es gibt aber noch einige weitere Punkte, die uns in unserer modernen Gemeindesituation weiterhelfen können:

Hier sei zum einen das Stichwort „*Gemeindeanalyse*" genannt. Im ersten Kurs unserer Ausbildung versuchen wir, das Miteinander und Nacheinander von Vision und Gemeindeanalyse deutlich zu machen. Fragen wir nun, welche Art von Analyse der Täufer betreibt, fällt auf, dass von Anfang an seine Vision das Ergebnis seiner Analyse beeinflusst. Weil er das drohende Gericht Gottes vor Augen hat, sieht Johannes in den Menschen nur die Sünder, und seine Strategie richtet sich nur auf eine Änderung des sündigen Verhaltens. Überspitzt gesprochen ist das Klima, das er verbreitet, eine *Atmosphäre der Angst*. Selbst Herodes fürchtet sich vor ihm (vgl. Lk 9,7–9 par.). Ein solches Klima passt natürlich zu einer Kultur der Askese und der strengen Glaubenspraxis, wie wir sie für die Täuferkreise zu erkennen meinten.

Zum anderen hilft uns die Betrachtung der Strategie des Täufers, die Strategie Jesu besser zu verstehen. Wir können so eine Theologie bei Lukas entdecken, die eine tragfähige Grundlage für echtes Gemeindewachstum ist.

5.2 Die Ziele und Strategien Jesu und die Kultur seiner Gemeinde

5.2.1 Die Vision Jesu

Schon Jesu Geburt ist begleitet von irdischen und himmlischen Visionen: Barmherzigkeit von Geschlecht zu Geschlecht, die Niedrigen werden erhoben, die Hungrigen satt (Maria in Lk 1,46–55); Friede auf Erden (die Engel in 2,14), ein Licht, zu erleuchten die Heiden (Simeon in 2,32). Doch das unterscheidet ihn nur wenig von Johannes (vgl. das Benediktus des Zacharias 1,68–79 u. evtl. das Magnifikat).

Auch Jesus beginnt bei Lukas seine Tätigkeit wie Johannes in der Wüste. Dort gaukelt ihm jedoch nicht *Gott*, sondern der *Teufel* verschiedene Träume vor (Lk 4,1–13). Aber es sind nicht die Visionen von Wohlstand, Macht und Ruhm, die zur Antriebsfeder für Jesu Handeln werden. Aus ihnen lassen sich seine Ziele nicht ableiten. Doch Lukas lässt wie bei Johannes dem Täufer schon in der ersten öffentlichen Predigt die Vision und das daraus abgeleitete innere Leitbild Jesu deutlich werden.

Wie Johannes kommt Jesus aus der Wüste und beginnt seine Predigt mit einem Jesaja-Zitat (Lk 4,17–21):

> „Da wurde ihm das Buch des Propheten Jesaja gereicht. Und als er das Buch auftat, fand er die Stelle, wo geschrieben steht: ‚Der Geist des Herrn ist auf mir, weil er mich gesalbt hat, zu verkündigen das Evangelium den Armen; er hat mich gesandt, zu predigen den Gefangenen, dass sie frei sein sollen, und den Blinden, dass sie sehen sollen, und den Zerschlagenen, dass sie frei und ledig sein sollen, zu verkündigen das Gnadenjahr des Herrn.' Und als er das Buch zutat, gab er's dem Diener und setzte sich. Und aller Augen in der Synagoge sahen auf ihn. Und er fing an, zu ihnen zu reden: ‚Heute ist dieses Wort der Schrift erfüllt vor euren Ohren.'"

Das war die Vision Jesu! Ihr Inhalt ist nicht nur durch die Tatsache bestimmt, dass er der geisterfüllte Messias Gottes war, sondern auch durch die Aussicht auf die Befreiung der Gefangenen, die Heilung der Blinden, die Aufrichtung der Niedergeschlagenen und die Erlassung aller Schulden. Damit deuten sich sein inneres Leitbild und seine Strategie bereits an, doch lohnt es sich, noch genauer nach seiner Vision zu fragen.

Visionen lassen sich in prophetisch-biblischer Tradition am besten mit Bildern beschreiben. Und da Jesus selber gerne in Gleichnissen spricht, sei an dieser Stelle zunächst ein Gleichnis genannt:

Lk 13,6–9: Das Gleichnis vom Feigenbaum

Jemand hat einen Weinberg, in dem ein Feigenbaum wächst. Bei diesem Bild werden die Leser des Lukas an *Israel* gedacht haben, das im Alten

Testament mehrfach mit einem Feigenbaum[8] oder einem Weinberg[9] verglichen wird (vgl. auch Lk 20,9–19). Nun kommt dieser „jemand", der weder „Besitzer" noch „Mensch", sondern nur ganz unbestimmt „jemand" genannt wird, um Frucht zu suchen. Weil er nach dreijähriger Suche immer noch keine Früchte gefunden hat, fordert er den Gärtner auf, den Baum zu fällen.

Die inhaltlichen, sprachlichen und theologischen Parallelen von Lk 13,6–9 zu der Verkündigung Johannes des Täufers sind eklatant:

1. Johannes *kommt* wie der anonyme „jemand" in den Weinberg Israel (vgl. 3,3 und 13,6) und fragt nach den *Früchten* der Umkehr (vgl. 3,8f und 13,6).

2. In Lk 13,1–5.6–9 und 3,8f werden „umkehren" und „Frucht bringen" metaphorisch verknüpft.

3. Lk 3,9 kann als Zusammenfassung von 13,6–9 gelesen werden: *„Schon ist die Axt an die Wurzel der Bäume gelegt. Jetzt wird jeder Baum, der keine gute Frucht bringt, umgehauen und ins Feuer geworfen."*

4. Sowohl in der Täuferpredigt als auch in Lk 13,6–9 wird die Dringlichkeit der Umkehr durch die Drohung mit dem unmittelbar bevorstehend geglaubten Gericht unterstrichen.

Aber das Gleichnis nimmt eine überraschende Wende. Entgegen allen Erwartungen und entgegen jedem botanischen Sachverstand setzt sich der Gärtner für den unfruchtbaren Baum ein, anstatt ihn zu fällen (V.8)[10]. Er bittet darum, ihm „dieses eine Jahr" zu geben, in dem er selber für ihn sorgen und ihn pflegen will. Diese Wende entspricht nun aber sachlich genau der Wende, die die Antrittspredigt Jesu in Nazareth gegenüber der Verkündigung des Täufers bedeutete. Wie Johannes „kommt" Jesus in den „Weinberg Israel" (vgl. 4,1), aber er verkündet das „Gnadenjahr des Herrn" (4,19).

Der Schluss des Gleichnisses überrascht erneut. Selbst wenn der Baum nach diesem einen „Gnadenjahr" noch immer keine Frucht gebracht haben sollte, verweigert der Gärtner nach wie vor den Befehl des Weinbergbesitzers, ihn zu fällen. Der Besitzer selber soll dies tun (Lk 13,9).

---

8 Vgl. Jer 8,13; 24,1–10; Hos 9,10; Mich 7,1.
9 Vgl. Ps 80,9–17; Jes 5,1–7; 27,2–5; Jer 2,21; Ez 15,1–8; Hos 10,1.
10 Der auch wild wachsende Feigenbaum ist äußerst genügsam und braucht in aller Regel keine besondere Pflege und Düngung. In Obstgärten wurden unfruchtbare Bäume gefällt, damit sie den Boden nicht auslaugten.

Dies lässt nun entscheidende Rückschlüsse auf die lukanische Heilslehre zu. Das Gleichnis knüpft an die Umkehrpredigt des Täufers an und negiert weder die von ihm verkündete Gefahr des drohenden Gerichts noch die Notwendigkeit einer „radikalen"[11] Umkehr. Aber mangelnde Früchte der Umkehr führen nicht *zwangsläufig* zur Vernichtung im Gericht, sondern Jesu Tätigkeit bewirkt Umkehr und damit auch Rettung vor dem Gericht[12]. Die Früchte der Umkehr sind dann *Folgen* und nicht *Bedingungen* des Heilsempfangs.

Die an das Gleichnis vom Feigenbaum anschließende Heilung (13,10–17) und der Vergleich des Reiches Gottes mit dem großen fruchtbaren Baum (!), der aus dem Senfkorn wuchs (13,18f), illustrieren dies in anschaulicher Weise. Das von dem Gärtner in Anspruch genommene Jahr, in dem er den Baum düngen will, ist wie der Sabbat, an dem Jesus eine Frau von einer Krankheit befreit (13,12) und an dem jedermann sein Vieh losbindet und zur Tränke führt (13,15).

Es ist die Erfüllung der in der Synagoge Nazareths von Jesus in Anspruch genommenen Verheißung Jesajas. Das Sabbatjahr des Herrn, das Freiheit für die Gefangenen und Erlösung für die Sünder bringt, manifestiert sich in der Verkündigung Jesu vom Reich Gottes.

> Der Mensch unter der Herrschaft der Sünde ist für Lukas wie ein unfruchtbarer Baum, der trotz langer Wartezeit noch keine Früchte hervorgebracht hat (13,7), und wie jemand, der schon lange von Dämonen gefangen und vom Satan gebunden ist (13,16), ist er aus eigener Kraft nicht in der Lage, Früchte der Umkehr zu bringen oder sich zu befreien.
>
> Aber ihm wird geholfen. Der Gärtner sorgt für den Baum, weil er den Traum hat, er würde doch noch Frucht bringen. Jesus befreit die kranke Frau, weil er in ihr die Tochter Abrahams sieht und den Traum Gottes von aufgerichteten Menschen träumt.

5.2.2 Die Strategie Jesu und die Kultur der Kirche

Um sein Ziel, Menschen für die Herrschaft Gottes zu befreien, zu erreichen, *predigt* Jesus und *heilt* Menschen, schließlich *stirbt* er auch für dieses Ziel. Deshalb gehören *Verkündigung* und *Diakonie* noch heute untrennbar als Wesenselement zur christlichen Gemeinde. Doch Jesus hat – strategisch gesprochen – nicht nur gepredigt und geheilt. Ein Drittes kommt hinzu. Er

---

11 Auch in dem Gleichnis erfolgt die Umkehr „von der Wurzel her"!
12 Dies scheint mir die entscheidende Deutung des Gleichnisses zu sein. Eine Moralisierung im Sinne von: „Gott gewährt eine Frist, die es zu nutzen gilt." (so Taeger, 136; vgl. auch Klein, 82f.) übersieht, dass in dem Gleichnis der *Gärtner* die Zeit nützen will, um zu bewirken, dass der Baum Frucht bringt.

hat auch mit den Menschen *gegessen und gefeiert*, er hat sie *gesucht und besucht*, d.h. strategisch gesprochen, er hat auch am Klima und der Atmosphäre gearbeitet, um seiner Vision und seinem Ziel entsprechend zu leben.

Im Folgenden soll keine Strategie Jesu in einzelnen Teilzielen dargestellt, aber die entscheidenden Elemente seiner Strategie sollen auf den Punkt gebracht werden.

5.2.2.1 Verkündigung

Die Verkündigung Jesu wird nicht immer von der des Täufers getrennt. Matthäus, der Gesetzestreue unter den vier Evangelisten, hat keine Hemmungen, Johannes und Jesus die selben Worte in den Mund zu legen: „Tut Buße, denn das Himmelreich ist nahe herbeigekommen!" (Mt 3,2 und 4,17) Und beide könnten ja auch so gepredigt haben. Für Lukas ist es aber wichtig zu zeigen, dass es einen entscheidenden strategischen Unterschied in der Verkündigung Jesu und der des Täufers gibt. Bei Jesus bleibt die Umkehr zwar Bedingung für die „Erlösung", aber sie ist nicht mehr menschliche Leistung, sondern göttliches Geschenk, das der Mensch in der Begegnung mit Christus erfahren kann. Die Predigt Jesu geht also bei Lukas insofern über die des Johannes hinaus, als Jesus nicht bei dem Umkehrruf stehen bleibt, sondern bereits das Heil Gottes in seiner Person verkündigt. Dieses „mehr" der Verkündigung Jesu gegenüber der des Johannes (vgl. Lk 11,31f) besteht darin, dass Jesus nicht nur auffordert umzukehren, um gerettet bzw. befreit zu werden, sondern dass er Umkehr ermöglicht, indem er dem Verlorenen nachgeht und es bereits befreit. Anders ausgedrückt:

> Das Ziel der Verkündigung Jesu, nämlich die Befreiung der Gefangenen und die Einladung ins Reich Gottes, erfüllt sich bereits in seiner Person. Deshalb ist seine Strategie nicht auf die zukünftige Rettung der Verlorenen im Gericht ausgerichtet, sondern auf die Begegnung mit ihm und die gegenwärtige Annahme der von ihm ausgesprochenen Einladung.

Die Strategie Jesu lässt sich sicher nicht so leicht wie bei Johannes auf einzelne Teilschritte reduzieren. Dennoch meine ich zu erkennen:

> Mehrere Züge der Verkündigung Jesu sind von strategischer Bedeutung für die christliche Gemeinde:
>
> 1. Der universale Anspruch des Evangeliums als prinzipiell offener Horizont der Verkündigung.
> 2. Die Annahme des Verlorenen als Inhalt des Evangeliums.

1. *Der universale Anspruch des Evangeliums:* Die Kritik des Täufers am Erwählungsbewusstsein seiner Zuhörer und sein Insistieren auf die Verantwortung jedes Einzelnen lassen in Ansätzen bereits eine universale Tendenz erkennen, da die Volkszugehörigkeit ja relativiert wird. Wahrscheinlich versteht Lukas die Verkündigung des Täufers als imaginären Punkt Null, von dem an das Evangelium immer weitere Kreise zog (vgl. Lk 16,16). Jesus selbst verkündet bei ihm die Herrschaft Gottes zunächst in Galiläa und Judäa (Lk 4,43; 8,1), dann beauftragt er erst die zwölf (Lk 9,1f) und anschließend die zweiundsiebzig Jünger (10,1), dies ebenfalls zu tun. Der Auftrag wird in Samaria und auf dem Weg nach Jerusalem wiederholt (Lk 9,60; 10,1). Dann setzt sich der universale Anspruch der Verkündigung vom Reich in der bereits angedeuteten Reihenfolge fort. Zunächst verkünden die Apostel wie Jesus im Jerusalemer Tempel das Evangelium (Lk 20,1; Apg 5,42). Dann zieht es seine Kreise über Samaria (Apg 8,12) bis nach Rom (Apg 28,31). Der Bogen reicht von der summarischen Zusammenfassung der Predigt Jesu (Lk 4,43) bis zur ungehinderten Verkündigung des Paulus in Rom (Apg 28,31); wobei Johannes der Täufer sowohl im Evangelium als auch in der Apostelgeschichte als Fixpunkt erscheint, von dem ab diese universale Bewegung der Reich-Gottes-Verkündigung beginnt (vgl. Lk 1–3; 16,16; Apg 1,5.8. 22).

2. *Die Annahme des Verlorenen als Inhalt des Evangeliums:* Das in Lk 4,43 zum Ausdruck kommende göttliche „Muss", unter dem Jesu Verkündigung vom Reich Gottes steht, wiederholt sich in den Erzählungen über die Begegnungen Jesu mit der verkrümmten Frau (Lk 13,10–17) und in der Begegnung mit dem Zöllner Zachäus (Lk 19,1–10). So wie Jesus die Herrschaft Gottes verkünden *muss* (Lk 4,43), *muss* er an einem Sabbat, dem Tag der Befreiung durch Gott (vgl. Dtn 5,15), eine Tochter Abrahams von der Herrschaft Satans befreien (Lk 13,16) und *muss* „heute" einen verlorenen Sohn Abrahams, einen Zöllner, retten (Lk 19,5). Das heißt, *es gibt einen göttlichen Heilsplan für die Befreiung der Verlorenen*, der darin besteht, dass sich die Befreiung von Menschen in ihrer Begegnung mit Jesus vollziehen muss. Der *Sabbat*, an dem die verkrümmte Frau von den Fesseln Satans befreit wird, das *heute*, an dem Jesus im Haus des Zöllners sein muss, und das *Jahr*, in dem für den unfruchtbaren Feigenbaum gesorgt wird (Lk 13,6–9), entsprechen dem „Erlassjahr", das sich durch die Verkündigung Jesu von der Befreiung der Gefangenen „heute" erfüllt hat (Lk 4,18–21). Das Evangelium von der Herrschaft Gottes realisiert sich also im Evangelium für die Armen von der *Befreiung* der Gefangenen. Es ist die von Johannes verheißene und die durch Jesus erfüllte Befreiung von den Sünden.

5.2.2.2 Diakonie

Das von Jesus proklamierte Evangelium von der Annahme der Verlorenen realisiert sich in der in Christus manifestierten Herrschaft Gottes. Deshalb ist das Reich Gottes nah und erfahrbar, wenn Jesus durch die Hand Gottes böse Geister austreibt (Lk 11,20) oder seine Jünger Kranke heilen (Lk 10,9).

> Jesu Erbarmen mit der leidenden Kreatur, seine Heilungen und Wunder, sind Teil seiner ganzheitlichen Strategie, Menschen mit Herzen, Mund und Händen unter die Herrschaft Gottes zu stellen.

Deshalb beschreiben Markus und Lukas auch in dem ersten Wunder, das sie berichten, die Reaktion des unreinen Geistes: „Halt, was willst du von uns, Jesus von Nazareth? Du bist gekommen, uns zu vernichten. Ich weiß, wer du bist: der Heilige Gottes!" (Lk 4,34; Mk 1,24)

Diakonie ist mehr als christliche Pflichterfüllung. Sie ist Proklamation der Herrschaft Gottes und somit Ausrichtung des Evangeliums.

5.2.2.3 Besuchsdienst

Bei diesem Thema lässt sich für mich eine sehr aktuelle theologische Strategie des Lukas erkennen:

> **1. Schritt: Gott besucht sein Volk**
> **2. Schritt: Jesus entwickelt und praktiziert die Strategie des Besuches**
> **3. Schritt: Die Kirche wächst und existiert durch ihren Besuchsdienst**

1. Schritt: Gott besucht sein Volk

Die Geschichte Jesu beginnt mit dem *Besuch* der Engel bei Zacharias, Maria und den Hirten und den Reaktionen darauf:

- Lk 1,39–45: Maria *besucht* ihre Cousine Elisabeth
- Lk 1,68+78: Zacharias stimmt seinen Lobgesang an: „Gelobt sei der Herr, der Gott Israels! Denn er hat *besucht* und erlöst sein Volk ... durch die herzliche Barmherzigkeit unseres Gottes, durch die uns besuchen wird das aufgehende Licht aus der Höhe."

2. Schritt: Jesus entwickelt und praktiziert die Strategie des Besuches

> Neben der Verkündigung des Evangeliums, der Unterweisung seiner Jünger und den Wundern hatte Jesus noch eine andere Strategie, die Herrschaft Gottes zu demonstrieren. Jesus sucht schon vom allerersten Anfang bis zum Ende seiner Tätigkeit die Hausgemeinschaft der Menschen, mit denen er seine Gemeinde bauen will:

- Mk 1,29f (Heilung der Schwiegermutter des Petrus): Nach der Synagoge geht Jesus noch zusammen mit einigen anderen mit *zu Besuch* ins Haus von Simon und Andreas.

- Mk 2,13–17 (Berufung des Levi): Jesus beruft den Zöllner Levi (Matthäus) in seine Nachfolge und *isst mit ihm* und seinen „unreinen" Kollegen. Hier und öfter nimmt Jesus das gemeinsame Essen zum Anlass und „predigt".

- Mk 3,20f (Jesus und seine Angehörigen): Jesus geht in ein Haus, um mit anderen zu essen. In der Debatte um das Messiasgeheimnis ist die entscheidende, nämlich gemeinschaftsstiftende Funktion dieser eigentümlichen Strategie Jesu übersehen worden.

- Mk 6,30–44 (Speisung der 5000): Hier ereignet sich eine theologisch bedeutsame Umkehrung. Jesu Besuchsstrategie ist aufgegangen. Jesus geht nun nicht mehr nur hin und besucht, sondern die Menschen kommen und *besuchen ihn*; und er wird zum Gastgeber, indem er sein Mitarbeiter anhält, das zu teilen, was sie haben. Hier erleben wir die Geburtsstunde des Gottesdienstes und der Diakonie entwachsend aus der Besuchsstruktur. Jesus hat geistliche Nahrung von Anfang an in Verbindung gesetzt mit einer Atmosphäre der Gastlichkeit und der Versorgung der körperlichen Bedürfnisse. Die Wiederholung dieser Aktion auf heidnischem Gebiet in Mk 8,1–9 mag deshalb nicht verwundern.

- Mt 25,31–46 (Gleichnis vom Weltgericht): V.36 macht gleich dreifach deutlich, dass das *Besuchen* zu den Wesensmerkmalen des Christseins gehört.

- Lk 9,1–6 u. 10,1–12 (Aussendung der 12 und der 72 Jüngerinnen und Jünger): Jesu Auftrag an seine Jüngerinnen (vgl. Lk 8,1–3) und Jünger ist eindeutig und umfasst drei Aspekte: Besuchen, Verkündigen und Heilen.

- Lk 14,1–24 (Heilung des Wassersüchtigen – Rangordnung der Gäste – Gleichnis vom großen Abendmahl): Jesus *besucht* einen führenden Pharisäer und heilt, lehrt und erzählt Geschichten. Das Gleichnis vom großen Abendmahl macht deutlich: Gottes Einladung ist ausgesprochen, es ist unsere Aufgabe, hinzugehen und sie weiterzugeben.

- Lk 19,1–9 (Zachäus): Jesus hat für diesen Tag ein genau umfasstes *„Besuchsdienstprogramm":* „Ich muss heute in deinem Haus einkehren."
- Lk 24,13–35 (Emmausjünger): Es ist schon beeindruckend, wie der auferstandene Jesus erst erkannt wird, nachdem die beiden Emmausjünger sich auf ihre *Gastfreundschaft* besonnen haben, nämlich im Vollzug der *Mahlgemeinschaft*. Mit den letzten *Besuchen* Jesu bei seinen Jüngern beginnt die weitere Geschichte der Kirche (vgl. auch Lk 24,36ff).

Vielleicht lässt sich die Strategie Jesu auch unter einem anderen Stichwort als das des *Besuchsdienstes* angemessen erfassen, aber es macht sehr deutlich, dass Jesus aufgrund seines Zieles und seiner Vision Strukturen verändert. Dies scheint mir auch die entscheidende Erkenntnis für Spirituelles Gemeindemanagement zu sein:

> Wer Ziele im Bereich des Evangeliums erreichen will, muss bereit sein, Strukturen so zu verändern, dass ein Klima der gegenseitigen Annahme und des Angenommenseins entsteht. Dafür braucht es Besuche, Feste und eine veränderte Kultur.

Lukas zeigt in seiner Apostelgeschichte, wie sich die Strategie Jesu, den Inhalt des Evangeliums durch Besuche, gemeinsames Essen und Feiern zu illustrieren, auf die Atmosphäre der frühen Gemeinde und damit auch auf die Kultur der Kirche auswirkt.

3. Schritt: Die Kirche wächst und existiert durch ihren Besuchsdienst

- Apg 2,37–47 (Die erste Gemeinde): Die Gemeinschaft der ersten Christen wird durch das gemeinsame Beten, Brotbrechen, durch die Gütergemeinschaft und die Versammlungen im Tempel charakterisiert. Und das Zusammensein und das gemeinsame Essen „in den Häusern" (V.46) setzt eine Praxis des sich gegenseitigen Besuchens voraus.
- Apg 6,1–7 (Wahl der 7 Armenpfleger): Die Einsetzung der ersten Amtsträger nach den Aposteln wird mit der diakonischen Aufgabe der Armenfürsorge begründet, nämlich der Versorgung der Witwen, die vermutlich ja nur in Form eines Besuchsdienstes organisiert werden konnte.
- Schließlich sind auch die Missionsreisen des Paulus in unserem Zusammenhang als ein einziger großer Besuchsdienst zu verstehen.
- Seine Mission in Europa beginnt mit einer doppelten Einladung (Apg 16,9+15).

- Apg 28,30 (Paulus in Rom): Die Apostelgeschichte endet mit einem Hinweis auf die Gastfreundschaft des – wahrscheinlich unter Arrest stehenden – Paulus: „Paulus aber blieb volle zwei Jahre in seiner eigenen Wohnung und nahm alle auf, die zu ihm kamen."

Mir scheint die Angst vor einer volkskirchlichen *Versorgungsmentalität* im Zusammenhang mit der Diskussion über Besuchsdienste fehl am Platz zu sein.

Besuche gehören zu den Aufgaben von Pfarrerinnen und Pfarrern ebenso wie zu den Aufgaben aller anderen Mitarbeitenden in der Kirche – sprich aller Christen. Sich gegenseitig zu besuchen ist mehr als freundliche Außenwerbung oder Mitgliederpflege. Es ist auch mehr als nur Mission oder nur Diakonie.

> Sich zu besuchen und miteinander zu reden, zu essen und zu feiern gehört zum Wesen der Gemeinde. Der Besuch ist die ursprüngliche Form des praktizierten Christentums.
>
> Gemeinde besucht Gemeinde, sonst ist sie keine Gemeinde.

5.2.3 Die Atmosphäre des Evangeliums

Angstfrei

Um seine Ziele zu erreichen verändert Jesus das Klima. Er will nicht, dass Menschen sich vor ihm oder Gott fürchten (vgl. „Fürchte dich nicht!" in Lk 1,30; 2,10; 5,10; 8,50; 12,4.7.32; Apg 18,9; 17,24).

Visionär, lustvoll und mit einem positiven Menschenbild

Er sieht in den Menschen nicht nur die verlorenen Sünder und die Kranken, sondern er hat eine Vision von den Menschen, denen er begegnet. Selbst in dem Kleinsten sieht er ein Kind Gottes. Wenn Jesus sich mit uns an einen Tisch sitzt, dann erkennt er in uns nicht nur die Verräter, die Leugner, Versager und Zweifler, sondern er sieht in uns seine Geschwister, Glieder an seinem Leib. Man könnte das mit anderen Worten auch „Gottes Lust am Menschen" nennen.

Diese Vision Jesu von den Menschen als neue Schöpfung Gottes – egal ob sie Sünder, Huren, Zöllner, Kranke, Arme oder welche von unserer Sorte sind – prägt auch das Zusammenleben der ersten Christen. Sie lässt Paulus und andere soziale und ethnische Grenzen überschreiten und wird zum eigentlichen Motor der Evangelisation (vgl. Gal 3,28; 2 Kor 5,17).

Festlich

Schließlich vergleicht Jesus das Reich Gottes immer wieder mit einer großen Festtafel und er gibt uns durch sein Reden und Handeln Einblicke in seine Vision dieses Reiches. Viele sind dort geladen, es gibt Lammbraten und Wein, es wird gefeiert, gegessen und getrunken (Lk 13,29; 14,15; 22,16.18.30) und den Vorsitz an der Festtafel hat Abraham (13,28; 16,22f). Sei es ihm gegönnt, es wird genug für uns übrig sein.

Partizipatorisch im Abendmahl

Es gibt bei Lukas noch eine weitere Möglichkeit für den Menschen, am Reich Gottes zu partizipieren, die über das Hören des Evangeliums hinausgeht: Wer an Jesu Worten und Taten partizipiert, der schmeckt – symbolisch gesprochen – das Brot im Reich Gottes (vgl. Lk 14,15–17.24). Die Gemeinde partizipiert am Reich Gottes, indem sie *Abendmahl* feiert; es wird ihr zugeeignet (22,29f). Das heißt aber, über ihre Teilhabe am Leib Christi hat sie Zugang zum Reich Gottes. Die durch die Gegenwart Jesu Christi und die von ihm bewirkte Befreiung von der Macht des Bösen erlangte Partizipation am Reich Gottes wird in der Zeit der Kirche durch das Abendmahl fortgeführt.

Eschatologisch – das Reich Gottes vorwegnehmend

Deshalb betont Lukas in der Apostelgeschichte die *Mahlgemeinschaft* der ersten Christen. In ihr wiederholt sich, was Jesus durch seine Mahlgemeinschaft mit Sündern demonstriert, nämlich die Teilhabe am Reich Gottes. Die lukanische Vorliebe für das Motiv der Mahlgemeinschaft erklärt sich aus seinem Reich-Gottes-Verständnis.[13] In den Mahlgemeinschaften Jesu mit Zöllnern, Sündern und den Verlorenen realisiert sich das von Johannes und seinen Anhängern am Ende der Zeit erwartete eschatologische Heil.

---

13 Auch diesen Aspekt betont Lukas gegenüber Johannes. In Lk 5,33f heißt es ausdrücklich im Kontrast zu der Fastenpraxis der Täuferjünger, dass die Hochzeitsgäste nicht fasten sollen, wenn der Bräutigam bei ihnen ist. Das kann nun so verstanden werden, dass Jesu Gegenwart bereits die Erfüllung der eschatologischen Ereignisse (Hochzeit) bedeutete, auf die die Täuferjünger sich durch ihr Fasten vorbereiteten. Erst nach seinem Tod werden auch sie trauern (5,35), allerdings, und dies scheint mir von Lukas bewusst so gestaltet zu sein, nur einige Tage lang (vgl. Mk 2,20), danach gibt es wieder neuen Wein in neuen Schläuchen (Lk 5,37–39).

5.3 Fazit: Die Kultur des Evangeliums

Die Redefigur „Kultur des Evangeliums" und der Versuch, diese am Beispiel der lukanischen Theologie zu veranschaulichen, soll keine an den Haaren herbeigezogene Illustration einiger populärer wirtschaftswissenschaftlicher Erkenntnisse sein. Es geht mir vielmehr darum zu zeigen, wie Jesus ganzheitlich gelebt und gewirkt hat. Er hat eben nicht nur gepredigt und geheilt, und wer es wollte, hat ihm geglaubt, sondern Jesus hat Strukturen verändert und Atmosphäre geschaffen.

Wer heute über Gemeindeaufbau oder Kirchenmanagement nachdenkt, sollte sich nicht der Illusion hingeben, Gemeindeaufbau ließe sich auf die rechte Verkündigung oder gutes diakonisches Engagement oder auf das Ausbauen von evangelistischen Geh-Strukturen reduzieren. Wer am Aufbau der Gemeinde partizipieren will, der muss bereit sein, Strukturen zu verändern und auch atmosphärisch zu arbeiten.

> Wir brauchen eine angstfreie Atmosphäre und eine Kultur der Gastlichkeit, des Miteinander-Feierns und der Partizipation – und zwar sowohl in unseren Kirchengebäuden als auch in Hauskreisen und Kreiskirchenämtern.

Insofern komme ich zum Anfang zurück. Eine Umkehr ist tatsächlich notwendig, aber diese Umkehr muss im Sinne Jesu nicht in eine trotzige oder auch resignierende Bußhaltung ausarten, sondern eine veränderte Atmosphäre zum Ziel haben.

Die Kultur des Evangeliums zwingt uns, über unsere Strategien von Leitung und Gemeindearbeit intensiv nachzudenken, und sie gibt uns bereits eine Vision vor, die uns hilft die Strukturen zu verändern. Zumindest gibt sie uns einen Geruch und einen Geschmack dieser Vision: Es ist der Geruch von Lammbraten und der Geschmack von gutem Wein.

6. *Veränderungsprozesse gestalten*
Das Gottesdienst-Projekt „Guten-Abend-Kirche" in Billmerich

Hans-Jürgen Dusza

Die Dorfkirche ist an diesem Sonntagabend voll besetzt, wie schon seit über einem Jahr in den Wintermonaten. Überall leuchten Teelichter. Kerzen verbreiten ihren Schein. Eine Gesangsgruppe stimmt Lieder aus Frankreich (Taizé), Skandinavien, England und nicht zuletzt aus Deutschland an. Die Menschen in der Kirche singen innerlich beteiligt mit. Texte und Noten werden mit einem Tageslichtschreiber an die Kirchenwand projiziert. Verschiedene Instrumente begleiten den Gemeindegesang: Klavier, Gitarren, Geigen, Flöten. Lektorin und Pfarrer lesen Psalmen in moderner Übertragung und Bibeltexte. Grundgedanken zu einem Glaubensthema werden vorgetragen und Gebete gesprochen. Mitten im Gottesdienst gibt es eine Zeit der Stille – zum Beten, zum Nachdenken, zum Auftanken. Es ist *wirklich* still, erstaunlich bei den vielen Menschen. Nach knapp einer Stunde ist der Gottesdienst, die „Guten-Abend-Kirche", beendet. Manchmal trifft sich, wer noch Zeit und Lust hat, danach im Gemeindehaus zum gemütlichen Ausklang.

Gleicher Ort, andere Zeit: Wieder ein Sonntag, diesmal um 11.15 Uhr: Junge Familien kommen zu einem „Gottesdienst für Klein und Groß" zusammen. Die Puppen Lucy und Paule erzählen Kindern (und Erwachsenen) eine Geschichte aus der Bibel und stellen das, was sie sagen, mitten hinein ins heutige Leben. Die Dialoge der beiden sind witzig, machen aber auch nachdenklich. Leise und laute Bewegungslieder werden gesungen und gespielt. Mitten darin die altersgemäße Erarbeitung eines Themas in kleinen Gruppen. Manchmal wird etwas gemalt, ein stilles Schreibgespräch geführt oder spontan ein kleines Theaterstück erfunden.

Gleicher Ort, wieder ein Sonntag. Jetzt ist es die in der Gemeinde übliche Gottesdienstzeit: 9.30 Uhr. Die Menschen feiern Gottesdienst nach der bekannten Liturgie. Der Akzent liegt darauf, dass es *die Gemeinde* ist, die den Gottesdienst gestaltet. Haupt- und Ehrenamtliche machen mit. Mitarbeiterinnen werden für ihren Dienst gesegnet. Die Gemeinde betet für sie. In einem anderen Gottesdienst erzählen Menschen von einem Projekt, das sie gerade durchführen. Dann wieder stellen Konfirmanden vor, was sie gerade im Kirchlichen Unterricht erarbeitet haben.

Diese und andere Gottesdienste sind das Resultat eines gezielten Veränderungsprozesses, der vor zweieinhalb Jahren begann. Dem Presbyterium ging es damals darum, klare Ziele für die Gemeindearbeit der nächsten Jahren zu formulieren. Das Ergebnis ging aus einer Perspektiventwicklung über die zukünftige Gemeindearbeit hervor und lautete:

> „Wir kommen aus einer Situation der Vereinzelung und der Gruppeninteressen. Wir sehnen uns nach der Nähe Gottes."

Daraus zog das Leitungsgremium die Folgerung:

> „Wir wollen schwerpunktmäßig den Gottesdienst in unserer Gemeinde als Mitte stärken. Um dies zu tun, machen wir uns auf einen gemeinsamen zielgerichteten Weg."

Anhand des konkreten Beispiels dieser Gottesdienstentwicklung lassen sich einige allgemeine Regeln aufzeigen, die sich auf gestaltete Veränderungsprozesse in Kirchengemeinden beziehen:

6.1 Sich Zeit nehmen für eine klare Zielsetzung

Wohin genau soll die Reise gehen, zu der wir aufbrechen? Die Klärung des Ziels sollte nicht zu oberflächlich und schnell erfolgen. Denn hier werden die Weichen für den ganzen weiteren Weg gestellt. Zunächst ist es wichtig, sich selbst über das eigene Anliegen so klar wie möglich zu werden. Dabei hilft es, sich die Faktoren genau anzusehen, die bei der Klärung der Ziele meist einen besonderen Einfluss haben. Es sind im Wesentlichen drei Faktoren:

- Der erste Faktor bezieht sich auf unsere eigenen „inneren Bilder" davon, wie eine Gemeinde sein sollte. Diese „inneren Bilder", die jede und jeder, der Gemeindearbeit mit Engagement betreibt, in sich trägt, werden gespeist aus der Theologie, die uns prägt und aus biografischen Erfahrungen.
- Der zweite Faktor ist die Wahrnehmung der augenblicklichen Gemeindesituation. Niemand, der Veränderung ernsthaft anstrebt, wird dies an der realen Gemeinde vorbei tun wollen.
- Um die Veränderung in die Gemeinde einzubetten, sollten wir drittens darüber hinaus fragen, welche Ereignisse in der Vergangenheit in dieser Gemeinde Energie, Glaubenszuversicht und Vitalität hervorgerufen

haben. Aus welchen Erfahrungen und Anlässen nimmt die Gemeinde ihre Kraft? Welches Geschehen aus früheren Jahren bestimmt in besonderer Weise ihre Gegenwart?

Wenn wir mit einem Projekt Veränderung anstreben, sollten wir immer diese drei Punkte im Blick behalten und schauen, wie sie zueinander passen.

Bei unserem Gottesdienstprojekt war es die Sehnsucht einiger Mitarbeiterinnen und Mitarbeiter, die die Veränderung unmittelbar in Gang setzte. Sie wollten sich mit dem bisherigen Gottesdienst nicht zufrieden geben und vertrauten auf Gottes größere Möglichkeiten. Auch in der Perspektiventwicklung war ja diese Sehnsucht nach der Nähe Gottes zum Ausdruck gekommen.

Gespräche über das, was in der Gemeinde gegenwärtig „dran" sein könnte, halfen uns bei der Geburt einer ersten Idee. Wir versuchten, uns immer deutlicher vorzustellen, wie unser Einfall Gestalt gewinnen könnte.

Zur Klärung am Anfang gehört außerdem auch, dass wir uns fragen, wie viel Kraft und Zeit wir für unser Anliegen einsetzen können. Es geht darum, die eigenen Möglichkeiten realistisch zu überschlagen. Denn es verspricht keinen Erfolg, vieles zu wollen, wenn man bereits bei den momentanen Belastungen die Kapazitätsgrenze überschritten hat. In diesem Fall gilt die Regel des „vollen Kleiderschranks". Wenn ich ein neues Kleidungsstück hineinhänge, muss ich etwas anderes herausnehmen, sonst droht das Möbelstück auseinander zu brechen. Das heißt aber nichts anderes als:

> Veränderungsprozesse in der Gemeinde bedürfen der deutlichen Schwerpunktsetzung.

Bei unserem Gottesdienstprojekt war die Entscheidung klar: Das erneuerte Gottesdienstleben sollte einen zentralen Akzent darstellen. Darauf wollten wir uns in der nächsten Zeit konzentrieren. Hierfür wollten wir auch in unserem Ort Position beziehen. Wenn wir uns trafen, tauschten wir Ideen über unser Projekt aus. Manche beteten regelmäßig dafür und tun es bis heute.

Die Klärungsaufgabe steht also am Anfang. Niemand sollte meinen, er könne diese wichtige Aufgabe mit der linken Hand erledigen.

> Am Anfang steht die präzise Klärung: Was wollen wir genau verändern? Was ist unser Ziel?

Zur besseren Einschätzung des Veränderungsziels gehört auch, dass wir das *kritische Gespräch* über das Vorhaben suchen. Kollegiale Beratung ist angesagt. Entscheidend ist, dass wir dabei zur Korrektur bereit sind, bis wir uns schließlich – nach der Beratung mit Schwestern und Brüdern – entschieden haben und genauer wissen, was wir wollen.

6.2 Das Projekt in die Gemeinde einbetten

Bis hierher handelte es sich noch um ein erstes informelles Nachdenken, das um eine Projektidee kreist. Sind wir uns aber im Klaren darüber, dass wir das, was nun angedacht ist, auch wirklich in die Tat umsetzen wollen, dann sollte die Vorstellung im Presbyterium erfolgen. Projektmanager im industriellen Bereich werden nicht müde zu betonen, wie wichtig diese Einbindung in den institutionellen Rahmen ist. Ohne offizielle Beschlussfassung können sich Projektideen sonst leicht als Seifenblasen entpuppen.

> Veränderungsprozesse müssen „institutionell" in die Gemeinde eingebunden werden.

Das heißt: Sie sind so früh wie möglich mit der Leitung abzustimmen. Nach der Zustimmung im Presbyterium gilt es nun, das, was wir vorhaben, in der breiteren Gemeindeöffentlichkeit bekannt zu machen und um Akzeptanz zu werben. Wir stellen unser Projekt bei Mitarbeitenden und anderen Interessierten vor. Das geschieht z.B. im Gottesdienst, im Gemeindebrief oder in der Lokalpresse.

Bei unserem Gottesdienstprojekt betonten wir überall, warum für uns als Gemeinde gerade der Gottesdienst so wichtig ist. Eine Gemeinde ohne Gottesdienst ist nicht denkbar, hoben wir hervor. Eine Gemeinde ist im Prinzip ohne „Ikebana", ohne Gemeindebücherei oder die Sportgruppe vorstellbar, aber wenn sie den Gottesdienst vernachlässigt, verliert sie ihre Substanz.

6.3 Das Projektteam bilden

Darüber hinaus gestalteten wir ein Gemeindetreffen für Mitarbeiterinnen, Mitarbeiter und alle anderen Interessierten. Bei dieser Zusammenkunft stellten wir das Projekt vor und luden zum Mitmachen ein. Dabei kam schon recht früh der Gedanke eines Projektteams ins Spiel. Die Gewinnung von Mitstreitern ist in der Tat für die Durchführung eines Veränderungsprojektes unabdingbar. Der Versuch, als Einzelner Veränderungen in Gang zu bringen, übersteigt in den meisten Fällen die eigene Kraft. Der Zweck des Projektteams besteht darin, sich *gemeinsam* für die beabsichtigte Veränderung einzusetzen.

> Die Bildung eines Teams, das die beabsichtigte Veränderung nach vorn bringt, ist für den Prozess unerlässlich.

Zeit und Ort des ersten Teamtreffens müssen langfristig feststehen. Immer wieder sollte dazu eingeladen werden (nicht nur beim Gemeindetreffen).

Bei unserem Gottesdienstprojekt war es diese Gruppe, die sich für Musik, das Ansingen der Lieder und die Gestaltung des Kirchraums engagierte. Später entstanden mehrere Arbeitsteams, die sich für jeweils einen einzigen Aufgabenbereich verantwortlich fühlten.

Allgemein gilt für die Durchführung von Veränderungsprozessen: Wenn die Ziele so klar sind, dass sich andere etwas darunter vorstellen können, sollte die Suche nach Mitstreiterinnen und Mitstreitern im Vordergrund stehen. Oft liegt meiner Meinung nach ein Fehler darin, zu schnell und dann auch noch mehr oder weniger allein an das Projekt heranzugehen. Man möchte kurzfristig etwas schaffen, will schnell einen Erfolg sehen und vergisst dabei, andere mit auf den Weg zu nehmen. Überforderung und Frustration sind die Folge. Wir müssen uns vor Augen halten:

> Gelungene Veränderungsprozesse lassen sich mit einer Katze vor dem Sprung vergleichen.

Die Katze schleicht sich langsam heran, klärt aufmerksam ihre Sprungrichtung – und springt dann los. Genau so sollten wir unsere Aufmerksamkeit auf die vorbereitenden Schritte richten. Sonst landen wir leicht im Abseits. Ein wichtiger Schritt im Rahmen dieser vorbereitenden Maßnahmen aber ist die Gewinnung von Menschen, die sich mit uns auf den Weg machen. Für grundlegende Veränderungsprojekte, die in einer Gemeinde wirklich „dran" sind, wird es immer potenzielle Mitarbeiterinnen und Mitarbeiter geben. Es kommt darauf an, sie zu finden. Das Entscheidende ist, sich auf die Suche nach ihnen zu machen und die vielen Kontaktmöglichkeiten, die wir haben, dabei zu nutzen.

Ist das Projektteam ins Leben gerufen, setzt es sich als Erstes noch einmal genau mit der Zielsetzung des Vorhabens auseinander. Das, was beabsichtigt ist, sollte in der Gruppe ausführlich diskutiert werden. Wichtig ist, dass alle Beteiligten dabei mitmachen. Am Ende steht die schriftliche Formulierung.

> Unser Anliegen formulieren wir schriftlich: als Projektziel nach Inhalt, Ausmaß, Zeit- und Segmentbezug.

Im Projektteam werden auch die Schritte geplant, die zum Ziel führen sollen. Wir überlegen ferner, welche Widerstände und Hindernisse uns voraussichtlich begegnen werden und wie wir mit ihnen umgehen können. Wir stellen uns darauf ein, dass unser Vorhaben nicht bei *allen* auf Zustimmung stoßen wird. Veränderungsprozesse können Ängste auslösen und zu Konflikten führen.

Gleichzeitig fragen wir nach unterstützenden Kräften: Wo wird es Rückenwind für unser Anliegen geben? Ferner klären wir:

- Wer macht wann was?
- Was braucht er oder sie dafür?
- Wer ist der Moderator des Ganzen mit der Aufgabe, das Team einzuladen, den Zeitplan im Auge zu behalten usw.? Der Moderator ist der Taktschläger des Prozesses. Er/sie sorgt dafür, dass die Veränderung voran kommt. Er/sie hakt nach, wenn es irgendwo „klemmt".

6.4 Sich um eine Feedback-Kultur bemühen

Wenn die weitergehenden Planungen erfolgt sind, sollte ein Zwischenbericht im Presbyterium abgegeben werden – wieder im Sinne der konsequenten institutionellen Verankerung. Informiert wird über die präzisierte Zielsetzung und über die beabsichtigten Schritte einschließlich der Termine. In der Gemeindeleitung werden die vorgesehenen Zeiten und Aktivitäten mit den anderen Gemeindeaktionen abgestimmt und so in den Zusammenhang des Gemeindelebens eingebettet. Für den weiteren Weg wird grünes Licht gegeben.

6.5 Das Projekt starten

Danach markieren wir deutlich den öffentlichen Start unseres Projektes. Meist handelt es sich um eine größere Anfangsveranstaltung. Sie wirkt wie der Anpfiff beim Fußballspiel.

> Ein deutlicher Start des Veränderungsprojekts ist so wichtig wie der Anpfiff bei einem Fußballspiel.

Bei unserem Gottesdienstprojekt drängte sich förmlich auf, wie wir starten wollten: mit der ersten „Guten-Abend-Kirche". Danach sollte ein gemütliches Zusammensein im Gemeindehaus stattfinden. Zur Überraschung aller war die Kirche von Anfang an voll. Dies hing sicher auch mit der Aktivität des Projektteams zusammen. Die Mitglieder hatten vorher die Lieder eingeübt, hatten die Kirche mit viel Mühe geschmückt. Und nicht zuletzt: Sie hatten viele Gäste persönlich eingeladen.

6.6 Fehler positiv nutzen und Wegmarkierungen setzen

Bei der nächsten Zusammenkunft des Teams wurde der Ablauf der ersten Veranstaltung noch einmal genauer unter die Lupe genommen:

- Was war gelungen?
- Wo sollte noch etwas verbessert werden?

Fehler, die gemacht worden waren, wurden nicht als „unmöglich und inakzeptabel" bewertet, sondern als Möglichkeit zur Verbesserung gesehen:

- So wurde unmittelbar nach der Feier der ersten „Guten-Abend-Kirche" ein Overhead-Projektor mit schärferer Optik angeschafft, weil die Textprojektion nicht von allen gelesen werden konnte. Ein Mitarbeiter gestaltete die Schrift lesbarer. Damit war ein Defizit, das uns allen aufgefallen war, schnell behoben.

- Außerdem erschien uns im Rückblick die Atmosphäre für einen meditativen Gottesdienst zu unruhig. Abhilfe wurde durch ein bewusstes Einbringen ruhigerer Elemente geschaffen.

Im Laufe der Zeit haben wir uns immer wieder gefragt: Wo läuft es bei der „Guten-Abend-Kirche" noch nicht gut? Wo können wir noch etwas tun, damit die Veranstaltung ihr Ziel besser erreicht? So gab es in der „Guten-Abend-Kirche" auch später immer wieder kleine Veränderungen, die von den Teilnehmenden oft gar nicht bemerkt wurden, die sich aber in vielen Teilschritten positiv auswirkten.

Diese Erfahrung aus unserem Gottesdienstprojekt lässt sich auf Veränderungsprozesse insgesamt anwenden:

> Der regelmäßige Rückblick auf die Aktionen verhilft zur Entdeckung neuer Verbesserungsmöglichkeiten. Eine kontinuierliche positive Entwicklung kommt dadurch in Gang.

Fehler werden dabei nicht als Katastrophen bewertet. Die Beteiligten empfinden sie als Chance zum positiven Handeln. In solch einem Klima kann dann auch grundsätzlich reflektiert werden, an welcher Stelle der Entwicklung man sich gerade befindet. Das gemeinsame Nachdenken trägt dazu bei, dass die Beteiligten sich stärker mit konzeptionellen Fragestellungen beschäftigen. Damit vergrößert sich ihre Identifikation mit der Gemeinde ebenso wie ihre Lust auf neue Einfälle.

Aber nicht nur in Bezug auf Identifikation und konzeptionelles Denken ist eine deutliche Entwicklung der Mitarbeitenden zu verzeichnen. Das Engagement bei den Gottesdiensten führte zu einem tieferen geistlichen Erleben. Mitarbeitende wurden in der Gestaltung der eigenen Spiritualität mündiger. Einige von ihnen übernahmen nun gern ein Gebet oder Lesungen im Gottesdienst. Manche von ihnen beten mittlerweile – bei anderen Gottesdienstformen – in freier Formulierung.

Auch in der Teamentwicklung sind Fortschritte wahrzunehmen, z.B. bei dem erwähnten Umgang mit Fehlern oder bei der gabenorientierten Zusammenarbeit, bei der Unterschiede nicht als Alternativen, sondern als Bereicherung angesehen werden.

Das Projekt der einmal im Monat stattfindenden „Guten-Abend-Kirche" kam nach einem halben Jahr wie geplant zum Abschluss; denn von Anfang an waren nur die Wintermonate im Blick.

Auf einem Bauernhof wurde unter freiem Himmel ein besonders „stimmungsvoller" Gottesdienst gefeiert. Allerdings anders als ursprünglich gedacht: Es regnete und stürmte. Trotzdem ließen wir uns nicht erschüttern. Um so eindrücklicher blieb dieser Gottesdienst allen in Erinnerung. Er bildete für uns eine Wegmarkierung.

Was in unserem Gottesdienstprojekt geschah, gilt allgemein für Veränderungsprozesse:

> Wichtige Abschnitte sollten in Veränderungsprozessen besonders gekennzeichnet werden.

Solche Wegmarkierungen sind außerordentlich hilfreich. Wir machen durch sie deutlich, welche Wegstrecken wir schon zurückgelegt haben und schaffen wichtige Erinnerungspunkte. So dienen solche Zeichen der Ergebnissicherung und der Motivation für weitere Schritte.

Mit dem Open-Air-Gottesdienst verabschiedeten wir die „Guten-Abend-Kirche" in die Sommerpause. Allerdings war schon zu diesem Zeitpunkt klar, dass es nach einer Zäsur weitergehen würde. Als es dann im Herbst wieder losging, war die „Guten-Abend-Kirche" etabliert. Die Veränderung war im Gemeindeleben eingewurzelt.

6.7 Über Anschlussprojekte nachdenken

Jedoch wurde in unserer Gemeinde – entsprechend der ursprünglichen Intention des Prozesses – weiter über die Gottesdienstfrage nachgedacht, sicher auch auf Grund der ermutigenden Erfahrungen mit der „Guten-Abend-Kirche". So wuchsen die Energien, die zu weiteren Projekten führten.

Ein neues Vorhaben wurde geboren, das im Gesamtrahmen der Erneuerung des gottesdienstlichen Lebens seinen Ort hatte. Die Projektidee bezog sich auf einen Gottesdienst für Klein und Groß. Ein solches regelmäßiges Angebot speziell für Kinder und die sie begleitenden Erwachsenen gab es bisher nicht. Hier bestand aber ein großer Bedarf, da junge Familien weder am traditionellen Gottesdienst um 9.30 Uhr noch an der „Guten-Abend-Kirche" teilnahmen, jedenfalls nicht in größerer Zahl.

Unter Federführung des Vikars wurde ganz ähnlich wie bei der „Guten-Abend Kirche" eine Projektentwicklung in Gang gesetzt. Sie verfolgte ein klares Ziel:

> „Kinder und Erwachsene werden zu einem auf sie zugeschnittenen Gottesdienst am Sonntag eingeladen, der sich um eine möglichst große Transparenz bemüht. Distanzierte und kirchenfremde Menschen sind in diesem Gottesdienst besonders im Blick."

Auch bei diesem Projekt war uns die klare Zielsetzung wichtig, ebenso wie das Projektteam, das wiederum eine verantwortliche Rolle spielt.

Darüber hinaus entstanden weitere Gottesdienste. So wurde der seit einigen Jahren nicht mehr gefeierte Jugendgottesdienst wieder ins Leben gerufen und wird nun von einem Team junger Leute im Dreimonatsabstand vorbereitet.

Im Nachbarbezirk gibt es seit einiger Zeit ebenfalls einen Sonntagabendgottesdienst, ähnlich der „Guten-Abend-Kirche". Er trägt den Titel „Atempause".

Regelmäßig werden im Kindergarten Gottesdienste gefeiert. Hier bietet sich die Zusammensetzung des Teams wie von selbst an: Es sind die Mitarbeiterinnen des Kindergartens, die auch gern mitmachen.

Durch eine klare perspektivische Zielsetzung kam bei uns der Prozess der Gottesdiensterneuerung in Bewegung. Die anfängliche Motivation führte zur „Guten-Abend-Kirche" und zu weiteren Gottesdienstprojekten. Auch diese Erfahrung lässt sich nun verallgemeinern:

> Bei Veränderungsprozessen liegt eine besondere Chance darin, Einzelprojekte miteinander zu vernetzen. So können Energien zusammenfließen. Dies hat besonders große Auswirkungen auf die Gesamtsituation.

Auf Dauer ergibt sich eine grundlegende Veränderung in der Gemeinde. Sie bezieht sich auf das Klima und die gelebte Spiritualität. Motivation und Identifikation der Mitarbeitenden werden dadurch erhöht, dass die Zielsetzungen transparenter sind und allen bewusst ist, wie jede und jeder von ihnen etwas Wichtiges zum Gelingen des Ganzen beiträgt.

Durch Prozesse dieser Art wird die Kreativität angeregt. Eine Gemeinde, die sich so auf den Weg macht, nimmt ihre Kernanliegen deutlicher wahr und öffnet sich in der Regel für neue Zielgruppen und Milieus.

7. Spirituelles Gemeindemanagement in der Praxis

HARTMUT GÖRLER / KARL-ERICH LUTTERBECK
MARTINA ESPELÖER / CHRISTHARD EBERT

7.1 Auf der Suche nach dem Pack-Ende – Umstrukturierungen in einer Gemeinde

7.1.1 Am Anfang war das Chaos

Als ich im September 1998 als neu gewählter Pfarrer in die evangelische Kirchengemeinde Fröndenberg kam, war für mich der Gemeindealltag ein schier unübersichtlicher Wust von Gruppen und Kreisen. Erschwerend kam hinzu, dass ich in ein laufendes Abberufungsverfahren meines damaligen Kollegen kam und miterleben musste, wie mehr und mehr das Gemeindeleben zusammenbrach. Ich wusste nur eines: Ich will *diese* Gemeinde *aufbauen*!

Meine Gemeindeaufbaukonzepte, fein säuberlich im Studium gelernt, schienen hier jedoch nicht zu greifen. Ich kam mir wie einer vor, der gegen Windmühlen kämpft. Dabei wurden mir doch so hohe Erwartungen entgegengebracht. Bei aller Unsicherheit und Unklarheit der Gemeindesituation wurde ich aber von meiner eigenen Vision motiviert und beflügelt:

> Ich träumte von einer *ökumenisch ausgerichteten Gemeinde*, in der *alle Generationen im Namen Jesu Christi unter einem Dach* zusammenkommen, einander begegnen und bereichern, ins *Gespräch über ihren Glauben* kommen und *spirituell reiche* und *lebendige Gottesdienste* feiern.

Noch war also vieles unklar, selbst das Ziel, wo ich hin wollte, aber ich vertraute darauf: Gott würde schon seine Gemeinde aufbauen, auch die in Fröndenberg. So war es kein Wunder, dass ich meine Antrittspredigt über 1 Petr 2 hielt und von der „Baustelle Gemeinde" sprach, mit Talar und Bauhelm übrigens.

Vor dem Hintergrund meines 1 1/2 jährigen Einsatzes in der Evangelisch-Lutherischen Kirche in Botswana und der Erfahrung, wie schön und bereichernd es ist, mit anderen Konfessionen zusammenzuarbeiten, war mir eines klar: „Meine" Gemeinde sollte gegenüber anderen Gemeinden vor Ort offen sein und sich der weltweiten Eingebundenheit stellen. Ich wünschte mir ferner eine Gemeinde, die sich um Jesus Christus dreht und wo Alt und Jung zusammenkommen, um miteinander ihren Glauben zu feiern und einander zu bereichern. Mein Wunschbild, meinen Traum, meine Vision von Kirche, hatte ich also. Aber wie sah die raue Wirklichkeit aus?

7.1.2 Back to earth!

Diese Wirklichkeit musste ich mir, ob ich wollte oder nicht, erst einmal anschauen: die neue Gemeinde kennen lernen, die vordringlichen Aufgaben herausfinden, das soziale Umfeld entdecken. Analyse – „back to earth", das war jetzt dran!

Es galt also zunächst einmal zu *beobachten:* Wer kommt eigentlich in die Gottesdienste? Und wie viele kommen? Wer geht in die Gruppen und Kreise? Wer wohnt eigentlich in Fröndenberg? Aber es war zu *befragen:* Was erwarten eigentlich die Presbyterinnen und Presbyter? Was erhoffen sich die Hauptamtlichen von dem Neuen? Wie stellen sich eigentlich einzelne Ehrenamtliche „Gemeinde" vor? Was denkt der Bürgermeister über „seine" Stadt und über die evangelische Kirchengemeinde? *Lesen* gehörte auch dazu: nüchterne Zahlen über die Stadtentwicklung, im Lokalblättchen die unterschiedlichen Vereine entdecken, kommunale Berichte wälzen usw. Und *In-Sich-Hineinhören,* auch das musste sein: Was kann ich gut? Wozu hätte ich im Moment eigentlich Lust? Was wäre für mich und meine Familie jetzt dran?

Sicherlich, damals habe ich die Gemeinde in Fröndenberg nur „Pi mal Daumen" analysiert. Mittlerweile habe ich viel ausgefeiltere und effizientere Methoden kennen gelernt. Aber selbst diese bescheidenen Mittel haben mir erstaunliche Erkenntnisse vermittelt:

- Die Gottesdienstgemeinde ist überaltert und entspricht überhaupt nicht meiner Vision.
- Der vermeintliche Familiengottesdienst alle 14 Tage „auf der Hohenheide" wird nicht bzw. kaum von Familien besucht.
- Zu unserer Gemeinde gehören zwei Kindergärten mit insgesamt 125 Plätzen. Beide Einrichtungen haben mir gegenüber sofort Offenheit signalisiert.
- Fröndenberg selber ist Zuzugsgebiet: Die Kirchengemeinde ist zumindest zahlenmäßig im Wachsen begriffen.

○ Überall höre und sehe ich Sehnsucht nach Veränderungen: „Für die jungen Familien muss endlich was getan werden!", so wird es mir immer wieder gesagt. Andererseits sehe ich für junge Familien kaum Angebote.

> Eine Erkenntnis haben mir meine Beobachtungen zumindest gebracht: *Lohnenswert ist die Arbeit mit jungen Familien auf alle Fälle.*

Ein erstes Packende hatte ich also ergriffen. Nur: Was wollte ich denn mit den jungen Familien erreichen?

7.1.3 Klein anfangen – realistische Zielsetzung

Nun ging es also darum, Ziele zu formulieren. „Klein anfangen", habe ich mir gesagt: „Nur nicht zu große Ziele stecken, die mich nur frustrieren, wenn ich sie nicht erreiche!" Also: „Mal ganz bescheiden!"

Die Formulierung der Ziele nach Inhalt, Ausmaß, Segment- und Zeitbezug war mir an dieser Stelle äußerst hilfreich:

> „Ich möchte bis Sommer 2000 mindestens 5 Familien, die mit unseren Kindergärten zu tun haben, zum Nachdenken über den Glauben an Jesus Christus bringen und für eine regelmäßigere Teilnahme am Leben unserer Gemeinde gewinnen".

Nur, wie erreiche ich mein Ziel, und sei es noch so bescheiden?

7.1.4 Erste Schritte gehen

Ich musste mir eine Strategie überlegen. So beschloss ich, neben monatlichen Kindergartengottesdiensten zunächst einmal eine Familienfreizeit anzubieten. Ginge es gut, sollten weitere folgen.

Nun stand also die Richtung fest und es sollte losgehen: Jetzt kommt das Marketing-Mix, sagt uns der Experte.

Für mich ist das der „Weg der kleinen Schritte": Was will ich überhaupt anbieten? Was erwarte ich davon? Welchen Weg zu den Adressaten muss ich einschlagen? Wie bringe ich meine Idee nach außen? Und mit wem will ich diesen Weg gehen?

7.1.5 Mut zur Lücke

Es stand noch eine Entscheidung aus, die vielleicht noch gewichtiger war als die, wie ich meine Familienfreizeit gestalte. Es war die Entscheidung darüber, was ich *nicht* machen wollte. Denn mir war sehr bald klar, dass ich nicht alles machen kann, was in einer Gemeinde gemacht werden könnte.

Das eine anfangen, heißt zugleich, anderes zu lassen.

Wenn ich in die Arbeit mit jungen Familien einsteige, muss ich unwillkürlich andere Bereiche vernachlässigen. Ich habe mich für Familienarbeit, und das heißt hier: gegen die *Jugendarbeit* entschieden. Die wird, so sagte ich mir, vom Jugendreferenten in guter Art und Weise „versorgt". Die *Geburtstagsbesuche*, die mein Vorgänger noch sehr intensiv praktiziert hat, wurden reduziert. „Alle ab 80" war meine mutige Entscheidung. Ich merkte erst später, wie schwierig es war, diese Entscheidung durchzuhalten angesichts der vielen 76-Jährigen, die sich auch über einen Besuch gefreut hätten. Schmerzlich war (und ist bis heute) der Entschluss, nicht wie mein Vorgänger einen Vormittag pro Woche in einem der vier umliegenden *Krankenhäuser* zu verbringen. Ich hatte, so schien mir (und scheint mir bis heute), dafür keine Zeit und Kraft. Einfach ist das nicht, Dinge zu lassen, aber notwendig.

Mit dem Ausscheiden meines Kollegen trat auch das damalige *Presbyterium* zurück. Nachdem die Gemeinde übergangsweise durch einen Bevollmächtigtenausschuss geleitet wurde, musste im April 2000 ein vollständig neues Presbyterium gewählt und eingerichtet werden. Welche Qual, aber auch welche Chance! Denn mit der ersten Sitzung konnte ich Befugnisse verteilen und Verantwortlichkeiten (das heißt aber auch Teile der eigenen Macht) abgeben. Ein Baukirchmeister, der über bauliche Dinge bis zu DM 3000,– entscheiden kann, eine Finanzkirchmeisterin mit vergleichbaren Verantwortlichkeiten, Ausschüsse mit eigener Entscheidungskompetenz, Unter-Budgets für Haupt- und Ehrenamtliche; all das erleichtert die Arbeit und schafft Luft für die eigentlichen pastoralen Dienste.

Und als sei das noch nicht genug, wurde kurzerhand eine *Predigtstätte* in einem Außenbezirk abgeschafft.

Und die Gemeinde? Sie lebt, und wie!

7.1.6 Dem ersten Schritt folgt der zweite

Die erste Familienfreizeit im Naturfreundehaus in Oberreifenberg/Taunus wurde von 8 Familien getragen und *sie war einfach nur schön*. Wie durch ein Wunder nahmen sie gleich den 14-täglichen Familiengottesdienst (jetzt um 11.15 Uhr) in Beschlag. Wie durch ein Wunder? Ist es vielleicht wirklich ein Wunder, ein Hinweis auf das Wirken Gottes in unserer Gemeinde?

Wo vor 2 Jahren noch 1 Familie saß, sitzen jetzt im Schnitt 8 Familien, und 8 Familien bringen etwa 20 Kinder mit. Binnen 2 Jahren ist der Gottesdienstraum, vor allem aber der Raum für den Kindergottesdienst zu klein geworden.

Jetzt müssen wir weiter planen: einen Anbau oder den Ausbau des Dachbodens? Es muss etwas geschehen, wenn wir wirklich die jungen Familien in der Gemeinde halten wollen.

Für die zweite Familienfreizeit über Silvester 2000/2001 haben sich schon 13 Familien angemeldet; es konnten gar nicht alle mit! Die dritte und vierte Familienfreizeit wird bereits geplant – ohne mich! Es passiert etwas in der Gemeinde! Aufbrüche hier und dort! Ich bin dankbar und freue mich. Ich staune darüber, wie durch planvolles Arbeiten neues Leben in eine Gemeinde kommen kann.

7.1.7 Kritischer Rückblick

Und trotzdem muss ich auch kritisch zurückschauen: „ich" – „ich" – „ich", viele Sätze beginnen mit „ich". Und in der Tat frage ich mich, ob meine Vision von Gemeinde nicht zu lange (oder gar bis heute?) eben *meine* Vision und *keine* Gemeindevision war.

Vielleicht lag es an den zerbrochenen Strukturen: Immerhin musste ich seit September 1998 mit *drei* unterschiedlichen Gremien die Gemeinde leiten. Ab Januar 2001 machen wir uns nun endlich gemeinsam auf den Weg. Wir haben eine Perspektivberatung beschlossen, die unsere vielfältige Gemeindearbeit hoffentlich unter einen gemeinsamen Leitsatz stellen wird. Auf dem Weg zu einer mitarbeitenden Gemeinde müssen noch viele Schritte gegangen werden. Noch bin ich der Motor, der Ideengeber, der, der nach vorne geht. Hoffentlich gelingt es mir, diese Verantwortung auf viele Schultern zu verteilen.

Was ich auch noch vermisse, ist eine Langzeitplanung: Was wollen wir eigentlich in 5 Jahren erreichen? Was in 10? Wie viele Familien sollen dann am Gemeindeleben beteiligt sein? Vor solch weit reichenden Fragen nach Zielsetzungen scheue ich (noch) zurück!

Noch immer habe ich meine eigene Arbeit zu wenig strukturiert. Wie oft bin ich rastlos, überfordert – und das auf Kosten meiner Familie! Ich habe zu viel angefangen und zu wenig gelassen. Aber vielleicht bringen die nächsten Umstrukturierungen mehr Entlastung: eine Gemeindefusion mit der benachbarten Gemeinde und die Besetzung von 1 1/2 Pfarrstellen. Den Pfarrstellen sollen neben den festgelegten Pfarrbezirken gesamtgemeindliche Aufgaben zugeschrieben werden. Ein starres Bezirksdenken mit allzu vielen Doppelstrukturen soll damit überholt werden. Ein spannendes Unternehmen! Planvolles Umstrukturieren ist anstrengend, aber verheißungsvoll.

Hartmut Görler

7.2 „Mann oh' Mann" – der Männertreff beim Brunch

7.2.1 Der Nährboden für den Männertreff

„Was ist eigentlich mit unseren Männern?" Diese Frage stellten seit einigen Jahren regelmäßig Frauen, die in unsere Gemeinde integriert waren und in ihr mitarbeiteten, deren Männer aber dem christlichen Glauben und der Kirche distanziert bis kritisch gegenüberstanden. Wachgehalten wurde diese Frage, weil wir in der Ev. Kirchengemeinde Dorsten seit über 10 Jahren versuchen, die Konzeption eines missionarischen Gemeindeaufbaus zu entwickeln und umzusetzen. In der Präambel für unsere Grundentscheidungen haben wir formuliert:

> Gott liebt die Welt und damit jeden Menschen ganz persönlich. In Jesus Christus hat er seine Liebe durch den Heiligen Geist in unser Herz ausgeschüttet und die Regie (Leitung, Herrschaft, Führung) in unserem Leben übernommen (Joh 3,16; Röm 5,5). Dadurch, dass wir dies im Glauben persönlich bejahen, sind wir gemeinsam mit ihm unterwegs, bis alle die Einheit des Glaubens und das vollkommene Vertrautwerden mit Jesus Christus erreichen (Eph 4,13).

Auf unserem Weg orientieren wir uns als Gemeinde an der Konzeption des „Missionarischen Gemeindeaufbaus". Wichtige Bausteine neben vielfältigen gottesdienstlichen Angeboten sind vor allem das Gemeindeseminar „Christ werden – Christ bleiben" von Burkhard Krause und die Hauskreisarbeit.

7.2.2 Der Weg zum „Mann oh' Mann-Projekt"

1998 nahm eine Gruppe von Mitarbeitenden am Willow-Creek-Kongress in Oberhausen teil. Die nachfolgende Auswertung ergab für uns, dass neben einem Gottesdienst für Mitarbeitende und Hauskreismitglieder ein offenes Angebot für Männer die nächsten Schritte für den Gemeindeaufbau sein sollten. Die Umsetzung des Männerangebots scheiterte jedoch daran, dass es keine freien Mitarbeiterkapazitäten gab. So war zunächst das Gebet um Mitarbeiter und um Weichenstellungen der erste und einzige Schritt, den wir unternehmen konnten.

Als wir im Frühjahr 1999 zum vierten Mal das Gemeindeseminar „Christ werden – Christ bleiben" durchführten, änderte sich plötzlich die Situation. Nachdem zwei Jahre vorher einige Frauen am Seminar teilgenommen hatten, kamen sie diesmal gemeinsam mit ihren Männern. Für einige von ihnen öffnete sich zum ersten Mal ein Zugang zum Glauben.

Schon während des Seminars wurde in einer der Gesprächsgruppen nachdrücklich die Frage nach einem Angebot für Männer gestellt. Insbesondere bei Peter, einem bis dahin eher kritisch distanzierten Mann, hatte für die Idee Feuer gefangen. Er fragte bei mir als Pfarrer nach und informierte sich bei Männerbrunch-Veranstaltungen in Gelsenkirchen und Ennepetal über Konzept und Struktur solcher Veranstaltungen.

Etwa ein halbes Jahr nach dem Seminar lud er zu einer ersten Ideenrunde ein. Mit Rudi, Manfred und Hermann fand er Mitstreiter aus dem Gemeindeseminar. Udo, sein Hauskreisleiter und Roland aus demselben Hauskreis stießen ebenfalls zu der Runde.

Anhand der folgenden Überschriften erarbeiteten wir unsere Konzeption. Sehr hilfreich war, dass insbesondere Manfred und Rudi berufsbedingt fast täglich mit dem Marketing-Instrumentarium umgehen. Deshalb fiel es nicht schwer, die Ideen, die in den Köpfen schwirrten, zu sortieren und einzuordnen. So entstand innerhalb von zwei Treffen (jeweils ca. 1 1/2 Stunden) die grobe Konzeption für unser „Mann oh' Mann-Projekt".

7.2.3 Vision

Männer tun sich schwer mit dem Zugang zum Glauben und zur Gemeinde. Aber wir sind sicher, dass Jesus Christus auch ihnen Ermutigung zum Leben und zum Glauben anbietet. Er selbst hat häufig den Weg über gemeinsame Mahlzeiten gewählt (vgl. etwa Lk 7,36–50; 11,37–41; 15,1–7; 19,1–10; 24,13–35).

Darum brauchen wir einen offenen Kreis für Männer, in dem Leib und Seele gestärkt werden. Wir wollen bei gutem Essen Themen aus dem praktischen Leben zur Sprache bringen und zur Botschaft der Bibel in Beziehung setzen. Männer sollen Anstöße bekommen, auftanken können und sich miteinander austauschen, aber auch Zugang zum Glauben finden und mit der Gemeinde in Kontakt kommen können, wenn sie dies wünschen.

7.2.4 Lageanalyse

Zur Gemeinde gehören etwa 700 Männer (ca. 17% der Gemeindeglieder) im Alter zwischen 25 und 50 Jahren. Männer sind aufgrund ihrer beruflichen Situation häufig verunsichert und stehen unter einem hohen Druck. Sie haben kaum die Möglichkeit, ihre Belastungen positiv zu verarbeiten. Wegen der Berufstätigkeit der meisten Männer und ihrer Einbindung in Familie und Freizeit sind die zeitlichen Ressourcen knapp. Am ehesten haben sie am Wochenende die Möglichkeit, ein Angebot wahrzunehmen.

Die benötigten Räumlichkeiten sind einerseits von der Verfügbarkeit und andererseits vom Bedarf abhängig. Kleinere Veranstaltungen (wahrscheinlich zu Beginn einer Reihe) bis maximal 50 Teilnehmer dürften im Gemeindehaus durchführbar sein.

Peter, Hermann, Manfred, Rudi, Roland und Udo sind bereit, die Vision in ein Angebot umzusetzen. Christian und Karl-Erich stehen bei Bedarf zur Verfügung.

7.2.5 Ziele

Wir wollen im Jahr 2000 an fünf Samstagvormittagen einen Männertreff beim Brunch mit jeweils mindestens 30 Männern durchführen. Wir wollen jeweils einen Referenten gewinnen und eine Gesprächsatmosphäre schaffen, in der für jeweils 5–6 Männer ein freier Gedankenaustausch möglich ist und Kontakte geknüpft werden können. Wir wollen im Laufe des Jahres fünf neue Mitarbeiter aus dem Kreis der Gäste finden.

7.2.6 Strategie

Wir bilden ein Team, das sich aufgabenteilig um die Vorbereitung der einzelnen Elemente kümmert und für das Angebot betet.

Wir nutzen die Möglichkeiten der Gemeindepublikationen (wie z.B. Internet, Gemeindebrief, Abkündigungen etc.) und der Tagespresse sowie die vorhandenen, persönlichen Kontakte im Bekannten- und Kollegenkreis, um Männer anzusprechen, aufmerksam zu machen und einzuladen.

7.2.7 Zielgruppe und Segment

Wir konzentrieren uns auf Männer innerhalb und außerhalb der Gemeinde im Alter von 25–50 Jahren, zu denen wir persönliche Kontakte haben, die aber bisher noch nicht in der Gemeinde beheimatet sind.

7.2.8 Angebots- und Marketing-Mix

Was bieten wir an? (Angebotspolitik): „Mann oh' Mann, der Männertreff beim Brunch" bietet an einem Samstagvormittag Stärkung für Leib und Seele. Erster Termin ist der 29. Januar 2000, 9.30 Uhr bis ca. 12.00 Uhr im Gemeindehaus, Platz der Deutschen Einheit 6. Wir begrüßen die Gäste musikalisch und persönlich. Ein Brunch (gemeinsames ca. einstündiges Frühstück) bietet selbst gefertigte kulinarische Speisen als Stärkung für den Leib. Wir bieten ausgehend von Impulsreferaten Gespräche und Hilfestellungen zum Leben und zum Glauben an. Wir nehmen Anregungen der Besucher auf (Feedback-Karten).

Was erwarten wir von den Teilnehmern? (Gegenleistungspolitik): Wir erwarten Offenheit und Interesse für Themen und Gespräche. Die Teilnehmer müssen etwa 3 Stunden an Zeit investieren. Wir bitten um eine Spende (ca. DM 15,- je nach finanzieller Möglichkeit) zur Deckung der Unkosten für das Frühstück und den Referenten.

Wo gestalten wir unser Angebot? (Verteilungspolitik): Als Räumlichkeit steht ein Gruppenraum mit angrenzender Küche im Ev. Gemeindehaus zur Verfügung. Er bietet für maximal 50 Personen Platz. Der Raum wird in Form von Tischgruppen gestellt. An der Stirnseite wird das Buffet aufgebaut. Bei Bedarf steht eine Mikrofonanlage zur Verfügung.

Wie vermitteln wir unser Angebot an die Zielgruppe? (Kommunikationspolitik): „Mann oh' Mann, der Männertreff beim Brunch" = Slogan. Als Werbeträger werden Handzettel und Plakate genutzt. Als Publikationen stehen zur Verfügung: Gemeindebrief, Tagespresse, Homepage der Gemeinde (www.jokido.de). Im Gottesdienst wird durch Abkündigung auf „Mann oh' Mann" hingewiesen. Bekannte, Freunde und Arbeitskollegen werden persönlich angesprochen.

Wer führt das Angebot durch? (Personalpolitik): Peter, Hermann, Manfred, Rudi, Roland und Udo bilden das Team. Christian und Karl-Erich stoßen bei Bedarf hinzu. Es wird jeweils ein Referent benötigt. Das Team besucht vergleichbare Männertreffs, um Ideen und Anregungen zu erhalten.

7.2.9 Integrierte Planung

Was?	Wer?	Wann?
Referenten für den ersten Männerbrunch ansprechen und Termin, Thema und Kosten mit ihm abklären	Peter	bis 2.11.
Raumfrage und Küchennutzung mit der Küsterin absprechen	Peter	bis 2.11.
das Team zur ersten Planungsbesprechung einladen	Peter	bis 2.11.
das Team legt die Planungsschritte (siehe unten) fest (für Werbung, Brunchzusammenstellung und Raumgestaltung)	Team	am 2.11.
Artikel für den Gemeindebrief abstimmen	Peter, Karl-Erich	bis 5.11.
Entwurf für den Handzettel (DIN A5) und das Plakat (DIN A3) erstellen	Manfred	bis 20.11.
Probedrucke der Werbematerialien erstellen	Rudi	bis 2.12.
„Speisekarte" erstellen und weitere Detailplanungen	Team	am 2.12.
Veranstaltungshinweis und Einladungshandzettel auf der Homepage der Gemeinde einbinden	Roland	bis 10.11.

Was?	Wer?	Wann?
300 Handzettel drucken	Rudi	bis 10.1.
Rücksprache mit dem Referenten über Anfahrt und benötigte Materialien	Peter	bis 12.1.
Einkaufsliste erstellen und verteilen, Ablauf der Veranstaltung festlegen	Team	am 12.1.
Artikel für WAZ, Dorstener Zeitung, Stadtspiegel entwerfen	Peter, Karl-Erich	bis 15.1.
Vorstellung und Einführung des Teams im Gottesdienst, Werbung für den ersten Brunch	Team	am 16.1.
Abkündigung im Gottesdienst, Handzettel verteilen, Einladungsgespräche führen	Team	16., 22., 23.1.
Feedback-Karten und Hinweiszettel auf den nächsten Brunch entwerfen	Manfred	bis 16.1.
Feedback-Karten und Hinweiszettel auf den nächsten Brunch drucken	Rudi	bis 25.1.
Lebensmittel, Getränke und Papiertischdecken einkaufen	Manfred, Peter, Roland, Rudi	bis 28.1.
Tischdekoration einkaufen	Udo	bis 28.1.
Tische stellen und dekorieren, Buffet-Tisch aufbauen und Wannen für benutztes Geschirr und Abfall bereitstellen	Team	28.1.
Essenszubereitung	Peter	28.1.
Brötchen einkaufen	Rudi	29.1.
Musikanlage mitbringen	Hermann	29.1.
Liedauswahl und Gitarre mitbringen	Christian	29.1.
Rednerpult und Liederbücher bereitstellen	Karl-Erich	29.1.
Essenszubereitung	Manfred, Peter, Roland, Rudi, Udo	29.1., 7.30 – 9.00 Uhr
Wegweiser aufstellen und anbringen	Manfred	29.1.
Gebetsgemeinschaft	Team	29.1. 9.00 Uhr
Durchführung der Veranstaltung	Team	29.1., 9.30– 12.00 Uhr
Aufräumen und Spülen	Team	29.1., 12.00– 13.00 Uhr
Nachbereitung und Reflexion über den ersten Brunch	Team	2.2.

Tabelle 1: Wer macht was bis wann?

Was?	Wer?	Wann?
Musik einspielen	Hermann	9.15–9.30 Uhr
Begrüßung der Gäste	Manfred	9.30 Uhr
Vorstellung des Mann oh' Mann-Teams	Manfred	
Tischgebet	Udo	9.35 Uhr
Brunch mit musikalischer Untermalung		
Küchendienst einschließlich Auffüllen des Buffets und der Kaffeekannen	Team	
Hinweis auf die Unkosten und Einsammeln der Spende	Manfred	10.30 Uhr
Vorstellung des Referenten Siegfried Müller (Interview)	Peter	10.35 Uhr
Referat zum Thema „Ausgebrannt..." – Vorbeugen, erkennen, helfen	Siegfried Müller	10.40 Uhr
Tischgruppengespräch	Manfred	11.20 Uhr
Rückfragen an den Referenten	Manfred	11.40 Uhr
Gemeinsames Lied	Christian	11.55 Uhr
Abschluss		12.00 Uhr

Tabelle 2: Wie sieht der Ablauf aus?

7.2.10 Rückblick und Controlling

Am ersten „Mann oh' Mann"-Treffen haben 32 Männer teilgenommen. Die Rückmeldungen auf den Feedback-Karten waren sehr positiv. Lediglich bezüglich der räumlichen Gestaltung wurden Abstriche gemacht. Der finanzielle Aufwand ist nicht so hoch wie ursprünglich geschätzt, so dass der Hinweis auf die Unkosten von 15,– DM auf 10,– bis 15,– DM gesenkt werden konnte. Michael und Reinhard haben ihr Interesse an der Mitarbeit bekundet und werden zum nächsten Teamtreffen eingeladen. Eine bessere Abstimmung mit den Referenten bezüglich der Gesprächsphasen ist für die Zukunft notwendig. Für Februar 2001 ist ein Jahresrückblick geplant, bei dem nach einem gemütlichen Frühstück und einer biblischen Besinnung das gesamte Konzept reflektiert und überarbeitet werden soll.

7.2.11 Die weitere Entwicklung

Im Jahr 2000 haben noch drei weitere „Mann oh' Mann"-Treffen stattgefunden, an denen zwischen 30–42 Männer teilgenommen haben. Der Männertreff beim Brunch hat bei uns eine wachsende Tendenz und entwickelt zunehmend ökumenische Kontakte. Die Teilnehmer kommen aus dem Bereich von landeskirchlichen und katholischen Nachbargemeinden und der Baptistengemeinde. Für die Zukunft ist ein neues Projekt über den Männertreff beim Brunch hinaus angedacht. Die Gemeinde erlebt eine spürbare Belebung.

Karl-Erich Lutterbeck

7.3 Be-suchet – so werdet ihr finden, klopfet an – so wird euch aufgetan…
Evangelische Besuchswochen – Gemeinde besucht Gemeinde

7.3.1 Eine Idee entsteht

Besuche werden gewünscht; sie sind wichtig. Darin waren wir uns in der evangelischen Kirchengemeinde Ahlen einig. Besuche bringen Begegnungen und Gespräche. Sie werden geschätzt und hoch gelobt von allen Seiten: bei Taufen und in Trauersituationen, in der Konfirmandenzeit genauso wie vor Hochzeiten und zu Geburtstagen sowie bei vielen anderen Gelegenheiten. Und dennoch gibt es Einschränkungen seitens der Pfarrerinnen und Pfarrer, von denen die Gemeindebesuche erwartet werden: Die vielen Besuche sind neben all den anderen Tätigkeiten nicht zu schaffen. Deshalb werden sie auf die unerlässlichen reduziert. Übrig bleiben viele Unzufriedene einschließlich mir selbst, die wir doch theoretisch den Besuch so schätzen und hoch loben…

Wie können wir einen neuen Zugang finden, der den Besuch aus der Pflichtecke heraus holt und ihn einbindet in eine Bewegung, die eine Gemeinde und die Menschen, die zu ihr gehören, öffnet?

7.3.2 Grund-legendes wird überlegt

> Es gehört von jeher zur Kultur christlichen Lebens, Menschen dort aufzusuchen und ihnen nachzugehen, wo sie leben, arbeiten und wohnen. Das ist eine Antwort auf die geschenkte Gegenwart Gottes: „Denn er hat besucht und erlöst sein Volk" (Lk 1,68).

Wir sind also Besuchte, Aufgesuchte. Jesus ging zu den Fischern an den See, um von dort Menschen in seine Nachfolge zu rufen. Er ging in die Häuser, um mit den Bewohnerinnen und Bewohnern zu essen, zu reden und vom Reich Gottes zu erzählen. Er holte sie von Bäumen und aus Gräbern, er pflegte das Gespräch mit seinen Kritikern. Und er gibt diese Kultur der Begegnung als Auftrag an die Jünger und Jüngerinnen weiter: „Wenn ihr aber in ein Haus geht, so grüßt es" (Mt 10,12).

Was geschieht denn, wenn wir Besuch bekommen? Der Besuch kommt von außen und unterbricht den Alltag. Der Besuchte spürt das Interesse eines anderen, erfährt Zuwendung und Aufmerksamkeit. Es entsteht Kontakt und eine Kultur der aufmerksamen Begegnung kann wachsen. Gemeinde kommt in Bewegung, Glaube bekommt ein Gesicht.

Das ist der Grund, von dem aus wir losgehen können. Besuche können bewegen: die Besuchenden wie die Besuchten, die Gemeinde und deren Gottesdienste. Besuche können Kultur schaffen: eine Kultur der Aufmerksamkeit und der Begegnung, eine Kultur der Zugehörigkeit im Licht der Liebe Gottes. Die Besuchenden versuchen, einen Auftrag Jesu zu erfüllen.

7.3.3 Eine Vision gewinnt Gestalt

Was wäre, wenn Besuche aus der Pflichtecke heraus dürften, heraus auch aus den Händen einer oder eines Einzelnen und Kenn-Zeichen einer Gemeinde werden könnten, die sich auf den Weg macht zu denen, die nicht mehr selber kommen können, zu denen, die nicht mehr kommen wollen, zu denen, von denen man gar nichts weiß?

Wie wäre es, wenn wir gemeinsam der Frage begegnen könnten: Wer sind denn die, die sich abgewendet haben oder sich nicht mehr trauen, selber zu kommen? Wer sind die, deren Gesichter und Geschichten wir gar nicht mehr kennen?

Wie wäre es denn, wenn eine Gemeinde diesem Problem offensiv begegnete und Besuche für einige Wochen im Jahr zu ihrer Sache machte und sagte: „Wir gehen, um zu sehen und zu hören"?

Die Nahen machen sich auf zu den Fernen. Ein Wagnis, für das es Grenzen zu überwinden gilt, bei dem das Ergebnis nicht richtig abzusehen ist.

7.3.4 Die Vorbereitung beginnt

7.3.4.1 Kommunikation der Vision und der Idee

Es beginnt im Ausschuss für Theologie und Gemeindeaufbau, dem ich vorsitze. Der Ausschuss arbeitet sich umfassend in die Thematik ein. Einige Aspekte zeichnen sich als große Hürden ab:

- „Die Pfarrer sollen die Besuche machen!" Normale Gemeindeglieder können und brauchen das nicht.
- „Die Gemeindeaktivitäten dürfen nicht ausfallen!"
- Akzeptanz der Grenze: Es können auch innerhalb einer Zielgruppe nicht alle flächendeckend besucht werden.

Mithilfe verschiedener Moderationsmethoden wird in einem Zeitraum von ungefähr einem halben Jahr ein Konzept entwickelt und als Antrag ins Presbyterium gegeben: Interessierte Gemeindeglieder und die Mitglieder der Gemeindegruppen besuchen in einem fest umgrenzten Zeitraum andere Gemeindeglieder. Zielgruppe der ersten Besuchswochen werden 81 bis 84-jährige Menschen sein, die in der Adventszeit besucht werden. Die Adventszeit bietet einen guten emotionalen Hintergrund, weil es eine Zeit ist, in der Menschen gerne Gutes tun und auch offener sind, Besuche zu empfangen. Auch zeigte sich in den Gesprächen, dass es den potenziell Besuchenden leichter fällt, ältere Menschen zu besuchen und ihnen in ihrer Einsamkeit eine Freude zu machen. In vielen Gruppen wird das Thema „Besuch" in den Vordergrund gestellt, andere Gemeindeaktivitäten treten für diese Zeit zurück (Perspektive). Jeder kann mitmachen und wird entsprechend an zwei Abenden vorbereitet. Jeder entscheidet, in welchem Umfang er oder sie sich an dem Projekt beteiligt.

> Das Motto lautet: „Ein Besuch ist mehr als kein Besuch."

Das Projekt wird eröffnet mit einem Gottesdienst und auch so abgeschlossen. Während der Besuchswochen werden zwei „Stammtische für Besuchende" jeweils nach Sonntagsgottesdiensten zum Austausch und zur Begleitung angeboten. Die Auswertung findet nach dem Abschlussgottesdienst statt. Der Anlauf ist genommen für die ersten Evangelischen Besuchswochen der Evangelischen Kirchengemeinde Ahlen.

7.3.4.2 Gottesdienste und Öffentlichkeit

Durch persönliche Ansprache, durch thematische Gruppentreffen, Handzettel, Plakate und Presse wird die Idee weiter kommuniziert und Menschen geworben, an diesem Projekt teilzunehmen. Die Gruppen diskutieren ihre Möglichkeiten der Teilnahme.

> In den Gottesdiensten wird zu den Besuchswochen und zu den Vorbereitungsabenden eingeladen. Sie werden in die Gebete mit aufgenommen.

Auf Handzetteln ist der Ablauf und die genaue Planung festgehalten und nachzulesen. Die Adventszeit bekommt ein Thema: „Türen öffnen" und einen großen Adventskalender in die Kirche. Jeden Sonntag wird eine Tür geöffnet, hinter der sich auf großen Bildern Menschen in ganz unterschiedlichen Lebenssituationen befinden.

7.3.5 Die Projektgruppe

Die Gruppe derer, die sich an den Besuchswochen beteiligen wollen, trifft sich zur Vorbereitung. Es haben sich 30 Personen jeden Alters eingefunden. Darunter sind die Kantorin, die mit den Kinderchören (Corrende singen) teilnehmen möchte, und zwei Erzieherinnen, die mit den Kindergartenkindern in der Nachbarschaft des Kindergartens Besuche machen wollen.

> Die Gestaltung des ersten Abends legt den Schwerpunkt auf die Information: Was sind die Besuchswochen? Was erwartet mich an Aufwand, wenn ich teilnehme? Gehe ich Verpflichtungen ein? Wie soll die Gesamtgestaltung aussehen?

Im zweiten Teil steht das gegenseitige Kennenlernen und die persönliche Annäherung an das Thema durch kreative Methoden im Mittelpunkt: Wie ist es für mich selber, Besuch zu empfangen? Im Austausch werden Antworten auf die Fragen gesucht: Melde ich mich an? Wie verhalte ich mich an der Haustür? Auch die Befürchtungen kommen zur Sprache: Was ist, wenn ich abgewiesen werde? Was ist, wenn Menschen ihren ganzen Ärger über Kirche an mir auslassen? Was ist, wenn die Besuchten eigentlich doch „den Pfarrer" sehen wollen und mein Besuch gering geschätzt wird? Ein Gespräch über die christliche Besuchskultur bildet den Abschluss.

Beim zweiten Vorbereitungsabend (zu dem auch diejenigen eingeladen sind, die am ersten Abend verhindert waren) steht die praktische Umsetzung im Mittelpunkt. Auch diesmal eröffnen kreative Methoden den Abend (z.B.: ein gelesenes Rollenspiel). Datenschutz und Seelsorgefragen werden besprochen, Listen, Besuchswochenbriefe werden verteilt, Verabredungen getroffen und miteinander zum Abschluss gegessen.

7.3.6 Der Eröffnungsgottesdienst

Die Besuchswochen werden mit einem Gottesdienst für die Projektgruppe und Interessierte eröffnet. Der Gottesdienst findet in der Woche an einem Werk-Tag statt. Wir feiern gemeinsam das Abendmahl und füllen uns gegenseitig als Segenszeichen ein Säckchen mit Salz. Im Auftrag Jesu gehen wir los und sind darin Salz der Erde.

7.3.7 Begleitung

Die Besuchenden sind zu Stammtischen eingeladen. Dort werden die Erfahrungen erzählt und ausgetauscht. Es nehmen nicht alle Besuchenden daran teil, aber mein Eindruck war, dass es gut ist, ein solches Angebot im Rücken zu haben.

7.3.8 Der Abschlussgottesdienst

Der Abschlussgottesdienst wird im Rahmen einer regulären musikalischen Vesper an einem Samstagabend gefeiert. Die Erfahrungsberichte aus den „Stammtischtreffen" zwischendurch werden mit in die Texte, Gebete und Predigt aufgenommen.

Nach dem Gottesdienst wird die Projektgruppe zu einer kleinen Abschluss- und Feierrunde eingeladen. Einige äußern den Wunsch, doch jetzt einen Besuchsdienst zu gründen, der das ganze Jahr über diese wichtige Arbeit macht, zumal die Erfahrungen so gut waren und die Befürchtungen alle nicht eingetreten sind. Ich lege dennoch der Gruppe nahe, hier die Besuchswochen zu beenden und lieber im nächsten Jahr wieder frisch ans Werk zu gehen. Es gibt Unverständnis darüber, aber auch Erleichterung und Freude: „Wir haben es geschafft!"

7.3.9 Fazit

Die ersten Besuchswochen in der Adventszeit 1999 sind sehr gut gelungen. Es hat durch die intensive Vorbereitung eine spürbare Öffnung stattgefunden. Einige der Besuchten gehören dadurch auch zur Frauenhilfe, sind da besonders begrüßt worden.

Überhaupt hat es viele flankierende Gespräche gegeben, die für die nahen Gemeindeglieder so etwas wie eine Standortbestimmung möglich gemacht und gleichzeitig Klarheit über die eigenen Wünsche gegeben haben in Bezug auf das Leben in einer Gemeinde Jesu Christi.

Inzwischen haben die zweiten Besuchswochen vom Reformationstag (Eröffnungsgottesdienst) bis zum zweiten Advent 2000 (Abschlussgottesdienst) stattgefunden. Die Zielgruppe waren nun die neu Zugezogenen. Hier war unser Fazit: Neubürger „brauchen" nicht unbedingt einen Besuch. Deshalb werden wir ab jetzt zweimal im Jahr Briefe an die neu Zugezogenen schreiben.

Im Winter 2001/2002 soll es wieder Besuchswochen geben mit der Zielgruppe „ZWAR" (= Zwischen Alter und Ruhestand). Durch dieses Projekt ist uns die Gemeinde in ihren vielen Facetten sichtbarer geworden. Ich selber habe im Jahr 2000 zusätzlich auch außerhalb dieser Wochen einen Schwerpunkt auf die Besuche von Konfirmandenfamilien gelegt. Es sind viele Gespräche geführt worden über die Wünsche und Erwartungen an die Gemeinde und die Kirche. Wir führen diese Gespräche auf dem Hintergrund der Besuchswochen viel entspannter, weil wir uns nicht mehr auf den Weg machen müssen, sondern schon auf dem Weg sind. Das nehmen auch diejenigen wahr, die ferner stehen. Die Stadt Ahlen hat diesem Projekt im Rahmen der Aktion „Gemeinschaftssinn" im Januar 2001 einen Preis verliehen.

Diese Wochen sind ein Signal, unsererseits die Komm-Struktur wieder mehr mit der Geh-Struktur zu verweben. Für die Evangelische Kirchengemeinde Ahlen war und ist dieser Prozess sehr bereichernd, weil uns manches klarer geworden ist: Die Gemeinde sind wir. Wir sind gefragt, wenn es um Veränderungen gehen soll. Ideen haben wir viele – man muss sie aber tun. Hingehen, zuhören, sich Begegnung schenken lassen und spüren, dass man gemeinsam auf dem Weg ist im Licht der Liebe Gottes als Be-suchte.

Martina Espelöer

7.4. „Und sie bewegen sich doch!" – Kirchenwahl 2000

7.4.1 Die Ausgangslage

Bei der Kirchenwahl 1996 wurde in unserer Gemeinde eine erfreulich hohe Wahlbeteiligung von 11,2% erreicht. Die folgende Analyse des Wahlergebnisses zeigte jedoch, dass eine wichtige und große Zielgruppe (die Eltern aus den Mutter-Kind-Gruppen) so gut wie gar nicht erreicht wurden. Die Bedeutung der Kirchenwahl war ihnen offensichtlich nicht bewusst geworden, die Kommunikation dieses wichtigen Themas also misslungen.

Damit war klar, wohin wir uns in der Vorbereitung der Kirchenwahl 2000 bewegen würden: diese Menschen auch als Wählerinnen und Wähler zu erreichen. Mehr salopp als ernsthaft hatte ich damals im Presbyterium formuliert: „Wenn wir das schaffen, können wir ja auch gleich die Wahlbeteiligung verdoppeln!" Die Reaktion reichte vom belustigten Kopfschütteln bis zur Begeisterung. Dennoch hatte sich dieser Satz als Zielvorstellung für die nächste Kirchenwahl sozusagen „eingebrannt".

7.4.2 Die Gemeinde

Die Ev.-luth. Paul-Gerhardt-Kirchengemeinde in Bielefeld ist eine kleine Innenstadtgemeinde, durch deren Mitte eine der Hauptverkehrsstraßen Bielefelds führt. Zurzeit (Januar 2001) gibt es ca. 1650 Gemeindeglieder, einen Pfarrer, eine Pfarrerin i.E. mit 75% Dienstumfang, einen Kindergarten, ein Pfarrhaus, eine Kirche mit im Untergeschoss integrierten Gemeinderäumen. Wir verfolgen zwei deutliche Schwerpunkte: die Arbeit mit Kindern und Familien (wir hatten zeitweilig bis zu vier Krabbelgruppen, dazu Kindergarten und Jungscharabeit, seit Jahren regelmäßige Kleinkindergottesdienste) und die Arbeit mit älteren Menschen (zwei Altersheime im Gemeindebezirk und einen innenstadttypisch hohen Anteil an Menschen über 60 Jahre). Das Presbyterium (sieben Frauen, vier Männer sowie die Kollegin i.E. und die Schulreferentin des Kirchenkreises mit Gaststatus) ist hoch motiviert und engagiert sich vielfältig.

Als eine der kleineren Gemeinden in Bielefeld hat uns die Finanzkrise der letzten Jahre bis heute fast 50% der Kirchensteuerzuweisung gekostet; die Überlegungen zur Strukturreform innerhalb des Kirchenkreises, die davon ausgehen, dass kleine Gemeinden wie die unsere aus Kostengründen mittelfristig nicht überlebensfähig sind, setzen uns unter hohen Handlungsdruck.

7.4.3 Die Strategie

Im Frühjahr 1999 beschloss das Presbyterium, zur Vorbereitung der Kirchenwahl einen Ausschuss einzusetzen, der eine Werbestrategie planen und die entsprechenden Maßnahmen umsetzen sollte. Es wurde im Ausschuss schnell klar, dass die ehemaligen Zielvorstellungen auf dem Hintergrund der oben skizzierten Finanz- und Strukturprobleme modifiziert werden mussten. In den Blick genommen werden sollte nun nicht mehr eine spezifische Gruppe, sondern die sog. „Distanzierten" der Gemeinde; inhaltlich würden die Werbemaßnahmen die gegenwärtige Problematik zum Thema machen; geweckt bzw. gestärkt werden sollte die Verantwortlichkeit vieler Gemeindeglieder für die Zukunft ihrer Kirchengemeinde. Der Grundgedanke der Werbestrategie sollte ein hohes Maß an Kommunikation sein.

Daraus entwickelten sich folgende strategische Schritte, die zwischen August 1999 und Februar 2000 durchgeführt wurden:

1. *Der Erstwähler-Event:* Alle Gemeindeglieder zwischen 16 und 20 Jahren, die zum erstenmal wahlberechtigt waren, wurden im August 1999 zu „Pizza in Paul's Café" eingeladen (Paul's Café ist ein Raum im Gemeindehaus). Das Presbyterium war nahezu vollständig anwesend, informierte über seine Arbeit und stellte sich den Fragen der Jugendlichen.

2. *Info-Brief Nr. 1 zur Kirchenwahl:* Er wurde Anfang November an alle 1400 Wahlberechtigten verteilt. Dieser Brief informierte über die aktuelle Situation der Gemeinde und machte die Verantwortlichkeit aller Gemeindeglieder deutlich, über eine breite Teilnahme an der Wahl dem neuen Presbyterium für seine zukünftigen Entscheidungen einen starken Rückhalt zu geben. Gleichzeitig lud er zur Gemeindeversammlung ein.

3. *Erste Gemeindeversammlung:* Am 14. November wurde über die Situation der Gemeinde, die Arbeitsweise und Aufgaben des Presbyteriums und die Gewinnung von Kandidatinnen und Kandidaten gesprochen. Fünf Plätze im Presbyterium waren zu besetzen, vier Presbyteriumsmitglieder stellten sich zur Wiederwahl und am Ende der Frist waren fünf weitere Wahlvorschläge eingegangen.

4. *Info-Brief Nr. 2 zur Kirchenwahl:* Dieser Infobrief an alle Wahlberechtigten wurde Mitte Januar verteilt und enthielt Fotos und kurze Statements der neun Kandidatinnen und Kandidaten. Außerdem lud er zur zweiten Gemeindeversammlung ein. Beigelegt waren dem Brief Anträge für die Briefwahlunterlagen.

5. *Zweite Gemeindeversammlung:* Am 30. Januar stellten sich die Kandidatinnen und Kandidaten mit kurzen persönlichen Beiträgen der Gemeinde vor und konnten befragt werden.

6. *Der Info-Brief Nr. 3 zur Kirchenwahl* war eine Wahlbenachrichtigungskarte, die Anfang Februar verteilt wurde, noch einmal zur Wahl einlud, Termine und Orte nannte und zur Wahl mitgebracht werden sollte.

7. *Kirchenwahl* am 21. Februar 2000

Der Wahltag begann mit einem Familiengottesdienst, der in Zusammenarbeit mit dem Kindergarten vorbereitet wurde (garantiert bei uns meistens eine volle Kirche). Nach dem Gottesdienst wurde ein Mittagessen angeboten.

7.4.4 Das Ergebnis

Nach der Auszählung am Abend gab es guten Grund zum Feiern: Die vier „alten" Presbyterinnen und Presbyter wurden wieder gewählt, ein neuer Presbyter kam hinzu und die Wahlbeteiligung betrug 23,4 % – davon ca. 30 % allein durch Briefwahl. Die spätere Analyse zeigte, dass sich die relative Wahlbeteiligung in Bezug auf die Altersgruppen der Gemeinde gegenüber 1996 nicht verändert hat, absolut aber in jeder Altersgruppe verdoppelt hat.

Aus diesem deutlichen Votum der Gemeinde hat das Presbyterium inzwischen gute Konsequenzen gezogen: Es hat bereits im Mai 2000 beschlossen, sich auf den Weg einer reflektierten, zielorientierten Gemeindearbeit zu machen und im Dezember 2000 einen Perspektivausschuss berufen mit dem Auftrag, innerhalb des nächsten halben Jahres ein Leitbild sowie Maßnahmen zur Umsetzung des Leitbildes zu entwickeln.

7.4.5 Kritische Reflexion

Inzwischen ist nicht nur die Kirchenwahl 2000 fast ein Jahr her, auch die Fortbildung „Spirituelles Gemeindemanagement" ist abgeschlossen. Grund genug, das Erste mit den nun geschulten Augen des Zweiten zu betrachten.

7.4.5.1 Das „technische" Fazit – die Reflexion mit den „Management-Augen"

Insgesamt war die Planung des Projektes „Kirchenwahl 2000" nicht schlecht, hatte aber etliche Mängel, die zeitweise das ganze Projekt gefährdeten und nur mit einem erheblichen Kraftaufwand meinerseits ausgebügelt werden konnten. Was würde ich also heute anders machen?

- *Analyse:* Die Analyse nach der Kirchenwahl 1996 hätte ausführlicher und differenzierter erfolgen müssen. Es gab letztlich nur Vermutungen, warum bestimme Leute nicht gewählt hatten. Eine Reihe von Direktbefragungen, Telefonanrufen oder Kurzbesuchen hätte mehr Gewissheit über die Gründe des Nichtwählens gebracht und hätte eine fundiertere

Basis sowohl für die Definition von Zielen, die Ausarbeitung der strategischen Schritte und die inhaltliche Schwerpunktsetzung z.B. der Info-Briefe ergeben.

- *Vision und Ziel:* Visionär war an dem ganzen Projekt allerhöchstens die Verdoppelung der Wahlbeteiligung. Tatsächlich jedoch hätte eine inhaltliche Vision in Verbindung mit einer gründlichen Analyse eine sehr viel klarere Definition von über- und untergeordneten Zielen ermöglicht.
- *Strategie:* Die strategischen Schritte des ganzen Projektes hätten – wiederum abhängig von Analyse, Vision und Ziel – präziser formuliert werden müssen. Dabei wäre auch deutlich geworden, dass das ganze Projekt sehr umfangreich war und besser in kleinere Einzelprojekte unterteilt worden wäre. Z.B.: Alles wäre um ein Haar daran gescheitert, dass zum Ende der Frist für die Wahlvorschläge gerade mal 5 Kandidatinnen und Kandidaten vorgeschlagen waren, so dass es nicht zu einer Wahl gekommen wäre. Der Grund lag daran, dass ich die „Kandidatengewinnung" nicht als eigenständiges Projekt im Auge hatte und es dann viel Gebet und enormen Stress brauchte, um – immerhin noch – vier Kandidatinnen zu gewinnen.
- *Kultur und Struktur:* Diese Stichworte markieren das Überlegen der „inneren Situation" und der Voraussetzungen eines Projektes und wurden explizit nicht bedacht, hätten vielleicht aber verhindert, dass z.B. der Erstwähler-Event ein Flop war: Es kamen nur sehr wenige Jugendliche. Beim Bedenken dieser beiden Stichpunkte wäre möglicherweise deutlich geworden, dass diese Aktion besser im Bereich der Jugendarbeit angesiedelt worden wäre.
- *Marketing-Mix:* Hinter diesem Stichwort verbergen sich sehr konkrete Überlegungen, die letztlich in einer To-Do-Liste enden. Fragen müssen gestellt werden: Was biete ich den Menschen an, damit sie wählen gehen? Was erwarte ich von denen, die wählen gehen? Wie bringe ich das, was ich will, den Leuten bei? Welche Maßnahmen im Bereich von PR und Werbung muss ich ergreifen? Welche Leute brauche ich für das Projekt? Die entsprechenden Antworten hätten dazu geführt, dass das Projekt transparenter und praktikabler geworden wäre. Die Einzelschritte hätten besser überprüft werden können. Es wäre deutlich geworden, dass die zeitliche Abstimmung insgesamt zu knapp war und dass ich mir selbst viel zu viel auf die eigene Schulter geladen hatte. Wahrscheinlich hätten Erkenntnisse in diesem Bereich noch einmal zu Korrekturen des Ziels und der strategischen Schritte geführt.
- *Zusammenfassung:* Dass wir unser Ziel im Großen und Ganzen trotz der Mängel im Management erreicht haben, macht deutlich, dass Management in der Gemeinde nicht alles ist, aber dass es eine ausgezeichnete Methode zur Erreichung eines gesteckten Zieles darstellt.

7.4.5.2 Das „inhaltliche" Fazit – die Reflexion mit den „spirituellen Augen"

Wir wollten unser Ziel erreichen und dieses Wollen war ein mit der geballten Faust gesprochenes „Wollen" und nicht ein sanftes „wäre doch eigentlich ganz nett, wenn…". Ich glaube, dass war eine der inneren notwendigen Voraussetzungen. Die zweite war – zumindest für mich – das Gebet, und zwar wiederum nicht im Sinne eines „nun mach du mal, Gott", sondern als ständiges, inneres Ringen um die Kraft, die Notwendigkeit, die Geistes-Gegenwärtigkeit Gottes in diesem Projekt, fast immer hoffnungsvoll, aber einmal auch so verzweifelt, dass nichts mehr blieb als zu sagen: „Jetzt ist es dein Projekt, Gott, wenn es denn wirklich deines ist!"

Was sonst noch zu diesem inhaltlichen Fazit gehört, das für mich – Gott sei Dank! – positiver ausfällt als das technische, habe ich ein paar Tage nach der Kirchenwahl als „8 Gebote für die Kirchenwahl" formuliert, die ich unkommentiert an den Schluss setze:

- Denke grenzenlos und handle begrenzt!
- Hör nicht auf die, die dir einreden wollen, die Volkskirche sei tot und du müsstest die Strukturen verlassen, bevor du es nicht selbst ausprobiert hast!
- Hör nicht auf die, die behaupten, man müsse zwischen Kern- und Randgemeinde differenzieren, bevor du nicht selbst die Menschen in den Blick genommen hast, die dazwischen sind!
- Hör nicht auf die, die glauben, dass Managementmethoden in der Kirche nichts zu suchen hätten!
- Hör nicht auf die, deren erster Satz ist „das geht nicht" oder „das schaffen wir nicht"!
- Verlass dich darauf, dass gute und solide Arbeit auch Erfolg hat!
- Sei ein kreativer Spinner!
- Tu, was du kannst! Und wenn du wirklich alles getan hast, was du kannst, überlass Gott getrost den Rest!

Christhard Ebert

8. Der himmlische Schatzsucher und das göttliche Marketing

Predigt über Mt 13,44–46[1]

PETER BÖHLEMANN

Mt 13,44–46: Das Himmelreich gleicht einem Schatz, verborgen im Acker, den ein Mensch fand und verbarg; und in seiner Freude ging er hin und verkaufte alles, was er hatte, und kaufte den Acker.

Wiederum gleicht das Himmelreich einem Kaufmann, der gute Perlen suchte, und als er eine kostbare Perle fand, ging er hin und verkaufte alles, was er hatte, und kaufte sie.

Liebe Geschwister!
Vergangenes Wochenende habe ich bei uns hinterm Haus umgegraben. Und was meinen Sie, was ich gefunden habe?

Nein – falsch! – keinen Schatz, nur Steine. Aber weil wir Grassamen aussäen wollten, mussten die Steine auch weg. Ich habe also gegraben und geharkt und einem Korb nach dem anderen voll mit Steinen weggeschleppt.

Was haben nun die Steine in Böhlemanns Garten mit diesem Predigttext zu tun? Nun, eines ist beiden gemeinsam, nämlich die Moral: *Es lohnt sich manchmal, im Dreck zu wühlen.*

Dies wollen wir nun *nicht* gemeinsam tun! Aber ein bisschen wühlen müssen wir schon, wenn wir verstehen wollen, was Jesus mit diesen Gleichnissen sagen will.

Der Inhalt der beiden Bildworte ist zunächst recht einfach, schwierig ist nur die Deutung. Das erste Bildwort handelt von einem klugen Feldarbeiter. Bei der Arbeit auf dem Acker findet er einen Schatz und freut sich riesig. Aber klug wie er ist, verrät er niemandem etwas, sondern versteckt den Schatz wieder. Und dann kratzt er alle Ersparnisse zusammen, leiht sich Geld und kauft den ganzen Acker. Damit gehört der Schatz ihm. Der ehemalige Besitzer ist überlistet. Der Schatz kann geborgen werden.

---

1 Diese Predigt wurde in einem der Sendungsgottesdienste zum Abschluss der Kollegwochen zum Spirituellen Gemeindemanagement gehalten.

> Wer träumt nicht davon, einmal im Leben einen richtigen geheimen Schatz finden? Und sei es nur den Schatz im Acker der Gemeinde. Beim Umgraben plötzlich eine Schatztruhe freilegen. Das wäre nicht schlecht – der kirchlichen Pensionskasse endlich ein Schnippchen schlagen.

Auch das andere Gleichnis ist schnell nacherzählt. Ein reicher Betriebswirt, hat ein extravagantes Hobby, er sammelt schöne Perlen. Eines Tages findet er ein besonders beeindruckendes Exemplar. In seiner Freude lässt er alle unternehmerische Vorsicht fallen, verkauft, was er hat, um diese eine Perle zu erwerben und zu besitzen.

So weit, so gut. Aber was will uns das Ganze jetzt sagen? Sollen wir uns in unseren Gemeinden auf die spirituelle Schatzsuche machen?! Alles daransetzen, um unseren Traum freizulegen?! Aber was ist, wenn wir nur Steine finden?

Sollen wir alles verkaufen, um das Reich Gottes zu besitzen?! Aber was ist mit dem Pfarrvermögen?

Abwegig wäre die letzte Deutung, dass wir alles verkaufen sollen, um das eine zu besitzen, nicht. Sie wird in aller Regel sowohl im evangelikalen Lager als auch in der modernen Exegese vertreten. Merkwürdigerweise, wie ich finde, wird dieses Gleichnis meist moralisch oder marktwirtschaftlich ausgelegt. Jesus spricht vom Himmelreich und davon, dass zwei Menschen alles verkaufen, um einen Schatz zu besitzen. Da liegt die moralisch-ökonomische Deutung zunächst nahe, dass man sagt: *Also geht hin, verkauft alles, was ihr habt, und ihr werdet das Himmelreich besitzen, also hohen Profit machen!*

Wir erinnern uns an die Geschichte vom reichen Jüngling, wo Jesus ja ganz ähnliches zu diesem sagt: „Willst du vollkommen sein, so geh hin, verkaufe, was du hast, ... so wirst du einen Schatz im Himmel haben!" (Mt 19,21)

Und weil wir Christen und Pfarrerskinder gerne ein schlechtes Gewissen haben, schließen wir uns auch gerne dieser Deutung an. Wir geben uns der Illusion hin, wir hätten diese beiden Gleichnisse verstanden, weil wir moralisch berührt sind, und kommen gar nicht mehr auf die Idee, unsere ökonomische Deutung auch an den Worten Jesu zu überprüfen.

Die ganze Deutung krankt nämlich daran, dass sie davon ausgeht, man könnte das Reich Gottes *kaufen*. Sie vermittelt den Eindruck, wir müssten nur genug hergeben, investieren, und dann könnten wir den Schatz des Himmelreichs unser nennen.

Oder anders gesagt, wenn wir am Ende dieser Woche zum Spirituellen Gemeindemanagement dieses Gleichnis moralisch deuten würden, dann müsste ich jetzt eindringlich an Ihre Pfarrehre und Managementschläue appellieren: *Gebt alles, was ihr habt, euer Know-how, euer Talent und eure Visionen, und erwerbt dafür für und mit eurer Gemeinde einen Schatz im Himmel!*

> Nur, wo hat Jesus jemals gesagt oder den Eindruck erweckt, wir könnten das Reich Gottes oder den Himmel kaufen oder uns verdienen?

Das geht selbst mit Spirituellem Gemeindemanagement nicht.

> Bei fast jeder Taufe lesen wir doch vor, dass Jesus sagt: *Ihr müsst das Reich Gottes wie die Kinder annehmen, ihr müsst es euch schenken lassen, sonst könnt ihr nicht hineinkommen.*

Und hier soll er nun dazu auffordern, es zu kaufen?! Das kann nicht sein!

Ein Weiteres kommt hinzu. Selbst wenn wir einmal annehmen, *wir* wären mit dem Menschen, der einen Schatz findet, gemeint, stellt sich doch verschärft die Frage: Wieso sollten wir diesen Schatz *verbergen*? Denn es heißt doch wörtlich: Das Himmelreich gleicht einem Schatz, verborgen im Acker, den ein Mensch fand *und verbarg*.

Wieso sollten wir das Himmelreich verstecken? Wir sollen die Botschaft von ihm doch weitergeben, auf den Markt bringen und gerade nicht nur für uns selber zurücklegen!

> Wer ist dann aber mit dem Menschen, der einen Schatz im Acker findet und alles gibt, um ihn zu erwerben, gemeint?

Ich möchte Ihnen eine andere Deutung vorschlagen. Ich bin nämlich der Meinung, wenn wir dieses Gleichnis moralisch auslegen, vergleichen wir Äpfel mit Birnen. Und wir können es nicht verstehen, wenn wir es aus dem Zusammenhang reißen.

Wir müssen hören, was Jesus selbst sagt. Nun deutet er hier dieses Gleichnis zwar nicht, aber er gibt uns den Schlüssel zum Verständnis und zwar im Gleichnis davor, unmittelbar vor unserem Predigttext.

Sowohl die Menschen, die damals Jesu Gleichnisrede hörten, als auch diejenigen, die das Matthäusevangelium lesen, hören oder lesen erst ein anderes Gleichnis, nämlich das Gleichnis vom Unkraut unter dem Weizen. Jesus vergleicht da das Himmelreich mit einem Menschen, der guten Samen auf den Acker säte und dessen Feind über Nacht Unkraut dazwischen säte. Als die Ackerleute die Bescherung sehen und das Unkraut ausjäten wollen, sagt der Hausvater: *Lasst es stehen. Erst bei der Ernte werden wir den Weizen vom Unkraut trennen. Dann können wir das Unkraut verbrennen und den Weizen in die Scheune tun.*

Als die Jünger Jesus nach der Deutung dieses Gleichnisses fragen, sagt Jesus wörtlich: *Der Menschensohn ist's, der guten Samen sät. Der Acker ist die Welt. Und die Ernte ist das Ende der Welt, wo Gutes und Böses getrennt wird.*

Damit haben wir nun einen Schlüssel, um auch unser Gleichnis zu verstehen. Das Himmelreich gleicht einem Menschen, der einen Schatz verborgen im Acker fand. Das heißt: Ein Mensch fand das Himmelreich verborgen in der Welt. Eben haben wir gehört, dass Jesus sich selbst als den Menschen auf dem Acker bezeichnet. Also: Der *Menschensohn* findet einen Schatz in der Welt.

Nun könnte man allerdings auch hier fragen: Warum versteckt er aber den Schatz zunächst? Was soll das bedeuten? Auch darauf gibt Jesus selbst im selben Kapitel Antwort – ebenfalls vor unserem Predigttext. Die Jünger fragen ihn, warum er immer in Gleichnissen redet. Und Jesus sagt: Das Himmelreich ist verborgen, es ist ein Geheimnis. Dieses Geheimnis kann und soll noch nicht jeder verstehen. Euch ist es gegeben, das Geheimnis des Himmelreichs zu verstehen. Was zunächst noch verborgen werden muss, nämlich die Messianität Jesu, muss erst im Acker der Welt vergraben werden, um dann – nach drei Tagen – offenbar zu werden.

Und jetzt hören wir das Gleichnis noch einmal mit anderen Ohren:

> Das Himmelreich gleicht einem Schatz, verborgen im Acker – also in der Welt, den ein Mensch – nämlich der eine Menschensohn – fand und verbarg; und in seiner Freude ging er hin und verkaufte alles, was er hatte – er gab alles, was er hatte – und kaufte den Acker.
> Wiederum gleicht das Himmelreich einem Kaufmann, der gute Perlen suchte, und als er eine kostbare Perle fand, ging er hin und verkaufte alles, was er hatte, und kaufte sie.

Diese Deutung möchte ich Ihnen vorschlagen:

> Jesus geht uns nach. Er findet den Schatz in unserem Dreck. Er sucht solange, bis er die eine verloren geglaubte Perle in dir findet, und er stellt keine Kosten-Nutzen-Rechnung auf, sondern erkennt den Schatz in dir. Und vor Freude über dich, gibt Jesus alles her, was er hat. Gott verkauft seinen einzigen Sohn für dreißig Silberlinge, um dich zu besitzen.

Natürlich ist die Welt schlecht. Es gibt Unkraut und Weizen, und wenn wir noch so im Dreck wühlen, finden wir meistens nur Steine. Aber Jesus ist der Mann, der den Schatz entdeckt und erwirbt.

Du kannst den Schatz nicht erwerben, du kannst dir den Himmel nicht kaufen. Aber Jesus schenkt ihn dir – umsonst – er hat dafür bezahlt, mit allem, was er hatte.

Jesus sagt mit diesem Gleichnis: *Der Schatz ist in der Welt verborgen. Aber ich habe ihn gesehen, ich habe dich gefunden. Deine Angst, deine Sorgen, deine Zweifel haben ihn verschüttet. Aber ich gebe alles, um ihn freizulegen.*

> Jesus sucht und findet uns. Und er räumt den Dreck zu Seite. Er befreit deine Seele wie einen Vogel aus dem Netz des Vogelfängers. Das Netz ist zerrissen. Wir sind frei. Frei, um zu träumen, frei, um mit- und weiterzuarbeiten an seinem Haus.

Bleiben wir also auf der Schatzsuche! Aber halten wir uns an *den*, der den Schatz gefunden und alles für ihn gegeben hat: Jesus Christus, der sein Leben für dich gab, damit Du einen Schatz im Himmel hast. Amen.

9. Sprachschule des Spirituellen Gemeindemanagements
Ein Glossar

Peter Böhlemann

Controlling:
Controlling in einer Kirchengemeinde nimmt die geleistete Arbeit wahr und hilft, Wachstum zu erkennen und für Erreichtes zu danken. Erst dann kann die Frage gestellt werden, was denn hätte besser oder anders gemacht werden können und was in Zukunft geändert werden soll, um die vereinbarten Ziele zu erreichen. Controlling in der Gemeinde setzt eine eingeübte Feedback-Kultur voraus. Sie ist dann auch als seelsorgliche Begleitung der Menschen und Mitarbeitenden in und bei den Aktivitäten der Gemeinde zu verstehen.

Gemeinde:
Wenn wir in diesem Buch von Gemeinde sprechen, meinen wir in der Regel die konkrete Gemeinde vor Ort. Spirituelles *Gemeinde*-Management bezieht sich daher auch weniger auf die Kirche im Allgemeinen oder auf übergeordnete Institutionen, als vielmehr auf real existierende lokale Gemeinden.

Gemeindeanalyse:
Gemeindeanalyse steht zwischen Vision und operativen Maßnahmen. Sie ist ein Steuerruder im Gemeindemanagement, weil sie feststellt, was ist, dann Handlungsimpulse freisetzt und dadurch zu gezielten und reflektierten Veränderungen beiträgt. Ebenso kann sie zur bewussten Entscheidung darüber führen, bestimmte bestehende Aktivitäten im Gemeindeaufbau weiterzuführen. Sie erhöht deutlich den Reflexionsgrad im Prozess der Gemeindeentwicklung. Die Gemeindeanalyse hilft einer Gruppe, aus Visionen ein Leitbild zu entwickeln.

Gemeindeaufbau:
Gemeindeaufbau ist das verheißungsorientierte und planmäßige Handeln, das der Sammlung und Sendung der Gemeinde Jesu als „Gemeinde von Schwestern und Brüdern" dient.

INTEGRIERTE GEMEINDEPLANUNG:
Hierbei macht sich die Gemeindeleitung Gedanken über die grundsätzlichen Ziele und Strategien als Rahmenplanungen und legt die Struktur der Gemeindearbeit fest. Dann werden mehrere Arbeitsbereiche gegründet, mit denen vor dem Hintergrund des Rahmenplanes die Bereichsziele festgelegt werden. Die Überlegungen zur Strategie und Ausführungen zur Erreichung der Ziele werden vollständig in die Verantwortung der einzelnen Bereiche gelegt. Die Gemeindeleitung hat dann die seelsorgliche Aufgabe, diesen Prozess zu begleiten.

KIRCHENMARKETING:
Kirchenmarketing bedeutet die prinzipielle Ausrichtung am Menschen und daran, dass das Evangelium bei ihm ankommt, und nicht den Ausverkauf des Evangeliums. Die Orientierung am Marketing hilft der Kirche, alles Um-sich-selbst-Kreisen zu durchbrechen und stellt den Menschen mit seinen Bedürfnissen ins Zentrum der kirchlichen Arbeit. Eine Kirche, die bei den Menschen ankommt, bereitet dem Evangelium den Weg (vgl. Mt 11,28).

KOMPETENZ:
Unter Kompetenz verstehen wir die Verbindung von Sachkenntnis und Verfügungswissen, die es ermöglicht, Erlerntes in entsprechenden Situationen adäquat anzuwenden. Wir definieren Kompetenz also als Ziel von Bildung und nicht als angeborene Fähigkeit. Das Erwerben von Kompetenzen im Spirituellen Gemeindemanagement ist ein wichtiges Ziel dieser Fortbildung.

KULTUR:
Unter Gemeindekultur verstehen wir das von den Mitarbeitenden und Gemeindegliedern anerkannte und als Verpflichtung angenommene Wertesystem einer Gemeinde und das bis ins Alltägliche reichende Zusammenspiel von Formen und Normen. Wie können wir Begeisterung und Zusammenhalt bewirken, um ein Ziel gemeinsam zu erreichen? Neben der Strategie und der Struktur ist die Kultur als emotionale Absicherung von entscheidender Bedeutung, um Ziele zu erreichen. Sie bestimmt das Klima und die Atmosphäre einer Organisation, deshalb sollte sie auch deren Leitbild entsprechen. Die Entwicklung einer angemessenen Gemeindekultur gehört zum Kernauftrag einer Gemeindeleitung, da durch sie Werte und Ziele gesetzt werden, mit denen sich die Gemeindeglieder und Mitarbeitende identifizieren können. Die Bedeutung der Gemeindekultur als integrierender und differenzierender Faktor wird immer mehr zunehmen.

LEITBILD:
Visionen vermitteln eine Schau, Leitbilder sprechen von den sich daraus ergebenden Bildern und Prinzipien, die uns leiten. Das Leitbild setzt die visionäre Gesamtschau um in eine Art „Unternehmensphilosophie", also in für das gesamte Unternehmen „Gemeinde" verbindliche detaillierte Vorstellungen. Das Leitbild ist der erste Schritt im Spirituellen Gemeindemanage-

ment, der von der spirituellen Schau zur Praxis führt. Zum Leitbild wird eine Vision dann, wenn es gelingt, sie mit anderen zu teilen, andere davon zu überzeugen und sie dafür zu gewinnen.

MANAGEMENT:
Management ist die Summe der Gestaltungskräfte zur Initiierung aller Handlungsprozesse in einer Organisation, damit die Prozesse zielgerichtet in Gang gesetzt werden und koordiniert ablaufen. Die hierfür erforderlichen Impulse und Steuerungsmaßnahmen machen den Kern dessen aus, was mit *Führung* oder *Management* bezeichnet wird. Dabei kann der Begriff Management als Institution und als Funktion verwendet werden: Als *Institution* beinhaltet Management alle leitenden Instanzen. Als *Funktion* umfasst das Management alle zur Steuerung einer Organisation notwendigen Aufgaben. Aufgrund der Bedeutung, die der Markt als steuerndes, verbindendes und selektierendes Institut in unserer Gesellschaft hat, muss Management in Unternehmen aber auch in Non-Profit-Organisationen – wie sie die Kirche darstellt – nach den Prinzipien des Marketing erfolgen.

MARKETING:
Die Lehre von der Marktbearbeitung heißt in der Betriebswirtschaft „Marketing" und wird – nach H. Meffert – wie folgt definiert: „Marketing ist Planung, Koordination und Kontrolle aller auf die aktuellen und potenziellen Märkte ausgerichteten Unternehmensaktivitäten mit dem Zweck einer dauerhaften Befriedigung der Kundenbedürfnisse einerseits und der Erfüllung der Unternehmensziele andererseits."[1] Demnach heißt Marketing eben nicht – wie so oft in kirchlichen Kreisen befürchtet –, dass man damit seine Werte und Ziele verleugnen und sich bei den Inhalten bis zur Profillosigkeit anpassen muss. Im Gegenteil, Marketing als Wissenschaft kann helfen, dass die Kirche – auch in einer stark von der Institution des Marktes geprägten Gesellschaft – ihre ureigenen Ziele, nämlich die Menschen mit den Evangelium bekannt zu machen, besser erreichen kann.

MARKT:
Der Markt ist heute nicht mehr auf den Handel mit Waren zu reduzieren, sondern hat sich als *das* gängige Medium zur Verteilung von Produkten durchgesetzt. Der Markt erfasst heute alle Lebensbereiche, auch den Bereich der Religion. Die Kirche befindet sich auf dem Markt der Sinnanbieter und ist nur noch eine von vielen Optionen. Sie sollte sich in ihrem Verhalten deshalb nicht mehr an hoheitlichen Strukturen orientieren, sondern sich als Marktanbieter verstehen und sich auch dementsprechend verhalten! Jedem Marktteilnehmer muss bewusst sein, dass er am Markt nicht naturgemäß gebraucht wird! Jede Marktinstitution muss sich ihren Markt schaffen. Wem dies nicht gelingt, der geht auf dem Markt unter – denn: Wer nicht mit der Zeit geht, der geht mit der Zeit.

1 Siehe oben, S. 27f. mit Anm. 47.

REVOLVIERENDE PLANUNG:
Eine revolvierende Planung überprüft regelmäßig, ob man sich noch in Richtung auf das einmal vorgenommene Ziel befindet, ob sich die Zielvorstellungen geändert haben und wie die derzeitige Situation darauf zu beziehen ist. Revolvierende Planung ist fehlerfreundlich und nutzt Misserfolge zur Verbesserung einer Strategie. Sie vergleicht das „Ist" mit dem „Soll" und lernt aus der regelmäßigen Analyse der Faktoren, die zielführend oder zielverhindernd gewirkt haben.

SEGMENT:
Ein Segment ist der Teilbereich, auf den sich Ausmaß, Inhalt und Zeitumfang eines Zieles beziehen, also etwa eine bestimmte Zielgruppe. Mithilfe einer Segmentierung wird ein bestimmter Marktbereich aus einem Gesamtmarkt ausgewählt.

SPIRITUALITÄT:
Nach einer Definition von Paul M. Zulehner verstehen wir unter Spiritualität die Verwirklichung des Glaubens unter den konkreten Lebensbedingungen. Bei einem spirituellem Menschen ist die Beziehung zu Gott das tragende Element. Sie stellt sich im Gebet oder in der Arbeit nur je verschieden dar. Spiritualität trennt Gott und Welt nicht voneinander, sondern stößt in allen weltlichen Bereichen auf Gott als deren tiefsten Grund. Christliche Spiritualität kulminiert immer wieder in der Kommunikation Gottes mit uns und unserer Kommunikation mit Gott. Das Hören auf Worte der Heiligen Schrift und das Gebet helfen, das Leben angesichts immer neuer Herausforderungen zu bewältigen.

SPIRITUELLES GEMEINDEMANAGEMENT:
Spirituelles Gemeindemanagement ist die Verbindung und Nutzung der Erkenntnisse der Praktischen Theologie – und hier insbesondere des Missionarischen Gemeindeaufbaus – mit den Erkenntnissen von Betriebswirtschaft und Managementlehre. Spirituelles Gemeindemanagement bedeutet, dass aus Kirchenmarketing-Zielen Gebetsanliegen werden. Lebendiger Glaube und anpackendes Management gehören in der Kirche immer zusammen und verstärken sich gegenseitig! Das Ziel der Ausbildung zum Spirituellen Gemeindemanagement ist, dass Pfarrerinnen und Pfarrer es schaffen, als von der Gemeinde berufene und beauftragte Glieder zusammen mit anderen den ihnen als Gemeinde gegebenen Auftrag Jesu Christi unter der Verheißung Gottes und der Wirkkraft des Heiligen Geistes zu erfüllen.

STANDARDS:
Die Standards des Spirituellen Gemeindemanagements schließen fünf Kompetenzen ein, deren Vermittlung zum Ziel dieser Fortbildung gehört: 1. Kritische und motivierende Anwendung der biblischen Überlieferung für den Gemeindeaufbau, 2. Spiritualität als Offenheit für den Geist Gottes

und Verknüpfung von Gebet und kybernetischer Planung, 3. Kommunikation von Visionen und Erarbeitung von Leitbildern für die Gemeinde, 4. Kommunikativer und partizipatorischer Leitungsstil, 5. Anwendung grundlegender Management-Techniken und kybernetischer Instrumente (Gemeinde-Analyse, Projektmanagement, Kirchenmarketing). Das heißt zusammengefasst: Aus der Fähigkeit, geistlich begründete Prioritäten zu setzen, soll ein planmäßiges Handeln im Gemeindeaufbau entspringen, das von Managementmethoden lernt.

STRATEGIE:
Eine Strategie ist der Weg von der Lageanalyse bis zur Verwirklichung des angestrebten Leitbildes. Sie benennt Prioritäten, die sich aus dem Leitbild ergeben, und setzt eine Reihenfolge (ranking) von Zielen nach zeitlichen und inhaltlichen Kriterien fest. Auch für die Erreichung eines einzigen Zieles bedarf es einer Strategie, die die Abfolge der Unterziele festlegt. Als eiserner Marketinggrundsatz gilt, dass sich die Struktur immer aus der Strategie ergibt (structure follows strategy).

STRUKTUR:
Wie müssen wir uns als Menschen ordnen und welche Hilfsmittel brauchen wir dazu? Erst aus der Strategie ergibt sich die Struktur als Zuordnung von Menschen, Zeit und Sachmitteln, mit denen auf dem Weg der Strategie das Ziel erreicht werden soll. Strukturreformen sind nur durchführbar, wenn die Ziele benannt sind, die Strategie transparent ist, eine entsprechende Kultur als emotionale Absicherung vorhanden ist und die beteiligten Personen sich mit dem angestrebten Leitbild identifizieren.

SUPERVISION:
Die Supervision ist als beratende Begleitung von Regionalgruppen fester Bestandteil der Ausbildung im Spirituellen Gemeindemanagement. In der Supervision geht es immer um die Thematisierung von konkreter Praxis unter Berücksichtigung der Erfahrungen der Beteiligten. Ziele dabei sind, die berufliche Handlungskompetenz zu verbessern (Professionalität) und eine differenzierte berufliche Identität auszubilden. Entscheidende Fragen der Supervision sind: Welche Konsequenzen ergeben sich bei der Umsetzung des Gelernten für die eigene Praxis? und: Welche Umsetzungsmöglichkeiten gibt es bzw. welche Strategien müssen entwickelt werden?

VISION:
Eine Vision ist eine bildhafte Vorstellung der Zukunft. Bezogen auf Spirituelles Gemeindemanagement heißt das, eine Vision ist die inspirierende Gesamtschau von Gemeinde, die uns durch die Schrift von Gott geschenkt wird. Die erste Woche der Ausbildung zum Spirituellen Gemeindemanagement hat die Erschließung und Vermittlung von Visionen als Schwerpunkt. Die Vision entspricht dabei eher der spirituellen Seite, das Leitbild eher der auf praktisches Management ausgerichteten Seite derselben Münze. Spiri-

tuelles Gemeindemanagement bezieht seine Visionen nicht aus menschlichen Wunschträumen, sondern aus dem Hören auf das Wort der Heiligen Schrift, es sind sozusagen „getaufte" Visionen. Sie sind keine „Wunschträume", sondern werden als biblische Hoffungsbilder durch Gebet und Auseinandersetzung mit der Schrift von Gott empfangen und auf die persönliche und gemeindliche Realität bezogen. Je stärker diese Visionen auf die konkrete Gemeindesituation bezogen werden, desto mehr lassen sie sich zum Leitbild verwandeln. Biblische Visionen und daraus abgeleitete Visionen Einzelner für eine konkrete Gemeinde können nur in gemeinsamer Arbeit zu einem Gemeindeleitbild verdichtet werden.

ZIELE:
Was wollen wir erreichen? Nach der Marketingtheorie definieren sich Ziele nach Inhalt, Ausmaß, Zeitbezug und Segmentbezug. Ein Ziel lässt sich nur erreichen im Miteinander von Strategie, Struktur und Kultur. Ziele ergeben sich vor dem Hintergrund einer Vision und transformieren das Leitbild in einzelne Unternehmensentscheidungen. Ziele sagen, wie das Leitbild umgesetzt werden soll, und zwar ganz konkret: Was soll mit welchen Mitteln in welchem Zeitraum für welches Segment unserer Gemeinde erreicht werden? Nach der Zielklärung folgt als nächster Schritt die Strategieermittlung, denn Ziele müssen konkretisiert, d.h. operationalisiert werden.

Bibliografie

Abromeit, Hans-Jürgen: Das Geheimnis Christi. Dietrich Bonhoeffers erfahrungsbezogene Christologie (NBST 8). Neukirchen-Vluyn 1991.

Abromeit, Hans-Jürgen: Dem Glauben nicht die Hand abschlagen. Zum Verhältnis von Diakonie und Gemeindeaufbau heute. In: M. Welker (Hg.): Brennpunkt Diakonie. Rudolf Weth zum 60. Geburtstag. Neukirchen-Vluyn 1997, 99–117.

Abromeit, Hans-Jürgen: Schule als Ort von Gemeinde. In: Religionspädagogisches Institut Loccum (Hg.): Gemeinde und Schule – Schule als Ort von Gemeinde? Rehburg-Loccum 1994, 6–29.

Arbeitskreis „Kirche von morgen": Minderheit mit Zukunft. Überlegungen und Vorschläge zu Auftrag und Gestalt der ostdeutschen Kirchen in der pluralistischen Gesellschaft. epd-Dokumentation 3a/95. Frankfurt 1995.

Backhaus, Knut: Die „Jüngerkreise" des Täufers Johannes. (Paderborner Theologische Studien 19). Paderborn 1991.

Bansch, Klaus: Marketing für die Kirche – Warum es notwendig ist, eine neue Strategie zu entwickeln. In: IDEA-Dokumentation, Mai 1997, 2–14.

Bausinger, Hermann: Bürgerlichkeit und Kultur. Göttingen 1986.

Bayer, Oswald: Theologie (HST, Bd. 1), Gütersloh 1994.

Berger, Peter L.: McJesus, Incorporated. In: SZ, Nr. 54, 6./7.3.1999.

Blanchard, Ken/Hybels, Bill/Hodges, Phil: Leadership by the Book. Tools to Transform Your Workplace. New York 1999.

Blanchard, Kenneth/Bowles, Sheldon: Wie man Kunden begeistert. Reinbek 1994.

Böhlemann, Peter: Jesus und der Täufer. Schlüssel zur Theologie und Ethik des Lukas. (MSSNTS 99). Cambridge 1997.

Bohren, Rudolf: Predigtlehre. München 1971.

Bonhoeffer, Dietrich: Konspiration und Haft 1940-1945 (DBW XVI, hg. v. J. Glentøj u.a.). Gütersloh 1996, 241f.

Bonhoeffer, Dietrich: Widerstand und Ergebung. Briefe und Aufzeichnungen aus der Haft (DBW VIII, hg. v. C. Gremmels u.a.). Gütersloh 1998.

Breitenbach, Günter: Gemeinde leiten. Eine praktisch-theologische Kybernetik. Stuttgart/Berlin/Köln 1994.

Brummer, Arnd/Nethöfel, Wolfgang: Vom Klingelbeutel zum Profitcenter? Strategien und Modelle für das Unternehmen Kirche. Hamburg 1997.

Conzelmann, Hans: Der erste Brief an die Korinther (KEK, 5. Abteilung). Göttingen 1969.

Daiber, Karl-Fritz: Zur veränderten Situation des Pfarrberufs. In: Deutsches Pfarrerblatt 97 (1997), 622–626.

Douglass, Klaus: Die neue Reformation. 96 Thesen zur Zukunft der Kirche. Stuttgart 2001.

Douglass, Klaus/Scheunemann, Kai/Vogt, Fabian: Ein Traum von Kirche. Wie ein Gottesdienst für Kirchendistanzierte eine Gemeinde verändert. Asslar 1998.

Dütemeyer, Dirk: Dem Kirchenaustritt begegnen. Ein kirchenorientiertes Marketingkonzept. Frankfurt u.a. 2000.

Eichholz, Georg: Die Theologie des Paulus im Umriss. Neukirchen-Vluyn 1972.

Engelhardt, Klaus/Loewenich, Hermann von/Steinacker, Peter (Hgg.): Fremde Heimat Kirche. Gütersloh 1997.

Evangelische Kirche in Berlin und Brandenburg: Wachsen gegen den Trend. Auf dem Weg zu einer missionarischen Kirche, vorgelegt durch eine von der Kirchenleitung der Evangelischen Kirche in Berlin und Brandenburg eingesetzte Arbeitsgruppe. Berlin 1998.

Evangelische Kirche in Deutschland: Kundgebung der EKD-Synode 1999. In: Reden von Gott in der Welt. Der missionarische Auftrag der Kirche an der Schwelle zum dritten Jahrtausend. Hannover 2000.

Evangelische Kirche im Rheinland: Ausführungen zum Berufsbild der Gemeindepfarrerinnen und Gemeindepfarrer und Umsetzung der Dienstrechtsreform in das Dienst- und Besoldungsrecht der Pfarrerinnen und Pfarrer. Ergebnisse der Beratungen der Landessynode der Evangelischen Kirche im Rheinland. Düsseldorf 1999.

Evangelische Spiritualität. Überlegungen und Anstöße zur Neuorientierung, vorgelegt von einer Arbeitsgruppe der Evangelischen Kirche in Deutschland. Gütersloh/Göttingen 1979.

Evangelisch-Lutherische Kirche in Bayern (Dekanat München): Das Evangelische München-Programm. Zusammenfassung der Ergebnisse (22.7.1996) Bezugsanschrift: Ev.-Luth. Dekanat, Gaelsberger Straße 6, 80333 München. = Lindner 1997.

Fahlbusch, Erwin: Spiritualität. In: EKL, Bd. 4 (1996), 402–405.

Fischer, Beatus/Hartmann, Peter: Betriebswirtschaft im Unternehmen Kirche. In: GuL 14 (1999), 156–167.

Freter, Hermann: Marktsegmentierung. In: Tietz, Bruno u.a. (Hgg.): Handwörterbuch des Marketing, Wiesbaden ²1995, 1802–1814.

Friedag, Herwig R./Schmidt, Walter: Balanced Scorecard. Mehr als ein Kennzahlensystem. Freiburg i. Br./Berlin/München ²2000.

Geyer, Hermann: Gottesdienst im großstädtischen Kontext. In: PTh 87 (1998), 20–34.

Gräb, Wilhelm: Auf den Spuren der Religion. In: ZEE 39 (1995), 43–56.

Grethlein, Christian: Pfarrer(in) sein als christlicher Beruf – Hinweise zu den veränderten Rahmenbedingungen einer traditionellen Tätigkeit. Noch unveröffentlichter Vortrag. Masch. Man. Münster 2001.

Grün, Anselm: Menschen führen – leben wecken. Anregungen aus der Regel des heiligen Benedikt. Münsterschwarzach 1998.

Gutmann, Hans-Martin: Stellungnahme zu: Evangelische Kirche von Westfalen (Hg.): „Kirche mit Zukunft". Zielorientierungen für die Evangelische Kirche von Westfalen (1999). In: Ev. Kirchengemeinde Heesen (Hg.): Zukunft der Kirche – Kirche mit Zukunft: Hammer Erklärung vom 13.2.2001 für eine bessere Reform. Hamm-Heesen 2001, 94–103.

Hanson, Paul D.: Das berufene Volk. Neukirchen-Vluyn 1993.

Herbst, Michael: Und sie dreht sich doch. Wie die Volkskirche wieder zu einer Kirche für das Volk wird. Asslar 2001.

Herbst, Michael: „Zwischen Geist und Planung". Gemeindewachstum und Gemeindemanagement. In: H.-J. Abromeit/R. Hoburg/A. Klink (Hgg.): Pastorale Existenz heute. Festschrift zum 65. Geburtstag für Hans Berthold. Waltrop 1997, 220–240.

Herbst, Michael: Gemeindeaufbau im 21. Jahrhundert. In: Georg Lämmlin/Stefan Scholpp (Hgg.): Praktische Theologie der Gegenwart in Selbstdarstellungen. Tübingen: Francke 2001 (*im Druck*).

Herbst, Michael: Missionarischer Gemeindeaufbau in der Volkskirche. Stuttgart [4]1996.

Herbst, Michael/Schneider, Matthias: „... wir predigen nicht uns selbst." Ein Arbeitsbuch für Predigt und Gottesdienst. Neukirchen-Vluyn 2001, 217–222.

Hermelink, Jan: Pfarrer als Manager? Gewinn und Grenzen einer betriebswirtschaftlichen Perspektive auf das Pfarramt. In: ZThK 95 (1998), 536–564.

Herzog, Roman: Durch Deutschland muss ein Ruck gehen. Rede zur Neueröffnung des Hotels Adlon. In: Frankfurter Rundschau, 28. April 1997, 13.

Hillebrecht, Steffen W.: Analyse der Kirchenmitgliedschaften – Ergebnisse und Konsequenzen für die Arbeit in der Gemeinde. In: Peter Braun und Thomas Röhr (Hgg.): Unternehmen Kirche – Organisationshandbuch für Pfarrer und Gemeinden. Kap. 5-2.3 Stadtbergen 1994ff., 1–20.

Hillebrecht, Steffen W.: Einführung in eine schwierige Thematik. In: Ders. (Hg.): Kirchliches Marketing. Paderborn 1995, 7–17.

Hillebrecht, Steffen W.: Kirchliche Werbung – Ein Abriss ihrer Geschichte und Problematik. In: Communicatio Socialis 28 (1995), 228–253.

Hirmer, Oswald u.a.: Bibel-Teilen. Bekannte Texte neu erleben. Stuttgart u.a. 1998.

Höher, Friederike und Peter: Handbuch Führungspraxis Kirche. Entwickeln, Führen und Moderieren in zukunftsorientierten Gemeinden. Gütersloh 1999.

Hoffmann, Beate/Schibilsky, Michael (Hgg.): Spiritualität in der Diakonie. Anstöße zur Erneuerung christlicher Kernkompetenz. Stuttgart/Berlin/Köln 2001.

Initiativkreis „Kirche in der Wettbewerbsgesellschaft" (Hg.): „Alles ist nichts". Evangelium hören II. Nürnberg 2000.

Initiativkreis „Kirche in der Wettbewerbsgesellschaft" (Hg.): Evangelium hören (I). Wider die Ökonomisierung der Kirche und die Praxisferne der Kirchenorganisation. Ein theologischer Ruf zur Erneuerung. Nürnberg [2]1999.

Karle, Isolde: Der Pfarrberuf als Profession. Eine Berufstheorie im Kontext der modernen Gesellschaft (Praktische Theologie und Kultur 3). Gütersloh 2001.

Kaufmann, Hans-Bernhard: Drei Thesen zur Zukunft christlicher Erziehung. In: H.-J. Abromeit (Hg.): Im Streit um die gute Schule. Der Beitrag der Christen. Neukirchen-Vluyn 1991, 103–115.

Kettling, Siegfried: Wie soll man heute von Gott reden? In: S. Kettling: Typisch evangelisch. Gießen/Basel 1992, 148–182.

Klein, Hans: Barmherzigkeit gegenüber den Elenden und Geächteten. Studien zur Botschaft des lukanischen Sonderguts (BThSt 10). Neukirchen-Vluyn 1987.

Koch, Helmut: Integrierte Unternehmensplanung. Wiesbaden 1982.

Lange, Ernst: Chancen des Alltags. Berlin/Stuttgart 1965.

Lindner, Herbert: Führung hauptberuflicher Mitarbeiterinnen und Mitarbeiter. In: Peter Braun/Thomas Röhr (Hgg.): Unternehmen Kirche. Organisationshandbuch für Pfarrer und Gemeinde. Stadtbergen 1994ff, 8-2.3 = 23–46.

Lindner, Herbert: Führung ehrenamtlicher Mitarbeiterinnen und Mitarbeiter. In: a.a.O., 8-2.3 = 47–60.

Lindner, Herbert: Die Führung von Kirchenvorstand/Pfarrgemeinderat. In: a.a.O., 8-2.4, 1-20.

Lindner, Herbert: Kirche am Ort. Eine Gemeindetheorie (Praktische Theologie, Bd. 16). Stuttgart/Berlin/Köln 1994 (als zweite Auflage völlig überarbeitet mit dem Untertitel „Ein Entwicklungsprogramm für Ortsgemeinden". Stuttgart/Berlin/Köln 2000).

Lindner, Herbert: Spiritualität und Modernität. Das evangelische München-Programm. In: PTh 86 (1997), 244–264.

Luther Martin: Vorrede zum ersten Band der Wittenberger Ausgabe der Deutschen Schriften, 1539. In: WA 50, 654–661.

Meffert, Heribert/Bruhn, Manfred: Dienstleistungsmarketing. Grundlagen – Konzepte – Methoden. Wiesbaden ²1997.

Meffert, Heribert: Marketing – Grundlagen marktorientierter Unternehmensführung. Wiesbaden ⁸1998.

Meffert, Heribert: Marketing. In: Gabler-Wirtschaftslexikon, Bd. 4. Wiesbaden ¹¹1983, 217-220.

Möller, Christian: Gemeinde I. Christliche Gemeinde. In: TRE 12 (1984), 316-335.

Möller, Christian: Liebe und Planung. In: EK 20 (1987), 76–80.

Neuhaus, Dietrich: Verschwörung von oben. In: Deutsches Allgemeines Sonntagsblatt, Nr. 4, 22.1.1999, 25.

Nipkow, Karl-Ernst: Bildung als Lebensbegleitung und Erneuerung. Gütersloh 1990.

Noss, Michael: Aufbrechen, verändern, gestalten, © Oncken Verlag Wuppertal und Kassel 1999.

Nüchtern, Michael: Kirche bei Gelegenheit. Kasualien – Akademiearbeit – Erwachsenenbildung. Stuttgart/Berlin/Köln 1991.

Nüchtern, Michael: Kirche – nicht nur Ortsgemeinde. In: Religionspädagogisches Institut Loccum (Hg.): Gemeinde und Schule – Schule als Ort von Gemeinde? Rehburg-Loccum 1994, 30–39.

Nüchtern, Michael: Kirche in Konkurrenz. Herausforderungen und Chancen in der religiösen Landschaft. Stuttgart 1997.

Perels, Hans-Ulrich: Gemeinde im aktiven Wandel. Innovations- und Projektmanagement in der kirchlichen Praxis. Offenbach/M. 1999.

Plinke, Wulf: Grundlagen des Marktprozesses. In: Kleinaltenkamp, Michael/Plinke, Wulf (Hgg.): Technischer Vertrieb – Grundlagen. Berlin 1995, 3–98.

Raffée, Hans: Barrieren abbauen – Die Kirche braucht ihr eigenes Marketing. In: EK 30 (1997), Nr. 4, 125–128.

Raffée, Hans: Kirchenmarketing – Die Vision wird Wirklichkeit. In: Arbeitskreis Evangelischer Unternehmer in Deutschland (Hg.): Marketing. Karlsruhe 1998, 11–38.

Raffée, Hans: Marktorientierung der BWL zwischen Anspruch und Wirklichkeit. In: Die Unternehmung 38 (1984), Nr.1, 3–18.

Ruhbach, Gerhard: Spiritualität. In: Evangelisches Lexikon für Theologie und Gemeinde, Bd. 3. Wuppertal/Zürich 1994, 1880–1883.

Schierenbeck, Henner: Grundzüge der Betriebswirtschaftslehre. München/Wien ^{15}2000.

Schröer, Henning: Kirche IX. Praktisch-theologisch. In: TRE 18 (1989), 334–344.

Stammler, Eberhard: Der Zeitgeist grüßt. In: Rheinischer Merkur, Heft 2 (2000).

Stauss, Bernd: Internes Marketing. In: Tietz, Bruno u.a. (Hgg.): Handwörterbuch des Marketing. Wiesbaden ^{2}1995, 1045–1056.

Steinmann, Horst und Schreyögg, Georg: Management. Grundlagen der Unternehmensführung. Wiesbaden ^{3}1993.

Steins, Georg: Bibel-Teilen besser verstehen – Überlegungen zwischen Bibelpastoral und Bibelwissenschaft. In: O. Hirmer/G. Steins: Gemeinschaft im Wort. Werkbuch zum Bibel-Teilen. München u.a. 1999.

Taeger, Jens-Wilhelm: Der Mensch und sein Heil. Studien zum Bild des Menschen und zur Sicht der Bekehrung bei Lukas (StNT 14). Gütersloh 1982.

Trowitzsch, Michael: Jesus im Angebot. Würde und Würdelosigkeit in der evangelischen Kirche in Deutschland. In: LM 36, Heft 7 (1997), 7f.

Westermann, Claus: Genesis, 2. Teilband (BKAT I/2). Neukirchen-Vluyn 1981.

Wiggermann, Karl-Friedrich: Spiritualität. In: TRE 31 (2000), 708–717.

Zulehner, Paul M.: Evangelisierung im Kontext der Postmoderne. Ruf zur Umkehr und kulturelle Plausibilität – ein Spannungsverhältnis. In: Gottes Lust am Menschen. Kongress für Kontextuelle Evangelisation, 20.– 23. September 1999 (Aus der Praxis – Für die Praxis). Dortmund 2000, 22–28. Zu beziehen beim Amt für Missionarische Dienste, Olpe 35, 44135 Dortmund.

Die Autorinnen und Autoren

Hans-Jürgen Abromeit (Jg. 1954) war nach dem Studium der Ev. Theologie in Wuppertal und Heidelberg Vikar u.a. in Jerusalem, Pastor in Gevelsberg (Westfalen, 1981–1983) und Wissenschaftlicher Mitarbeiter für Praktische Theologie und Religionspädagogik an der Evangelisch-Theologischen Fakultät der Westfälischen-Wilhelms-Universität Münster (1983–1994). Neben seiner Dissertation über die Christologie Dietrich Bonhoeffers veröffentlichte er weitere Studien zur Systematischen und Praktischen Theologie. Von 1994 bis 2001 lehrte er als Dozent im Bereich Pastoralkolleg des Instituts für Aus-, Fort- und Weiterbildung der Evangelischen Kirche von Westfalen. Seine Aufgaben lagen in der Entwicklung neuer Konzepte, der Bearbeitung theologischer Grundfragen und der Förderung ökumenischer Kontakte. Seit 2001 ist er Bischof der Pommerschen Evangelischen Kirche mit Sitz in Greifswald. Er ist verheiratet und hat fünf Kinder.

Peter Böhlemann (Jg. 1964) studierte Ev. Theologie in Marburg und Bethel, wo er im Rahmen eines einjährigen Hochschulvikariates bei Prof. Dr. Andreas Lindemann promoviert wurde. Seine Dissertation „Jesus und der Täufer" stellt einen eigenständigen Entwurf zur lukanischen Theologie dar. Von 1995 bis 1998 war er Gemeindepfarrer in der Ev.-Ref. Kirchengemeinde Deuz im Siegerland. Seit 1999 arbeitet er als Dozent im Bereich Pastoralkolleg des Institutes für Aus-, Fort- und Weiterbildung der EKvW. Er ist zuständig für Fortbildungen von Pfarrerinnen und Pfarrer, für die Aus- und Fortbildung der westfälischen Laienpredigerinnen und Laienprediger und die homiletische Ausbildung der Vikarinnen und Vikare. Er ist verheiratet und hat zwei Kinder.

Kristin Butzer-Strothmann (Jg. 1964) studierte nach der Ausbildung zur Werbekauffrau Betriebswirtschaftslehre in Lüneburg. Anschließend war sie wissenschaftliche Mitarbeiterin am Lehrstuhl für Betriebswirtschaftslehre, insbesondere Marketing, an der Wirtschaftswissenschaftlichen Fakultät der Heinrich-Heine-Universität Düsseldorf. Seit 1997 ist sie freiberuflich als Marktforscherin und Marketingberaterin im Non-Profit-Bereich (insbesondere Kultur- und Kirchenmarketing) tätig. Ihre Dissertation beschäftigte sich mit dem Thema „Krisen in Geschäftsbeziehungen" (Wiesbaden 2000). Sie ist verheiratet und hat zwei Kinder.

Hans-Jürgen Dusza (Jg. 1947) studierte Ev. Theologie in Bochum und Göttingen. Danach war er Vikar in Herne und anschließend 17 Jahre Gemeindepfarrer in Bergkamen. Schwerpunkte seiner Tätigkeit waren zunächst die Jugendarbeit und später die projektorientierte Familienarbeit. Ab 1993 arbeitete er im Amt für Missionarische Dienste der EKvW. Dort entwickelte er Tagungs- und Schulungsangebote für Ehrenamtliche und missionarische Praxismodelle für den Gemeindeaufbau. Außerdem beriet er Kirchengemeinden in Fragen dieses Arbeitsfeldes. Seit 1999 ist er Gemeindepfarrer in Unna-Billmerich. Er ist verheiratet und hat zwei Kinder.

Michael Herbst (Jg. 1955) war nach dem Studium der Ev. Theologie in Bethel, Göttingen und Erlangen Wiss. Mitarbeiter am Institut für Praktische Theologie in Erlangen (Prof. Dr. M. Seitz, 1981–1984), wo er mit einer Arbeit über den „Missionarischen Gemeindeaufbau in der Volkskirche" (Stuttgart ^{4}1996) promoviert wurde. Er publiziert zu Fragen des Gemeindeaufbaus, der Homiletik und der medizinischen Ethik. Anschließend war er Vikar und Pfarrer an der Ev. Matthäuskirche in Münster (1984–1992) und Krankenhausseelsorger im Kinderzentrum Gilead der von Bodelschwinghschen Anstalten Bethel (1992–1996). Seit 1996 ist er Professor für Praktische Theologie in Greifswald. Er ist verheiratet und hat vier Kinder.

Klaus-Martin Strunk (Jg. 1958) hat nach einer zweijährigen Ausbildung zum Handelsassistenten an den Universitäten Bielefeld und Münster Betriebswirtschaftslehre mit dem Schwerpunkt Marketing studiert. Nach dem Studium war er ab 1985 zunächst im Marketing-Bereich eines Chemiekonzerns tätig und wechselte dann 1990 in die Geschäftsführung der Vereinten Ev. Mission in Wuppertal. Dort erlebte er die beamtischen Strukturen kirchlicher Werke hautnah und wechselte 1992 wieder zurück in die freie Wirtschaft in die Geschäftsleitung einer Kleiderfabrik. Neben dem Presbyteramt in Wuppertal und Hamm (Westfalen) engagierte er sich in den letzten Jahren u.a. ehren- und nebenamtlich bei dem christlichen Gemeindefestival der EKvW „Maximale" und dem Fortbildungsprojekt „Spirituelles Gemeindemanagement" am Institut für Aus-, Fort- und Weiterbildung der EKvW in Schwerte-Villigst. Er ist verheiratet und hat drei Söhne.

Christhard Ebert ist Pfarrer in der Ev.-Luth. Paul-Gerhardt-Kirchengemeinde Bielefeld.

Martina Espelöer ist Pfarrerin in der Ev. Kirchengemeinde Ahlen.

Hartmut Görler ist Pfarrer in der Ev. Kirchengemeinde Fröndenberg/Ruhr.

Karl-Erich Lutterbeck ist Pfarrer in der Ev. Kirchengemeinde Dorsten.